FALV YUANZHU ZHIYUANZHE
PEIXUN DUBEN

法律援助志愿者
培训读本

郑自文　朱昆/编著

法律出版社
LAW PRESS · CHINA

出版说明

法律援助是维护困难群体合法权益,保障社会公平正义的重要法律制度。自1996年我国法律援助制度正式建立以来,各地区、各部门认真贯彻落实《法律援助条例》,司法部和各级司法行政机关认真履行监督管理职责,各地法律援助机构依法积极组织提供法律援助,各相关部门积极支持配合,法律援助在经费保障能力、机构和队伍建设、工作制度建设、扩大覆盖面、服务困难群众等方面都取得了显著成绩,有效地维护了困难群众的合法权益,促进了社会和谐稳定。

多年来,广大法律援助机构工作人员、律师和基层法律服务工作者兢兢业业、尽职尽责,办理了大量优质法律援助案件,为维护困难群众合法权益、维护社会公平正义作出了重要贡献,充分发挥了法律援助主力军作用。广大法律援助志愿者积极响应号召,真情参与法律援助志愿服务,为弥补法律援助工作力量不足、解决基层欠发达地区和边远地区法律服务力量欠缺问题作出了积极贡献,尤其是通过参加大学生法律援助志愿者项目和"1+1"法律援助志愿者项目,法律援助志愿者们在服务困难群众方面发挥了重要作用。

为了提高法律援助志愿者的法律援助服务技能,丰富法律援助志愿者的相关法律知识,本书紧密结合法律援助工作实际,根据国务院《法律援助条例》和最新修改通过的《刑事诉讼法》、《律师法》、《办理法律援助案件程序规定》等法律法规、司法解释、部门规章和规范性文件,分10章对法律援助机构、经费和人员保障等基础性问题和法律援助申请、审查、批准、指派、案件归档等工作流程性问题进行了系统的归纳、阐述和解释,对提供法律援助服务过程中可能涉及的实体问题和程序问题等进行了详细介绍、分析探讨,从理论和实践相结合的角度,力求准确阐释法律援助工作中的常见问题,正确适用法律援助相关法律规定,帮助法律援助志愿者提高知识素养和服务能力。衷心希望本书能够对法律援助志愿者提供法律援助志愿服务有所参考,对各地法律援助机构工作人员和参与法律援助服务的律师和基层法律服务工作者有所帮助。

本书由郑自文拟定编写提纲并撰写第一章至第四章及编辑整理附录，朱昆撰写第五章至第十章，最后由郑自文统稿和修改定稿。

为编写本书，我们参考和借鉴了法律界和法律援助界同人部分已有研究成果和相关资料，在此特别表示感谢。同时，由于作者水平有限，本书难免出现疏漏，敬请广大读者批评指正。

本书编著者

2014 年 1 月

目　　录

第一章　法律援助总论

第一节　法律援助的概念、性质及其意义

一、法律援助的概念与特征

（一）法律援助的概念

法律援助最初源于英国，英文最初表述为“legal aid”，即“法律帮助”，指“为无力支付律师费用的人提供免费或低价的法律服务”。后来，英国、美国、加拿大及澳大利亚、新西兰等英美法系国家，也时常以“legal service”即“法律服务”来表述“法律援助”。从“legal aid”到“legal aid”和“legal service”表述并用，反映了西方社会对法律援助现代本质含义认识的深化，因为，对受援人来说，法律援助本质上是法律服务的特殊形式，是受援助人的权利而不是恩赐。在日本和我国台湾地区，均称法律援助为“法律扶助”。

在不同国家和地区，不同的学者对法律援助概念的表达各有不同，主要有以下几种具有代表性的观点：(1)英国《简明不列颠百科全书》将其定义为“在免费或收费很少的情况下对需要专业性法律帮助的穷人所给予的帮助”。(2)法律援助，是由政府设立的法律援助机构组织法律援助人员和社会志愿人员，为某些经济困难的公民或特殊案件的当事人提供免费法律帮助，以保障其合法权益得以实现的一项法律保障制度。(3)法律援助，是指公民在法律规定的法律事务方面需要获得律师帮助但无力支付律师费用时，由律师按照国家规定承担该项帮助义务，向该公民提供的法律服务。(4)法律援助，是指对需要专业性法律帮助，而又无力承担诉讼费用以及无力支付律师费用的公民予以帮助，以维护其合法权益的法律保障制度。(5)法律援助，是指法律援助机构组织律师事务所、公证处、基层法律服务所等法律服务机构及法律服务人员，为经济困难或特殊案件的公民提供法律服务并免收或减收服务费用的社会救济制度。

(6)法律援助制度,是指国家在司法制度运行的各个环节和各个层次上,对因经济困难及其他因素而难以通过通常定义上的法律救济手段保障自身基本社会权利的弱者,减免收费提供法律帮助的一项法律保障制度。(7)司法部《关于开展法律援助工作的通知》曾经将法律援助定义为:“法律援助,是指在国家设立的法律援助机构的指导和协调下,律师、公证员、基层法律工作者等法律服务人员为经济困难或特殊案件当事人给予减免收费提供法律帮助的一项法律制度。”(8)在日本,法律援助是指就有关法律纠纷、法律事务对被援助者提供法律服务以及费用的援助。

上述各种观点都有一定道理,反映不同学者之间、国家之间对法律援助概念认识的差异。各种观点之间的差异主要体现在提供主体、是否收费和性质三个方面:一是在提供主体上,法律援助提供者是否包括法律援助机构及其工作人员、律师、基层法律工作者、公证员和社会志愿者。二是在是否收费上,这是上述各种观点之间的主要不同之处。有的界定为减、免费的法律帮助,有的界定为减、免费的法律服务和诉讼费用的减、免,有的界定为“国家在司法制度的各个环节和程序上”提供的法律帮助,有的界定为除法律服务和律师、审判费用减免外还包括其他法律程序所需的一切费用,有的界定为诉讼程序法律服务费用和诉讼费用减免,但不包括非诉讼费用。三是在性质上,大多数观点都将法律援助界定为一项法律保障制度,还有观点将法律援助定性为法律服务行为或活动,极个别观点将法律援助认定为社会救济制度或社会保障制度。

那么,在我国到底什么是“法律援助”?我国《法律援助条例》没有作出明确的定义,但是,《法律援助条例》第1条规定:“为了保障经济困难的公民获得必要的法律服务,促进和规范法律援助工作,制定本条例。”第2条规定:“符合本条例规定的公民,可以依照本条例获得法律咨询、代理、刑事辩护等无偿法律服务。”第3条第1款规定:“法律援助是政府的责任,县级以上人民政府应当采取积极措施推动法律援助工作,为法律援助提供财政支持,保障法律援助事业与经济、社会协调发展。”第5条规定:“直辖市、设区的市或者县级人民政府司法行政机关根据需要确定本行政区域的法律援助机构。法律援助机构负责受理、审查法律援助申请,指派或者安排人员为符合本条例规定的公民提供法律援助。”这些规定立足我国现阶段国情,并且借鉴了世界上其他国家和地区对法律援助的一般性规定,包含了我国法律援助概念的基本要义。

根据《法律援助条例》和《刑事诉讼法》等相关立法规定,我们是可以对我国的法律援助作出一个完整的描述的:法律援助,是指由直辖市、设区的市和县区级人民政府设立的法律援助机构组织法律援助机构工作人员、律师、基层法律服务工作者等法律援助人员,为因经济困难无力支付法律服务费用的公民或特殊刑事案件的当事人提供免费的法律帮助,以保障其合法权益得以实现的一项法律保障制度。

(二)法律援助的特征

从上述定义可以看出,在我国,法律援助有如下八个重要特征,需要在工作中认真把握。

1. 在法律援助中,国家(政府)是义务(责任)主体,公民是权利主体

法律援助是政府责任,它体现的是国家和政府对公民应尽的义务和责任。与之相对应,对于符合法律援助条件的公民而言,从政府设立的法律援助机构获得法律援助是一种法定权利,而不是任何机构和个人的恩赐与施舍。公民是获得法律援助的权利主体,国家(政府)是提供法律援助的义务(责任)主体。这种特性使它区别于一些社会团体和法学院校基于自发和慈善目的提供的法律帮助,区别于一些社会律师在接受政府法律援助机构指派之外自愿提供的法律帮助。在后一种情况下,尽管《法律援助条例》规定"国家支持和鼓励社会团体、事业单位等社会组织利用自身资源为经济困难的公民提供法律援助",但是,请求他们给予帮助不是当事人的权利,给予帮助也不是这些组织的法定义务。社会组织提供法律帮助的范围是补充政府法律援助范围的;所能够提供的服务的形式是有局限的、初级的;资金是没有固定保障的;缺少统一规范的运作程序。所以,这些民间法律援助和政府性质的法律援助,在法律意义上是不同的。

2. 法律援助是法律化、制度化的国家保障司法公正的行为,具有行为制约性

法律援助的行为制约性使它有别于律师个人的道义、慈善行为和我国20世纪五六十年代以来曾有过的非法律化、制度化的法律帮助行为。2003年国务院颁布实施的《法律援助条例》,以行政法规的形式确立了我国法律援助制度的基本框架和工作原则,标志着我国法律援助工作走上了法制化轨道,尤其是法律援助是政府责任原则的确立,为从根本上解决影响和制约法律援助事业发展的突出问题,为促进和规范法律援助工作提供了基本的法律依据和制度保障。一方面,有了明确的立法来加以规范是现代法律援助制度与以往的法律援助不

同的一个重要表现。另一方面,《法律援助条例》有多个条款专门规定了法律援助各参与机构和人员违反规定应当承担的法律责任。正是这些制约性规定和政府保障措施,保证了法律援助具有行为制约性,保证了法律援助人员必须具有责任意识,从而有助于保证法律援助的质量。

3. 法律援助的法定受援对象只能是作为自然人的公民

我国的法律援助对象与世界上绝大多数国家的受援对象一样,都是作为自然人的公民。法人或者其他组织不能作为法定的法律援助对象。作为法律援助对象的公民主要有以下两种:一种是达到法定的经济困难标准、符合法律援助条件者;另一种是法律有特别规定的刑事案件当事人,可以不考虑其经济条件而成为法律援助对象。当事人必须符合规定的法律援助条件,才可以获得法律援助,反之则不能获得法律援助或者获得的法律援助会因无效而被撤销。因此,获得法律援助的条件是法定的,不是基于法律援助机构和当事人之间的自愿合意。

4. 法律援助的受援人获得的是免费法律帮助,即法律援助对受援人来说具有无偿性

早在 2001 年 10 月"第二次全国法律援助工作会议"上,司法部就作出决定,不实行"缓交费"和"减费"法律援助,主要是考虑"缓交费"和"减费"形式容易导致变相搞有偿法律服务,致使法律援助机构因利益驱动而与社会执业律师进行"不正常竞争",破坏法律服务中介市场的秩序,违背法律援助的性质,损害法律援助的形象与声誉。《法律援助条例》第 2 条明确规定:"符合本条例规定的公民,可以依照本条例获得法律咨询、代理、刑事辩护等无偿法律服务。"第 22 条规定:"办理法律援助案件的人员,应当遵守职业道德和执业纪律,提供法律援助不得收取任何财物。"如果有收取财物的情形,《法律援助条例》规定由司法行政机关责令退还违法所得。需要注意的是,当事人不需要付费,不等于这个案件不需要花钱。法律援助人员办理案件需要花费的办案成本费等需要由法律援助机构从政府拨付的法律援助经费中支付。法律援助人员的劳务费有些是由法律援助机构支付的,有些则是法律援助人员义务奉献的时间和精力。所以,法律援助体现的是政府对贫弱当事人的关心和帮助,是政府花钱帮贫弱当事人聘请了法律援助人员,为贫弱当事人购买了法律服务。从政府和法律援助人员需要金钱和精力投入这个角度来说,法律援助又不是无偿的。

5. 法律援助的组织实施主体是各地政府依法设立的法律援助机构

《法律援助条例》第5条明确规定，法律援助机构负责受理、审查法律援助申请，指派或者安排人员为符合法律援助条件的公民提供法律援助。第24条规定，法律援助机构收到法律援助人员提交的结案材料后，应当向接受指派办理法律援助案件的律师或者接收安排办理法律援助案件的社会组织人员支付法律援助办案补贴。这两条规定既是对法律援助机构的法定职责的规定，也表明我国法律援助的组织实施主体是各地政府依法设立的法律援助机构。《刑事诉讼法》及相关配套性文件也明确了法律援助的组织实施主体是各地政府依法设立的法律援助机构。

6. 法律援助的提供者包括各种类型的法律工作者

法律援助是律师等法律专业人员运用他们娴熟的法律知识、丰富的办案经验和技能，无偿为经济困难的公民提供法律咨询、诉讼代理、非诉讼代理和刑事辩护、撰写法律文书等法律服务的一项法律保障制度。《法律援助条例》第6条规定："律师应当依照律师法和本条例的规定履行法律援助义务，为受援人提供符合标准的法律服务，依法维护受援人的合法权益，接受律师协会和司法行政机关的监督。"将律师规定为法律援助的提供者，并不是排斥其他的法律专业人员和社会志愿者，而是由于律师具有较强的法律专业性、稳定性和规范性，是其他专业人员无法替代的。这在《刑事诉讼法》中也得到了明确的体现。根据《法律援助条例》第20条关于法律援助机构既可以指派律师事务所安排律师或者安排本机构的工作人员办理法律援助案件，也可以根据其他社会组织的要求安排其所属人员办理法律援助案件的规定和司法部有关部门规章及规范性文件的规定，我国法律援助的提供者既包括律师（包括法律援助机构内的专职法律援助律师和社会执业律师）、法律援助机构内的工作人员、基层法律服务工作者，也包括社会团体和事业单位（如法律院校、法学研究机构等）等利用自身资源提供初级法律援助服务的法律援助志愿人员。

7. 法律援助的形式具有多样性

法律援助的形式既包括诉讼法律援助服务（如刑事、民事、行政诉讼代理或刑事辩护），也包括非诉讼法律援助服务，如法律咨询（电话咨询和当面咨询）、免费提供法律信息资料（如中国法律援助网、中国普法网等免费提供的网上法律信息）、法律意见等。但是对于个别国家如芬兰的法律援助所包括的法院诉讼费的缓、减、免（我国的人民法院称之为"司法救助"），我国《法律援助条例》

采取了和世界上大多数国家一样的做法,没有将其纳入法律援助制度体系。

8.法律援助具有一定的社会性

各级司法行政机关、法律援助机构及其工作人员、律师、基层法律工作者是法律援助的主要力量,社会团体、法律院校中利用自身资源提供法律服务的法律援助志愿者也是一支不可忽视的力量。社会各界还可以根据国家的有关法律和规定,给予法律援助事业以财力支持。此外,司法行政机关作为监管法律援助的责任主体,应当与政府其他相关部门建立协调配合机制,如争取财政部门对法律援助经费的保障,借助民政部门对困难群体现状的分析和界定,依靠劳动仲裁、国土资源、建设、卫生、工商、档案管理等部门,以及法院、公安、检察等司法机关,根据相关规定减免办理法律援助案件过程中所需要的费用,共同降低法律援助成本,协同做好法律援助工作。因此,我国的法律援助是政府的责任,但也具有一定的社会性。

二、法律援助的性质

法律援助是现代国家的一种法律保障制度。法律援助的性质可界定为保障全体社会成员在暂时或永久丧失法律服务费支付能力,需要通过法律保障其自身合法权益时能够获得法律帮助的法律保障手段。从经济学的角度讲,法律援助是合理利用行政手段进一步调节和缩小社会成员收入差距,改善全体社会成员参与社会、经济和法律生活的程度,从而维护社会稳定的法律保障手段。从法律学角度来看,法律援助是国家依照法律的有关规定而实施的司法人权保障制度,是国家对保护公民权利应履行的责任,也是公民依法享有的权利之一。

我国《法律援助条例》第3条明确规定:“法律援助是政府的责任,县级以上人民政府应当采取积极措施推动法律援助工作,为法律援助提供财政支持,保障法律援助事业与经济、社会协调发展。”这一规定是我国首次以法律的形式明确把为某些经济困难的公民或特殊刑事案件的当事人提供免费的法律援助确定为政府的责任,表明法律援助的实施是一种国家行为,且政府是法律援助的责任主体。《法律援助条例》对法律援助的这一基本定位,抓住了现代法律援助制度的核心和灵魂,深刻揭示了法律援助制度发展的一般规律和内在特征,充分体现了“法律面前人人平等”的宪法原则,标志着我国法律援助实现了从传统的律师个人慈善和社会道义行为到国家对公民的一项司法救济和保障措施的跨越性转变,符合世界上绝大多数国家和地区法律援助制度发展的一般趋势。

三、法律援助的基本原则

法律援助是一项涉及整个社会政治生活、经济生活和法律文化生活等各个方面、各个领域、各个环节的综合性工作,更是涉及公民法定权利的实现、关系公民切身合法权益的一项重要法律保障制度,因此,在建立和发展法律援助制度的过程中、在实施法律援助服务的各个环节和整个过程中,应当坚持和遵循若干基本原则。这些基本原则是司法行政机关法律援助管理部门、法律援助机构、法律援助提供者、法律援助受援人和其他法律援助活动的参与者在法律援助活动中应当遵循的准则。①

第一,法治原则。法律援助是国家为了维护司法的公平正义而建立的法律制度,法律援助的实施过程就是法律制度落实的过程。法律援助的各个基本方面,都是法律概念:法律援助法所要建立的制度是法律保障制度,法律援助法的立法宗旨主要是为公民和有关社会主体提供法律保护;法律援助的主体主要是政府设立的法律援助机构和律师、公证员、基层法律工作者;法律援助的对象是符合法定条件的公民和其他社会主体;法律援助的事项范围和形式范围是经由法律援助立法所认可的;法律援助的受理、申请、审批、执行和其他程序都是法定的;法律援助的主体、受援人和法律服务人员都享有法定权利和承担法定义务,他们如果不尽法定义务就要承担法律责任、受到法律追究。法律援助的性质和宗旨决定了法律援助应当坚持法治原则,法律援助的运作过程就是法治的运作过程。按照《法律援助条例》,我国法律援助机构的设立、法律援助的实施人、法律援助的受援人、法律援助的事项以及形式均有法律规定;法律援助的受理、申请、审批、执行和其他程序也都是法定的;法律援助的实施人、受援人和法律援助机构的工作人员在享有法定权利的同时,也要承担法定义务,否则就要受到法律的追究。也就是说,法律援助应当依法提供、依法获得、依法运行。

第二,公正原则。法律援助从根本上说就是法律公正的一种象征和体现。法律援助应当遵循公正原则,也是由法律援助的性质和宗旨所决定的。法律援助在实施过程中,要做到公正保障所有符合条件的公民获得法律援助,不能因为公民的身份不同、经济状况不同、民族不同或其他情况就对其应当获得的法律援助产生影响。对于符合法律援助条件的公民,应当公正地保障所有应当获得法律援助的事项都能获得法律援助,不能因为需要法律援助的事项不同而对

① 周旺生:“论法律援助法的总则构建”,载《法制与社会发展》2002 年第 4 期。

公民应当获得的法律援助产生影响。

第三,法律援助与经济社会协调发展原则,也即符合社会需求原则。法律援助制度是社会经济和法制发展需要的必然产物,是不以人们的主观意志为转移的客观规律。法律援助制度的发展必须以满足人民群众的社会需求为原则,同经济社会发展相协调。社会需求是社会在一定成本条件下对法律援助的客观需要。法律援助的社会需求由以下两个基本要素构成:一是社会需要量,即社会成员有通过法律援助的形式实现其法定权利的比例,包括质和量;二是社会承受量,即国家具有支付法律援助制度正常运转成本的能力,包括人力和财力。社会需要量构成了法律援助制度建立和发展的必要性,而社会承受量则构成了法律援助制度建立和发展的可行性。这两个因素的最佳结合量,就是社会对法律援助制度需求的客观标准。仅有社会需要量不足以形成建立和发展法律援助制度的客观环境,而仅有社会承受量也没有建立和发展法律援助制度的必要。因此,在建立和发展法律援助制度的过程中,必须充分考虑社会需求各个因素对法律援助的制约作用,准确把握各个因素之间的辩证关系,绝对不可以偏重一方而忽视另一方,更不能不顾现实盲目蛮干。具体而言,法律援助要与经济社会协调发展,就是随着经济社会的发展,随着社会对法律援助需求的变化,政府投入的法律援助经费、人力资源和法律援助的有关标准和内容如申请法律援助的经济困难标准、法律援助的事项范围、支付给办案人员的办案补贴标准等,都应当适当适时地进行调整,以使法律援助制度能够更好地适应经济社会发展的需要,适应保证经济困难公民依法获得法律帮助的需要。

第四,政府主导与社会参与相结合原则。《法律援助条例》虽然已经明确了法律援助是政府的责任,但考虑到我国经济发展的水平,国家财力还难以完全满足公民对法律援助的要求,还考虑到律师人数和服务地域的不均衡,也难以完全满足公民对法律援助的要求,因此,《法律援助条例》也从现实出发,明确规定,国家鼓励社会对法律援助活动提供捐助,鼓励和支持社会团体、事业单位等社会组织利用自身资源为经济困难的公民提供法律援助。这些规定体现了政府主导与社会参与相结合的原则。

第五,效率和效益原则。在现今时代,讲求效率和效益已是人们行为做事的一个基本准则,实施法律援助也不例外。法律援助的效率和效益原则,就是强调实施法律援助应当一要及时,二要有效。及时、有效地实施法律援助,才能使受援人的损失或痛苦减少到一定程度,使司法公正之类的价值得以及时、有效地实现,才能使法律援助的成本尽可能减少,使法律援助本身比较经济。法律援助的效率和效益原则还要求在法律援助制度建设的各个环节上,都要重视现实、反映社会的实际需求,制定出符合我国国情的法律援助实施方案,把握好我国法律援助制度与经济社会发展和法制建设发展之间的度。《法律援助条例》第18条第2款规定:“对符合法律援助条件的,法律援助机构应当及时决定提供法律援助;对不符合法律援助条件的,应当书面告知申请人理由。”第25条规定:“法律援助机构对公民申请的法律咨询服务,应当即时办理;复杂疑难的,可以预约择时办理。”因此,对于需要法律援助的公民,法律援助机构应当及时有效地提供法律援助,而不能推诿、拖沓。

四、法律援助的意义

法律援助是运用法律手段维护困难群众合法权益的一项重要工作。在我国,法律援助的直接作用在于两个方面:维权和维稳。法律援助通过开展法律咨询、办理援助案件,维护困难群体的合法利益,引导他们以理性合法的形式表达利益要求、解决利益矛盾,自觉维护社会的和谐稳定。法律援助制度的实施,对社会最直接的作用和意义在于以下几点。

(一)有助于实现公民“在法律面前人人平等”的宪法原则

“法律面前人人平等”是为联合国和绝大多数国家所公认的一项法制基本原则,它是指一个国家的所有公民,无论其存在社会地位的高低,财产多寡,种族不同,智力强弱,年龄大小等差别,即一律平等地受到既定法律的保护,实现法律所认可和赋予的权利。但是,严格地说“法律面前人人平等”还只是一种秩序平等的权利,它本身不能保证实体法律权利的平等。如果因为经济困难请不起律师,享受不了法律服务,“法律面前人人平等”就成了一句空话。然而,法律援助制度的实施能够极大地推动这一系列的问题的解决。法律援助制度的存在,就使他们能够在政府的无偿帮助下,保护自己的合法权益,体现了全体公民在社会中地位的平等。法律援助对于公民的意义,不仅在于维护“法律面前人人平等”的原则,更在于保证这个宪法原则变成现实。

(二)有助于保障公民基本人权

法律援助是国家通过法律制度化的形式,对法律服务资源进行再分配,以保障经济困难的公民或特殊刑事案件的当事人,平等地获得法律帮助,以实现自己的合法权益的一项法律保障制度,其目的就是为了保障公民的基本人权。我国在宪法中赋予每个公民享有诉权,但一般情况下,要实现这种权利需要支付律师费和诉讼费。这些费用对于经济困难的公民或特殊刑事案件的当事人来说,难以支付。请不起律师对于当事人来说,也许损失的是应该享有的合法权益,但对于国家来说,受到损害的却是司法公正的原则和形象,因此,建立法律援助制度,对于经济上确有困难的当事人免费提供法律服务正好弥补了这一缺陷。政府对社会中贫、弱群体权利保障的水平,是现代国际社会衡量一个国家的社会制度文明进步程度的重要标志。作为社会主义国家的中国,更应当通过法律援助,使贫、弱群体的基本权利与社会其他人的权利一样得到保障。法律援助制度体现了政府对公民基本人权的保障责任。

(三)有助于促进实现社会公平正义

公平正义是人类文明的奋斗目标,也是构建社会主义和谐社会的核心价值。实现社会公平正义,是构建社会主义和谐社会的重要内容和基本条件。公平和正义是和谐社会的重要标志。随着社会主义市场经济体制的建立,原有的利益格局发生变化,从全体人民利益一致,转向在人民根本利益一致的前提下存在不同群体的利益要求,利益多元化的格局已经形成。在这样的背景下,必须充分运用法律手段,协调处理好各种利益关系之间的矛盾冲突,维护合法权益,打击不法行为,倡导社会正义,营造社会公平。法律援助正是通过制度性的规定,使这部分公民能够用法律维护自己的权益,最大限度地实现社会公正。法律援助作为现实社会公平正义的重要途径,一方面通过向那些处于经济困难境地的公民提供法律帮助,以制度化的形式对法律资源进行再分配,保障处于劣势的弱势群体平等地行使诉讼权利,提高法律之公正性;另一方面通过帮助犯罪嫌疑人、被告人获得有效辩护,实现控、辩双方势力的平衡,使审判程序正当化,以程序公正保障实体公正,以政府救济促进司法公正,进而维护相对正义的价值体系,实现社会的公平正义。

(四)有助于实现社会和谐稳定

法律援助制度是保持社会安定有序的客观需要。胡锦涛总书记指出:"社会稳定,是构建社会主义和谐社会的内在要求和重要保证。没有社会稳定,和谐社会就无从谈起。"维护社会稳定,需要通过合法合理的渠道,妥善解决各种矛盾和纠纷。当前,各种社会矛盾和社会热门问题不断增多,特别是农民工权益维护、下岗失业工人权益维护、劳动纠纷、土地承包纠纷、房屋拆迁纠纷等群体性矛盾大幅增加,已成为影响社会稳定的突出问题。要解决这些问题,法律手段是最重要、最理性、最有效的方式之一。作为法律手段之一的法律援助制度,在维护社会稳定中发挥着“调节器”和“减压阀”的重要作用,使社会成员中的贫弱群体在遇到矛盾和纠纷的时候,能够通过理性制度化的方式表达自己的诉求,使上述矛盾在法律框架内得到解决。法律援助能够避免社会冲突和动荡,达到和谐社会安定有序的要求,最大限度地减少不和谐因素,实现社会和谐稳定。法律援助工作实践也充分证明,法律援助工作者通过参与处理涉法涉诉信访案件、侵害弱势群体利益的群体性案件,能够及时解决纠纷,有效化解矛盾。因此,在目前社会矛盾多发的时期,法律援助不仅能够帮助符合法律援助规定的公民打得起官司,还能通过调解等方式化解矛盾,促进社会和谐。

(五)有助于促进依法治国基本方略的实现

依法治国是中国共产党和中国人民治理国家的基本方略,并得到了宪法的确认。依法治国就是广大人民群众在党的领导下,按照宪法和法律规定,通过各种途径和形式管理国家事务,管理经济文化事业,管理社会事务,保证国家各项工作都依法进行,逐步实现社会主义民主的制度化、法律化,使这种制度和法律不因领导人的改变而改变,不因领导人看法和注意力的改变而改变。在社会主义条件下,人民主权意味着人民当家作主,成为国家、社会和自己的主人。这是马克思历史唯物主义的基本原理。只有人民的权利得到了保障,党的合法执政地位才能得以确认,依法执政才能得以实行。法治不仅要求治国者能够依靠法律来治理国家,而且要求普通公民能够运用法律来维护自己的权益。如果那些有理无钱、有理无能的人群得不到法律的帮助,法律的数量再多,法官的素质再高,都是没有意义的。法律援助行为以宪法和法律为武器,对立法、执法、司法和普法教育提供直接或间接的帮助,增强了广大人民群众的法律意识,维护了广大人民群众的合法权益,保证了依法治国的顺利实现。

第二节　国外境外法律援助制度概况

西方国家法律援助制度的产生和发展,经历了一个以慈善、道义行为向权利保障和政府责任转变的历史过程。综观世界各国和地区,英国、加拿大、美国等国家和地区的法律援助制度已经有了比较漫长的历史,在世界范围内也较具有代表性,它们的演化过程为我国法律援助制度的完善提供了较好的借鉴意义。

一、西方法律援助制度的起源与发展

法律援助最早起源于中世纪的英格兰。早在1495年,英格兰国王亨利五世就发布了这样一条法令:"正义应当同样给予贫困的人,根据正义原则任命的律师应同样为穷苦人服务",并授权法庭指定律师为贫穷的民事诉讼当事人提供法庭代理。这是世界上第一条有关法律援助的法令。1851年法国出现了法律援助立法,但只是要求法律职业人士为穷困被告人提供免费援助,政府并不参与其中,在法律制度中还没有"获得法律援助权"的概念。1853年,美国的印第安纳州高等法院认可了穷困被告人获得律师帮助的权利并以公共资金支付服务费用,但并没有通过这方面的法律或法案。

随着欧洲社会从封建社会向资本主义社会过渡,由于新的生产方式的出现和社会变革的兴起,新兴的资产阶级为了争得平等的社会地位而提出了"天赋人权"、"法律面前人人平等"等口号。随着资本主义生产的迅猛发展,社会分工不断细密,反映商品经济关系的法制逐渐健全,国内外市场的空前拓展,新兴资产阶级日益成长、壮大以后,为了适应商品经济发展的需要和在一定程度上履行自己的"平等"诺言,积极支持在有关法律制度中订立给予穷人提供法律援助的内容。1771年,西班牙国王查理三世颁布皇室法令,命令律师协会处理涉及关押在法院拘留所的穷人的案件时,建立轮换为穷人免费服务的制度;1855年西班牙的第一部《民事诉讼法》第179条进一步以法律形式对无偿法律援助作出了规定;1887年,第一部法律援助法在法国诞生。美国自独立战争之后就有了法律援助,帮助穷人提供法律服务已成为美国法律文化的组成部分。但是,直至1932年,美国才有判例确认,国家应该为可能被判处死刑的刑事被告提供法律援助;其后,美国法律又进一步把国家提供的法律援助范围扩大到有可能被判30天监禁的刑事被告人。20世纪60年代,美国总统约翰逊发起"向贫困宣战"的运动,自此美国设立了贫困法中心,由反贫困协会通过该中心为实施民事法律援助的律师提供资源。1974年,美国总统尼克松决定设立美国法律服务公司。1975年起,由联邦政府按年度为该公司拨款,用于支持开展民事法律援助服务。随着19世纪中叶以来资本主义工业的大发展,为了缓和资本家残酷剥削带来的利润空前增长和工人阶级绝对贫困化而导致的贫富矛盾,维护资产阶级的长远和整体利益,作为律师个人道义行为和某些社会团体的慈善行为的法律援助制度,几乎在英、德、法、意、美、加、日等所有资本主义国家都相继出现。

但是，在资本主义萌芽和自由发展阶段，西方国家尤其英美，只是要求法律人士为穷人提供法律帮助，还没有国家法律制度意义上的法律援助。另外，欧美等国私人社团比较发达，法律援助主要由私人社团提供费用。这一时期，法律援助制度的对象只是穷人，无论这种援助是由私人宗教组织提供，还是由行政机关提供，或是由公共援助机构提供，均被视为慈善行为。

进入20世纪中叶，随着联合国的成立和越来越多的国家间公约、条约的签订实施，特别是随着联合国《公民权利和政治权利国际公约》的出台，越来越多的国家成为该公约的缔约国，法律援助逐渐从律师的道义行为、社会团体的慈善行为或公益性的福利措施转变为国家对公民的责任，作为国家保障公民合法权益得以平等实现的应尽义务。现代意义上的法律援助制度逐渐建立并日趋完善。国家作为法律援助的责任主体纷纷建立了管理、组织、实施法律援助的机构，从财政上保障法律援助的必要开支，并以立法形式确立了法律援助的法律地位。在欧洲大部分国家的宪法中确立了法律援助原则，一些国家还制定了法律援助专门法。1949年，英国政府推出了让社会更加公正的系统改革，统一的法律援助安排就是其中的一部分。在立法上，英国从1949年制定了《法律援助与法律咨询法案》到1999年《获取公正司法法案》的通过，形成了较为完善的法律援助制度。美国的现代法律援助制度则是在20世纪60年代中期才覆盖了联邦各州的司法程序。通过上文所述的美国总统约翰逊“向贫穷宣战”计划，政府注入的大量资金使美国的法律援助获得迅速发展。法国的现代法律援助制度建立于1972年，在国会的一项法案中，对提供法律援助规定了清晰的标准。1991年法国对法律援助制度进行了重大改革，大幅增加了政府对法律援助资金的投入，使之能够覆盖50%左右的家庭；国家建立了法律援助委员会，各地建立了法律援助委员会分委会。德国的法律援助制度从一开始建立就在宪法中作出规定，使法律援助成为公民的宪法权利。在这些国家，公民获得法律援助不再是社会的恩赐和富人的施舍，也不是社会的某种福利措施，而是公民依法享有的基本权利之一。

“二战”后，苏联和东欧社会主义国家亦把法律援助作为宪法原则予以确立。非洲大部分国家在确立本国的法律体系时，都明确规定了法律援助制度。作为建立完善法制、保障人权和致力于国际化发展趋向的重要象征之一，越来越多的发展中国家也相继建立了符合本国国情的法律援助制度。

二、西方国家法律援助制度的主要特征

20世纪中期以后,作为建立完善法律制度的一个象征,国际社会中绝大部分国家建立了符合本国国情的现代法律援助制度。这一制度的主要特征有以下几点。[①]

(一)法律援助成为政府职责

法律援助逐步从传统的小范围的社会道义、慈善行为,逐步发展成为面向贫困者的社会保障体系和维护公民司法人权的政府职能或政府与社会相结合的行为。在典型的现代法律援助制度的国家,政府在财政方面有专门的法律援助经费保障,法律援助不再是可有可无的社会“恩赐”和富人的“施舍”,也不是可多可少的社会救济,而是必不可少的国家义务、政府职责,是公民依法享有的重要人权之一。在这些国家,对于需要法律援助并且符合条件的社会贫困者的申请,政府如果不及时提供合格的法律援助,则要承担相应的法律责任。

(二)建立健全了独立的法律援助机构,形成了符合各自国情的法律援助管理及提供模式

绝大多数西方国家都先后建立了与本国法律援助制度相适应的法律援助管理和实施机制,有专职人员从事法律援助的管理工作。目前,各国法律援助的管理模式主要有以下四种:一是由独立的法律援助协会(或称“公司”)管理;二是由政府机构管理,通常是由司法部管理;三是由法院管理;四是由律师协会管理。其中,前两种形式比较普遍。由律师协会管理的模式已经被大多数国家抛弃而成为历史。

各国法律援助的实施模式(或称提供模式)主要有以下三种:一是私人律师模式,又称司法保障模式,即由政府设立的法律援助机构向私人律师支付报酬,由私人律师为受援人提供法律援助服务。例如,英国的法律援助就是这一模式的代表。此模式在英国、加拿大、南非等国家进一步发展出新型的“合同模式”,即由政府设立的(或代表政府行使管理职能的)法律援助机构与私人律师机构签订法律援助服务合同,根据合同协议,由前者提供法律援助经费,后者提供法律援助服务。二是专职律师模式,即由法律援助机构雇用律师专职提供法律援助服务。例如,加拿大的沙士卡通省和爱德华王子岛省的法律援助机构即采用

① 宫晓冰主编,郑自文副主编:《中国法律援助制度研究》,中国方正出版社2004年版,第16~18页。

此模式。三是“混合模式”，即由法律援助专职律师与私人律师共同为受援人提供法律援助服务。现在美国、澳大利亚、加拿大的大多数省就是采取此模式。在一些国家，法律援助还纳入了大学法学教育的学科内容，逐渐发展成为一门专门的实践性法律学科，即诊所式法律教育，并成为法学院校学生理论与实践相结合的一种重要形式。

（三）建立了符合本国国情的法律援助资金供给制度，使法律援助制度的实施具有较为稳定的政府的经费保障

政府履行法律援助职责的主要方式是提供经费保障。在西方国家的法律援助制度中，都有关于政府财政对法律援助提供资金以及管理、使用资金的相关规定，从而使这一制度的实施具有基本的财政基础。例如，1996 年英国中央财政对法律援助的拨款达 16 亿英镑（约合 210 亿元人民币）；荷兰 1989 年中央财政对法律援助的拨款达 2. 3 亿欧洲货币单位；德国中央财政对法律援助的拨款达 1. 47 亿欧洲货币单位；澳大利亚 2000 年联邦政府对各州法律援助委员会的拨款总额约为 1. 2 亿澳元；美国 2000 年全国用于刑事法律援助辩护的办案费用达 13 亿美元。加拿大 1995 ~ 1996 年度用于法律援助的经费共 7 亿加元（约合人民币 42 亿元），其中，联邦政府所开支的部分平均到每个人约为 5 加元（约合人民币 30 元）。加拿大全国法律援助经费总数占全国司法经费总数的 7%，几乎与用于法院系统的经费相当（法院占司法经费总数的 8%）。1995 年，瑞士联邦的日内瓦州（瑞士全国 600 万人，其中 400 万人在日内瓦州）财政每年用于法律援助的经费约 200 万瑞士法郎（相当于我国的 1400 万元人民币）。

（四）制定了完善的法律援助法律

目前，世界上已有一百多个国家以宪法或法律形式规定了法律援助的基本原则，以彰显国家以法律形式保障公民享有的法律援助权利。其中，许多国家和地区还制定了法律援助的专门立法，如英国的《法律援助法》及其附属法例（2000 年 4 月 1 日改名为《获得司法公正法》并已实施）、美国的《法律援助公司法》、加拿大各省的法律援助法、西班牙的《法律援助法》、韩国的《法律援助法》、新加坡的《法律援助法》、南非的《法律援助法》。有些国家则将法律援助制度规定在刑事诉讼法、民事诉讼法、律师法中。现在，制定专门的法律援助法已经成为各国法律援助制度发展的一个重要标志和必然趋势。

第三节 我国法律援助制度的建立与发展

与世界上大多数国家相比,我国现代意义上的法律援助制度直到20世纪90年代中期才开始出现。这是由我国历史发展进程和基本国情所决定的。

一、旧中国不可能产生现代意义上的法律援助制度

律师制度的出现和律师在司法诉讼机制中地位、作用的明确,是建立法律援助制度的前提条件。在中国封建社会,尽管各朝代都有相应的法律,但由于"诸法合一"、"民刑不分",法律的规定往往不够具体明确,"伸缩性"极大。另外,在封建社会"政审合一"、"纠问式免费"诉讼制度中,地方最高行政长官同时又是地方最高司法裁判官,导致司法活动具有很大的随意性和专断性。在这种封建诉讼制度下,当事人提起诉讼无须借助他人的法律服务,"凡有冤情可径直上告到官府",可以"拦轿告状"、"击鼓鸣冤"。地方官是否公正断案,完全取决于其个人素质。由于不需要聘请律师和交纳诉讼费,从形式上来看,老百姓能否打得起官司与其经济状况没有必然联系。因此,法律援助制度不可能在封建社会产生。

鸦片战争前夕,随着西方文化的逐渐传入,西方法律及法律文化也随之传入中国。清末年间沈家本修订律令时,律师作为"舶来品"引入《大清刑事民事诉讼法(草案)》,并开始强调律师的辩护作用,促进了旧中国法律援助制度的萌芽。1921年北洋政府颁布的《刑事诉讼条例》明确规定:"在普通法院审判时,被告得延请辩护人出庭,辩护人于一定范围内,由审判官之决定得讯问及反诘,且于讯问终结时,得行辩论,有时如被告无力延请辩护人,法庭应指定一律师为之辩护"。1925年1月南京国民政府公布的《刑事诉讼法》也规定:"对属于5年以上有期徒刑或高等法院管辖的第一审案件如被告之法定代理人或配偶没有为其选任辩护人的,审判长得指定律师为其辩护;被法院指定之律师执行职务时,无需有委托状,也无需经被告之同意;法院之指定,由法院书面行之。"1939年10月,国民政府通过公布《公设辩护人条例》,确立了公设辩护人制度的雏形。但是,从实践来看,需要指出的是,无论是在北洋政府还是国民政府时期,仅在个别大城市设有少量律师,而绝大多数地方并无律师存在。因此,有限的律师以及律师有限的作用,使得现代化法律援助制度很难在中国诞生。"衙门朝南开,有理无钱莫进来",即是旧中国穷人与法律保障无缘的真实写照。所

以,在旧中国,曾有部分律师出于同情心、正义感,以个人行为为老百姓提供过慈善性质的法律援助,但是作为一项国家法律制度的法律援助制度并未形成。

二、新中国成立后的基本情形

法律援助作为国家的一项法律制度,是政府应当承担的责任,它的建立与发展需要一定的社会经济和政治条件以及人民群众对法律认识的水平。中华人民共和国成立初期,由于受到当时政治、经济发展因素的制约,还不具备法律援助制度产生的土壤。不过,在党的领导下,随着社会主义律师制度的建立及广大律师在司法体系中的地位的确立和作用的发挥,法律援助虽然没有作为一项完整的法律制度建立,但有关法律援助的一些基本内容在有关律师法律和诉讼法律中已有体现,一定程度上为法律援助制度的建立提供了条件,勾勒出中国法律援助制度的雏形。例如,1954 年颁布的第一部《人民法院组织法》在规定被告人享有辩护权时,明确了人民法院认为有必要的时候,也可以指定辩护人为被告人辩护。1956 年 10 月 20 日司法部发布的《律师收费暂行办法》等文件中,进一步明确了律师免费或减费给予法律帮助的具体案件范围。但是,1957 年"反右"斗争之后,律师制度被取消,"文化大革命"使中国的法律制度受到重创,中国经济走到了崩溃的边缘,法律援助制度的建立更是无从谈起。

1978 年,中国结束了"十年动乱",开始了以经济建设为中心的改革开放。1978 年 12 月 13 日,邓小平在中央经济工作会议上强调:"为了保障人民民主,必须加强法制。必须使民主制度化、法律化,使这种制度和法律不因领导人的改变而改变,不因领导人的看法和注意力的改变而改变。"1978 年 12 月 18 日,党的十一届三中全会在会议公报中指出:"为了保障人民民主,必须加强社会主义法制,使民主制度化、法律化,使这种制度和法律具有稳定性、连续性和极大的权威,做到有法可依,有法必依,执法必严,违法必究。"这就为今天实施的"依法治国"基本方略奠定了理论和实践基础。党的十一届三中全会召开后,我国进入改革开放的新时期,随着社会主义市场经济的不断发展和市场经济体制的确立,人们的相互交往空前扩大,各种社会关系日益复杂,社会主义法制建设也得到加强。立法的日益完善使越来越多的社会关系纳入法律调整的范围,广大人民群众的民主权利和人身、财产等权利越来越多地需要借助法律的保障。1979 年年底,司法部提出了恢复律师制度的要求。1980 年 8 月 26 日,第五届全国人大常委会通过了《律师工作暂行条例》,这是恢复重建后的中国律师制度中第一部规范律师职业行为、促进律师事业发展的法规,其中就有对经济困难需要法律帮助的群众,其律师费用可以减免的规定。1979年以后陆续颁布实施的《刑事诉讼法》、《民事诉讼法》和《律师收费试行办法》等法律法规中,也都规定了一些相关的法律援助内容,在当时条件下,对于保障当事人的合法权益发挥了一定的作用。但是,由于当时不具备建立法律援助制度的物质基础和法制环境,使得法律援助具有相当的随意性和不确定性,难以体现作为一项国家法律制度的现代化法律援助制度的特征。

随后,1982年《宪法》及其修正案均重申"法律面前一律平等"、"被告人有权获得辩护"等原则。1990年司法部、财政部和国家物价局颁发的《律师业务收费管理办法》规定了律师业务应当酌情减免收费的具体情形。1991年《民事诉讼法》规定了诉讼费用缓交、减交或者免交的具体情形。这些规定的实施,在当时的历史条件下,对于保障当事人的合法权益发挥了积极作用,但由于认识的局限性,这些规定都没有明确提出"法律援助"的概念,没能将法律援助上升为一项国家法律制度。

但是,随着我国民主法制建设的进步,随着经济政治体制改革的深入,随着审判制度和律师制度改革的推进,以及国际法律文化交流的影响,原有散见于有关法律法规中带有法律援助性质的规定,亟待上升为完备的法律制度。只有这样,才能适应加强社会主义民主和法制建设,保障公民民主权利、人身权利和其他合法权利的需要,才能适应世界法制建设的时代潮流。

三、我国法律援助制度的正式建立及其发展

我国的法律援助制度于1994年年初开始试点萌芽,在1996年正式建立,至今已有17年多。回顾我国法律援助制度17年多的发展历程,可以将其划分三个发展阶段。

(一)萌芽和试点阶段

1994年年初至1996年年初,是中国法律援助制度的萌芽和试点阶段。在提出建立和实施中国的法律援助制度的口号之时,无论是刚刚涉足法律援助工作的人员,还是法学界的专家、学者,对于法律援助的基本内容和各国法律援助制度情况都知之甚少。在这种情况下,1992年5月,武汉大学探索成立了"社会弱者权利保护中心",这是我国以经济困难的诉讼当事人为援助对象的法律援助的萌芽,揭开了我国法律援助的序幕。1994年年初,司法部正式提出了在全国开展法律援助工作试点的要求。1995年2月,司法部召开的全国司法厅(局)长会议明确提出:"要积极探索建立法律援助制度的有效途径和办法,为经济困难的当事人提供无偿法律帮助,今年要把这项工作正式提上议程,充分论证,抓紧制定可行方案,使我国的法律援助制度尽快建立起来。"1994 年年初至 1996 年年初的两年期间,广州、武汉、北京、上海、郑州等大城市进行了法律援助试点,其模式主要有以下三种:一是广州模式。广州市法律援助中心是第一个由政府批准设立的法律援助机构,标志着我国正式开始探索实施法律援助制度。广州市法律援助中心,既拥有审查、批准法律援助的管理人员,也有专职的办理法律援助案件的律师,同时还指派社会律师参与办理法律援助案件。二是北京、上海浦东模式。[①] 这种模式的特点是设立了专门法律援助机构,分别为北京市法律援助中心和上海市浦东新区法律援助中心,其职能是专门从事法律援助的管理,安排社会律师到法律援助中心值班接待咨询,对申请法律援助并且认为符合条件的公民,由值班律师给予法律援助。三是郑州模式。其特点是设立专门的法律援助机构——郑州市法律援助中心,配备若干具有律师资格或具有法律专长的人员,主要职能是接待公民的咨询,对认为符合法律援助条件的公民直接提供法律援助。以上三种模式的共同特点是都设立了专门的法律援助机构(尽管当时多数还未经编制部门正式批准),都或多或少地有专门工作人员(人员最多的广州市法律援助中心,当时共有 15 人)。其不同之处在于有的法律援助机构有专职人员办案,有的无专职人员办案;有的指派社会律师办案,有的不指派社会律师办案。这三种模式的试点为我国法律援助制度的统一发展奠定了必要的试验基础。[②]

(二)初创与基本成型阶段

1996 年年初至 2003 年 9 月,是我国法律援助制度的初创与基本成型阶段。经过两年的法律援助试点和探索,三种模式的法律援助的利弊逐步呈现。其中,广州模式在实践中被普遍认为利多弊少,逐渐为越来越多的地方后来建立和实施法律援助制度所仿效。1996 年 11 月,司法部在广州市召开了首届全国法律援助工作会议,司法部部长肖扬、副部长张耕,全国司法厅(局)的主要领导和分管领导,法律援助机构的筹备组负责人,以及部法律援助中心筹备组、有关

---

① 其中,上海市浦东新区法律援助中心是我国第一个先由司法行政机关挂牌成立后经政府批准认可的政府法律援助机构。

② 宫晓冰主编,高贞副主编:《中国法律援助制度培训教程》,中国检察出版社 2002 年版,第 35 ~ 38 页。

业务司(局)的领导出席了会议。会议对法律援助两年多的试点工作进行了总结,与会人员参观了广州市法律援助中心,对广州模式的优、缺点进行了研究,肖扬部长对进一步在较大范围内推进法律援助制度的实施提出了明确要求。

司法部法律援助中心筹备组自1996年3月由司法部党组决定成立。之后部法律援助中心筹备组一方面大力推动地方法律援助机构的建立、推进基本工作规范的制度研究和业务开展;另一方面着力抓部法律援助中心的正式审批和中国法律援助基金会的报批。经过努力,部法律援助中心于1996年12月16日经中央编办批准设立;中国法律援助基金会于1997年3月6日经国务院批准并于1997年5月26日正式挂牌成立。1996年6月底,四川省法律援助中心经编制部门批准成立,这是全国最早成立的省级法律援助机构。

与此同时,全国立法推动了法律援助工作的法制化建设。1996年3月,修改后的《刑事诉讼法》第一次把"法律援助"明确写进法律;5月,通过了新中国第一部《律师法》,其中明确规定律师必须按照国家规定承担法律援助义务,尽职尽责为受援人提供法律援助;6月,司法部发出了《关于迅速建立法律援助机构开展法律援助工作的通知》;8月,《老年人权益保障法》通过并规定老年人"需要获得律师帮助,但无力支付律师费用的可以获得法律援助";10月,民政部、司法部发出了《关于保障老年人合法权益做好老年人法律援助工作的联合通知》;11月,司法部、全国残联发出了《关于做好残疾人法律援助工作的通知》,司法部和团中央发出了《关于保护未成年人合法权益做好未成年人法律援助工作的通知》,司法部和全国妇联发出了《关于保障妇女合法权益做好妇女法律援助工作的通知》。1997年4月,最高人民法院和司法部发出了《关于刑事法律援助工作的联合通知》;5月,司法部发出《关于开展法律援助工作的通知》,对做好法律援助工作作出全面部署,明确了我国法律援助制度的一般性规定,为《法律援助条例》的出台奠定了基础。1998年4月,全国律协制定《关于律师办理刑事案件规范》,规定了律师为犯罪嫌疑人提供法律帮助的条款。1999年5月,以最高人民法院与司法部下发的《关于民事法律援助若干问题的联合通知》、青岛市地方人大颁布的第一个地方性法律援助法规为标志,中国法律援助制度逐步步入了法律化、制度化的轨道。最高人民法院与司法部《关于民事法律援助工作若干问题的联合通知》,从制度上解决了几年来困扰民事法律援助工作开展的法院诉讼费的缓减免与法律援助费用的减免"两张皮"、机制不衔接的问题,特别是明确规定了法律援助律师的办案开支由败诉的非受援人一方承担，也为间接地节省法律援助经费不足开辟了一条新的渠道。2000 年 4 月，最高人民检察院和司法部联合下发了《关于在检察机关的刑事诉讼活动中开展法律援助的联合通知》，解决了检察机关自侦案件中侦查阶段法律援助、审查起诉阶段与法律援助工作的衔接和支持问题。2001 年 4 月，司法部和公安部联合下发了《关于在（公安机关）刑事诉讼活动中开展法律援助工作的联合通知》，进一步理顺了法律援助机构在办理刑事法律援助案件中与公安机关的关系，为法律援助律师履行向犯罪嫌疑人提供法律咨询、代理申诉、控告，为已逮捕的犯罪嫌疑人申请取保候审，以及为刑事被告人履行法律援助辩护职能提供了便利条件。与此同时，各地也加紧了法律援助的制度化建设。青岛市率先颁布了第一个地方性法律援助法规，随后更多地方性法律援助法规规章逐个出台，这标志着各地在法律援助的制度化轨道上大大前进了一步。

这一时期，我国法律援助制度的发展也得到了国家最高权力机关与党中央的关注与肯定。2001 年 3 月，全国人民代表大会通过的《国民经济和社会发展第十个五年计划纲要》，明确提出了“建立法律援助体系”的目标。这是我国最高国家权力机关首次将法律援助事业纳入社会发展范畴，标志着中国法律援助制度进入一个新的发展阶段。为了推动“十·五”期间实现“建立法律援助体系”目标，司法部于 2001 年 10 月在北京召开了“第二次全国法律援助工作暨‘双先’表彰会”，明确了“建立法律援助体系”的五个方面的内容，即建立健全法律援助机构、建立法律援助经费保障机制、加强法律援助实施队伍建设、推进法律援助制度建设和立法工作、建立并不断完善有中国特色的法律援助理论体系，明确了新世纪法律援助工作的发展方向。

在这一时期，法律援助机构从无到有、从零星试点发展到 2700 多个，已在全国范围内基本建立；法律援助专职人员从零个发展到近 8 千人；法律援助机构办理的诉讼案件数量每年接近 16 万件；越来越多的社会团体和法律院校设立了法律援助组织，积极参与法律援助；法律和社会各界经历了一个从不知法律援助为何物到逐步认识和重视法律援助作用的过程。至此，一项在我国法律领域里处于空白状态的法律制度在这一时期完成了初创，法律援助制度雏形基本形成。

（三）法制化发展阶段

这一阶段始于 2003 年 9 月，一直持续至今。2003 年 7 月 21 日，国务院出台《法律援助条例》，并于 9 月 1 日起正式实施。《法律援助条例》是我国第一部全国性的法律援助专门法规,是规范我国法律援助制度的一项基本法律。它的颁布实施是我国民主法治建设中的一件大事,标志着我国法律援助事业的发展进入了一个崭新的阶段。《法律援助条例》认真总结了我国近 10 年来开展法律援助工作的成功经验,吸收和借鉴了各国法律援助立法的有益做法,确立了我国法律援助制度的基本框架,为从根本上解决影响和制约我国法律援助事业发展的一些突出问题,为促进和规范法律援助工作提供了基本的法律依据和制度保障,标志着有中国特色的法律援助制度基本形成。其主要内容包括:法律援助是公民的权利,是政府的责任;法律援助经费渠道为财政支持和社会捐助相结合;司法行政机关负责监督管理法律援助工作,法律援助机构负责组织实施法律援助;法律援助的提供主体是法律援助机构的专职人员、律师、基层法律服务工作者和社会组织人员;科学界定了法律援助的范围和标准;具体规范了法律援助申请、受理和实施的工作程序。《法律援助条例》还充分体现了法律援助法律关系中各方的权利和义务的一致性,明确了违反《法律援助条例》规定应当承担的法律责任。自 2003 年《法律援助条例》实施以来,各级司法行政机关和法律援助机构坚持围绕中心、服务大局,坚持以科学发展观为统领,坚持为构建社会主义和谐社会服务,抓住发展机遇,履行工作职能,加快建设步伐,努力做大做强做优法律援助事业以争取落实政府责任、提高知晓率、扩大覆盖面为三大工作重点,大力加强法律援助物质保障、组织建设、管理工作、服务工作和社会影响能力五项能力建设,通过推进法律援助机构规范化建设、完善法律援助经费保障机制、推动法律援助体制机制改革、推动各地制定法律援助“三项标准”、督促律师和基层法律服务工作者履行法律援助义务、完善法律援助与司法机关工作衔接机制、建立相关部门支持配合法律援助工作机制、深入开展农民工法律援助工作等一系列措施,积极推动法律援助工作取得了新成绩、新进展。截止到 2012 年年底,在省、市、县三级共建立了 3236 个法律援助机构,专职工作人员达到了 14330 人,注册法律援助志愿者达到 89820 人,其中市县两级是组织实施法律援助的主要力量,80% 的案件是由县一级组织办理的。还依托街道、乡镇司法所和工、青、妇、老、残等相关单位设立了 63710 个法律援助工作站,形成了司法行政机关监督管理、法律援助机构组织实施、社会力量协同参与的法律援助工作格局,为推进法律援助工作发展提供了有力保障。2012 年法律援助经费总额为 14. 03 亿元,其中财政拨款 13. 89 亿元;共批准办理法律援助案件 102. 2 万件,其中刑事法律援助案件总数为 13. 3 万件;民事法律援助申请数为 92 万件、批准数为 88 万件,行政案件申请数为 6937 件、获批数为 5499 件;共办结法律援助案件 86.2 万件;各类受援人总数为 114.5 万人次;接收来访、来信、来电咨询合计 576 余万人次,有力地维护了困难群众合法权益。随着实践工作的深入开展,法律援助制度在维护贫弱群众合法权益、维护社会公平正义和促进社会和谐稳定中发挥着越来越显著和不可替代的独特作用,成为我国法律体系和司法体制机制的重要组成部分。

第四节　我国法律援助立法

一、我国宪法关于法律援助的原则性规定

作为法治国家,任何一项社会制度的建立都要有法律依据。1982 年 12 月 4 日第五届全国人民代表大会通过的《宪法》中尽管没有关于法律援助制度的具体规定,但却明确了建立法律援助制度的原则,这些原则成为法律援助制度建立的宪法依据。

《宪法》明确规定,"中华人民共和国的一切权力属于人民"、"中华人民共和国各民族一律平等"、"中华人民共和国公民在法律面前一律平等"、"人民法院审理案件……被告人有权获得辩护"。这是表明国家权力来源于公民,国家在享有和行使管理社会的权力的同时,也相应地负有代表公民利益的责任,特别是有责任维护社会贫、弱群体公民的利益。不过,宪法条文中所规定的公民享有的权利只是一种程序上平等的权利。公民在行使或者实现这些权利的过程中,会受到诸如社会地位高低、智力强弱、年龄大小、财产多寡、受教育程度、性别、健康、宗教、语言以及民族经济发展不平衡等因素的影响,因此,为保障公民的平等权利和地位,国家理所应当承担起法律保障的职能。

另外,在 2004 年 3 月 15 日第十届全国人民代表大会通过的宪法修正案中增加了"国家尊重和保障人权"。这是国家以根本大法的形式对公民的政治、社会地位与法律权利平等的庄严承诺。这一宪法规定表明,只要是中华人民共和国的公民,在法律面前都是平等的,法律规定公民享有的种种权利都应当得到尊重和保障。但在现实中,公民的合法权利受到侵犯需要获得法律帮助时,都需要付出一定的费用,而贫弱、残疾的群体或一些特殊案件的当事人很难承受这样的经济负担。为了保障所有公民平等享有社会权利,政府有义务进行法律援助。"尊重和保障人权"是衡量一个国家的社会制度文明进步程度的重要标

志,体现了我国社会主义制度的本质要求,为法律援助制度提供了更加明确的宪法依据。

二、我国法律援助的立法现状

宪法是国家的根本大法,一般规定得比较原则,因此,法律援助制度的具体落实,还需要基本法律的支持。我国《刑事诉讼法》和《律师法》和《法律援助条例》的相关规定,勾画出了我国法律援助的提供主体和服务范围。它们所规定的法律援助条款,成为公民要求获得法律援助的基本依据。

(一)刑事诉讼法相关规定

1. 刑事诉讼法。1996 年修改的《刑事诉讼法》第 34 条规定:“公诉人出庭公诉的案件,被告人因经济困难或者其他原因没有委托辩护人的,人民法院可以指定承担法律援助义务的律师为其提供辩护。被告人是盲、聋、哑或者未成年人而没有委托辩护人的,人民法院应当指定承担法律援助义务的律师为其提供辩护。被告人可能被判处死刑而没有委托辩护人的,人民法院应当指定承担法律援助义务的律师为其提供辩护。”这是我国首次以立法形式对刑事法律援助进行规定,从而建立了刑事法律援助制度的基本框架。在总结以往立法和司法实践经验的基础上,2012 年修改的《刑事诉讼法》以“保障人权”为原则,对刑事法律援助作出了更加全面的规定,呈现出诸多亮点,在刑事法律援助适用阶段方面,规定犯罪嫌疑人、被告人是盲、聋、哑人、未成年人,或者是尚未完全丧失辨认或者控制自己行为能力的精神病人;犯罪嫌疑人、被告人可能被判处无期徒刑、死刑,没有委托辩护人的,人民法院、人民检察院和公安机关应当通知法律援助机构指派律师为其提供辩护,将为犯罪嫌疑人、被告人提供法律援助的阶段,由审判阶段扩大到了侦查、起诉阶段。在刑事法律援助对象方面,将原来的公诉人出庭公诉的案件中被告人因经济困难或者其他原因没有委托辩护人时人民法院为被告人指定辩护修改为犯罪嫌疑人、被告人因经济困难或者其他原因没有委托辩护人时其本人及其近亲属可以向法律援助机构提出法律援助申请;增加规定尚未完全丧失辨认或者控制自己行为能力的精神病人、可能被判处无期徒刑的犯罪嫌疑人、被告人,没有委托辩护人的,公检法机关应当通知法律援助机构指派律师为其提供辩护;增加规定在人民法院审理强制医疗案件,应当通知被申请人或者被告人的法定代理人到场,被申请人或者被告人没有委托诉讼代理人的,人民法院应当通知法律援助机构指派律师为其提供法律帮助。[1] 通过这些基本立法规定,从法律层面确立了法律援助机构指派律师提供辩护的法律地位,进一步强化了法律援助在刑事司法制度中的地位和作用,彰显了近年来刑事司法制度改革所取得的重大成果。

2. 刑事诉讼法相关立法和司法解释。比如,在2012年修改《刑事诉讼法》之后,最高人民法院、最高人民检察院又单独或者联合公安部、国家安全部、司法部和全国人大常委会法制工作委员会出台了《关于适用〈中华人民共和国刑事诉讼法〉的解释》、《人民检察院刑事诉讼规则(试行)》以及《关于实施刑事诉讼法若干问题的规定》等立法和司法解释,对《刑事诉讼法》中有关法律援助的规定逐步作出了更加细化的调整,增强了相关条文的可操作性。通过这些司法解释,进一步提前了刑事法律援助的阶段,扩大了刑事法律援助的范围,明确了刑事法律援助工作的时限、明确了法律援助的告知和通知形式等,从而更加强化了刑事法律援助在刑事诉讼中对弱势群体的保护作用,契合了法律援助发展的国际趋势,彰显了中国对人权保护工作的尊重,提升了我国作为世界大国的国际形象。

(二)律师法相关规定

1996年5月5日第八届全国人民代表大会常务委员会第19次会议通过的《律师法》与修订后的刑事诉讼法同时实施。为了保证法律援助制度的具体落实,1996年《律师法》第六章对律师提供法律援助作出了专门规定,明确了律师提供法律援助的范围和必须承担的法律援助义务。[2] 2007年10月28日第十届全国人民代表大会常务委员会第30次会议修订并于2008年6月1日起实施的《律师法》虽然取消了法律援助一章,但在“律师的业务和权利、义务”等章中仍然明确了律师、律师事务所的法律援助义务及其拒绝履行法律援助义务时所要承担的法律责任。2012年10月26日第十一届全国人民代表大会常务委员会第二十九次会议修订并于2013年1月1日起施行的《律师法》对法律援助作出了进一步的规定。

(三)法律援助条例

2003年7月16日通过的《法律援助条例》,是我国第一部全国性的法律援

---

① 参见2012年《刑事诉讼法》第33条、第34条、第37条、第267条、第286条。

② 参见1996年《律师法》第41条、第42条。“公民在赡养、工伤、刑事诉讼、请求国家赔偿和请求依法发给抚恤金等方面需要获得律师帮助,但是无力支付律师费用的,可以按照国家规定获得法律援助”(第41条);“律师必须按照国家规定承担法律援助义务,尽职尽责,为受援人提供法律服务”(第42条)。这是我国在法律中首次对律师承担法律援助的范围进行了规定。

助专门的行政法规。《法律援助条例》认真总结了我国开展法律援助工作的成功经验,吸收和借鉴了各国法律援助立法的有益做法,以法律的形式,确立了我国法律援助制度的基本框架,明确了经济困难的公民申请并获得免费法律服务的权利,明确了法律援助是政府的责任、政府应当为法律援助提供财政支持的原则,明确了司法行政机关管理监督法律援助工作和法律援助机构组织提供法律援助的职责,规定了社会力量参与法律援助的原则以及法律援助各方的权利义务和法律责任等,为促进和规范法律援助工作提供了基本的法律依据和制度保障,标志着有中国特色的法律援助制度基本形成。

(四)关于法律援助的规范性文件

我国还先后制定了一系列关于法律援助的规范性文件,以促进和规范我国的法律援助工作。现行的规范性文件有:司法部发布的《律师和基层法律服务工作者开展法律援助工作暂行管理办法》、《办理法律援助案件程序规定》、《法律援助投诉处理办法》等;最高人民法院与司法部联合发布的《关于民事诉讼法律援助工作的通知》;最高人民法院与司法部联合发布的《关于充分保障律师依法履行辩护职责确保死刑案件办理质量的若干规定》;最高人民法院下发的《关于适用〈中华人民共和国刑事诉讼法〉的解释》;最高人民检察院与司法部联合发布的《关于刑事法律援助工作若干问题的联合通知》;最高人民法院、最高人民检察院、公安部与司法部联合发布的《关于刑事诉讼法律援助工作的规定》、公安部发布的《公安机关办理刑事案件程序规定》,等等。

(五)关于法律援助的地方法规

在2003年国务院《条例》实施前后,各地纷纷出台了有关法律援助工作的地方性规范。目前,上海、宁夏、河北、海南、北京等地相继出台了关于法律援助的人大立法,已制定或修改了地方法律援助立法的省份达到28个,有31个省级地方按照国务院《条例》的相关规定,制定了法律援助案件经济补贴标准,有30个省级地方制定了公民经济困难标准,有29个省级地方补充了法律援助事项范围。各地还建立完善了受理、审查、指派和案件质量监督等各项规章制度。我国法律援助工作已经走上了法制化、规范化的轨道。[①]

此外,我国在《残疾人保障法》、《妇女权益保障法》、《老年人权益保障法》、《未成年人保护法》中,都有法律援助的规定,确立了法律援助在我国法律体系

① 参见司法部法律援助中心:《2008中国法律援助年鉴》,中国民主法制出版社2009年版。

中的地位,形成了我国对法律援助监管者、组织者、提供者和法律援助对象全方位的规定。

三、国际法关于法律援助的规定

在现代社会中,不少国际公约中都规定了法律援助的内容。我国虽然建立法律援助制度较晚,但在一开始设计和建立法律援助制度时,就十分注重广泛借鉴各国法律援助制度中的有益经验,并吸取他们的教训,尽量考虑与有关国际公约和国际法律文书的规定精神相衔接,尽可能体现现代法律援助制度的内涵。对国际法在各国国内的法律效力问题,各国采取不同的态度和做法。我国对国际条约的效力和地位的态度是:国际条约优先于国内法,国际条约中的多边条约优先于双边条约。我国已经批准加入或者签署的国际公约、条约和对我国制定法律政策有参考意义的国际法律文书中有关法律援助的规定,是我国建立和实施法律援助制度的国际法依据,具有法律效力或者法律政策参考意义。

(一)联合国宪章

从 20 世纪 40 年代开始,特别是第二次世界大战以后,世界各国公民对人权、人格尊严与人的价值的认识大大超过从前,最能体现各国对公民基本权利保障的当属《联合国宪章》(1945 年 6 月 26 日联合国国际组织会议签署,同年 10 月 24 日起生效)。目前世界上已经有包括我国在内的 50 多个创始会员国成为《联合国宪章》的签署国,140 多个国家依此建立了现代法律援助制度。

《联合国宪章》序言中规定:"……重申基本人权,人格尊严与价值,以及男女与大小各国平等权利之信念……"这被认为是法律援助制度建立的国际法依据。《联合国宪章》是联合国的基本法,它既确立了联合国的宗旨、原则和组织机构设置,又规定了成员国的责任、权利和义务,以及处理国际关系、维护世界和平与安全的基本原则和方法。我国作为联合国的缔约国之一,始终把遵守《联合国宪章》、维护联合国威信作为义不容辞的责任。

(二)公民权利和政治权利公约

《公民权利和政治权利公约》(联合国大会 1966 年 12 月 16 日通过,1976 年 3 月 23 日生效)第 14 条第 1 款规定,所有的人在法庭和裁判所前一律平等。第 3 款规定:"在判定对他提出的任何刑事指控时,人人完全平等地有资格享受以下的最低限度的保证:……(丁)出席受审并亲自替自己辩护或经由他自己所选择的法律援助进行辩护;如果他没有法律援助,要通知他享有这种权利;在司法利益有此需要的案件中,为他指定法律援助,而在他没有足够能力偿付法律援助的案件中,不要他自己付费。……”第 26 条规定:“所有的人在法律前平等,并有权受法律的平等保护,无所歧视。在这方面,法律应禁止任何歧视并保证所有的人得到平等的和有效的保护,以免受基于种族、肤色、性别、语言、宗教、政治或其他见解、国籍或社会出身、财产,出生或其他身份等任何理由的歧视。”这是国际公约中关于法律援助最明确的规定。

《公民权利和政治权利公约》被认为是国际社会中维护公民权利最重要的国际公约。我国政府于 1998 年 10 月 5 日在联合国总部签署了该公约。《公民权利和政治权利公约》不仅将刑事法律援助作为最低限度的人权保障标准,而且规定法律对不同国籍的人应给予平等的法律保护。如果被指控有罪的人经济有困难,可以不必支付费用。

(三)涉及法律援助的其他国际公约

我国政府一向重视对人权的保障,特别是对弱势群体权利的保障。除《联合国宪章》、《公民权利和政治权利公约》之外,在我国已加入的国际公约和对我国制定法律政策有参考意义的国际法律文书中,载有法律援助规定的还有以下几个:

1.《囚犯待遇最低限度标准规则》。该公约第 93 条规定:“未经审讯的囚犯为了准备辩护,而社会上又有义务法律援助,应批准申请此项援助,并准许会见律师,以便商讨辩护,写出机密指示,交给律师……”

2.《联合国少年司法最低限度标准规则》(北京规则)。该规则第 15.1 条规定:“在整个诉讼程序中,少年应有权由一名法律顾问代表,或在提供义务法律援助的国家申请这种法律援助。”

3.《儿童权利公约》。该公约第 37 条规定:“缔约国应确保:……(d)所有被剥夺自由的儿童均有权迅速获得法律及其他适当援助,并有权向法院或其他独立公正的主管当局就其被剥夺自由一事之合法性提出异议,并有权迅速就任何此类行动得到裁定。”

此外,我国政府还与几十个国家签订了多个双边刑事或民事司法协助条约(或协定),这些双边条约中都有关于相互提供法律援助的规定。这些协定或条约已经我国最高立法机关批准,同样具有法律效力,是我国建立和实施法律援助制度的国际法依据。

随着我国法律援助制度的不断改革和发展,有关国际公约和国际法律文书中关于法律援助的规定在我国得到了越来越切实的遵循和执行。

第二章　法律援助机构、人员与经费

第一节　法律援助机构

一、法律援助机构的概念与分类

（一）法律援助机构的概念

法律援助机构就是按照《法律援助条例》的规定设立的负责组织实施法律援助服务的机构。在我国，法律援助机构的形式并不是单一的，而是包括多种类型。一般来说，法律援助机构，既包括各级政府设立的具体组织实施法律援助服务的法律援助中心（处），也包括各社会团体、群众组织基于有关法律规定而组建的实施法律援助的服务机构。狭义的法律援助机构一般仅指各级人民政府批准设立的法律援助机构，也就是各级政府设立在司法行政机关的法律援助中心（处）。

（二）涉及法律援助工作的机构分类

按照《法律援助条例》的规定，在我国，涉及法律援助工作的机构主要有三类。

1. 司法行政机关法律援助管理部门

司法行政机关法律援助管理部门的主要职责是法律援助的监督管理工作，包括法律援助立法、制定政策以及对辖区内法律援助计划的制订；法律援助经费的监督；法律援助工作标准和规范的设定；法律援助服务质量的监控；为法律援助工作创造良好外部环境等。

在我国，这类机构是指司法部法律援助工作司、司法部法律援助中心及各省、自治区、直辖市司法厅（局）法律援助中心（处）。除司法部法律援助工作司和司法部法律援助中心外，各省级法律援助中心（处）也适当办理一些在全国和地方影响较大、下级地方法律援助机构办理困难的援助案件。

2. 法律援助机构

法律援助机构是由法律明确规定的专门负责法律援助的机构,也是按照我国目前法律法规规定属于法律意义上的法律援助机构。这类法定机构的职责包括:具体组织实施法律援助工作,包括接受申请、审查批准申请、指派法律服务人员办理案件、使用法律援助经费向办案人员支付法律援助补贴,以及在组织办案过程中的具体管理活动等。

我国的法律援助机构一般是指各直辖市法律援助中心(处),以及设区的市或者县级的法律援助中心(处)。这类机构除具体组织实施法律援助工作外,还经常直接参与办理法律援助案件。

3. 法律服务机构

法律服务机构在法律援助工作的职责是接受政府设立的法律援助机构的指派,安排法律服务人员办理法律援助事务,即参与个案的法律援助服务,包括为受援人提供咨询、诉讼与非诉讼代理服务、刑事辩护,等等。在我国,这类机构一般是指提供法律援助服务的律师事务所、公证处、基层法律服务所、乡镇司法所及其他社会法律援助组织。

当然,由于公安、检察院、法院和其他一些政府部门如财政、民政等部门,在各自的工作职责中也承担着支持和配合法律援助工作的职责,因此在一定意义上,它们也可以被视为涉及法律援助工作的机构。

二、我国法律援助机构的设置

(一)政府法律援助机构的设置

1994 年年初司法部正式提出建立和实施中国的法律援助制度,并在广州、深圳、上海、北京、武汉、南京、郑州、青岛等一些大中城市陆续开展了法律援助工作试点。1995 年 11 月 19 日,广州市法律援助中心正式挂牌成立,成为全国最早成立的法律援助机构。该机构也是政府定编、全额拨款的行政事业单位。1996 年 6 月,司法部发出了《关于迅速建立法律援助机构　开展法律援助工作的通知》,提出全面推动建立国家法律援助制度,首当其冲的任务就是建立法律援助机构,为法律援助制度的建立和实施提供组织保障。

1995 年 10 月 10 日经司法部党组讨论决定,以司法部名义正式向中央编办提交《关于成立国家法律援助中心的请示》,1996 年 12 月 18 日中央机构编制委员会办公室批复《中编字(1996)168 号》同意成立司法部法律援助中心,核批事业编制 35 名,经费实行全额拨款,担负对全国法律援助工作的管理和监督。与此同时，省级地方的法律援助中心相继成立。到2001年8月22日，西藏自治区法律援助中心正式宣告成立，至此，全国省级法律援助机构全部建成。

截至2012年年底，全国已建法律援助机构总数为3236个，主要为市县两级地方法律援助机构，这些法律援助机构依托司法所、工、青、妇、老、残、信访、高校、监狱、劳教所等设立法律援助工作站58031个，法律援助机构工作人员共有14330人，其中近50%有律师资格。

在法律援助初创阶段，由于各地对法律援助性质问题的理解不尽相同，因此，在机构设置上各地法律援助机构的性质也不统一，出现了行政性质、全额拨款性质、差额补助性质以及自收自支性质的不同组织管理模式。

2003年9月1日，《法律援助条例》生效实施，这对于我国法律援助工作的规范化、制度化起到了重要的作用。《法律援助条例》第4条第1款规定："国务院司法行政机关监督管理全国的法律援助工作。县级以上地方各级人民政府司法行政部门监督本行政区域的法律援助工作。"第5条规定："直辖市、设区的市或者县级人民政府司法行政机关根据需要确定本行政区域的法律援助机构。法律援助机构负责受理、审查法律援助申请，指派或者安排人员为符合本条例规定的公民提供法律援助。"因此，《法律援助条例》颁布之后，法律援助机构专指直辖市、设区的市和县级法律援助中心（处）。

（二）社会法律援助组织的设置

《法律援助条例》第8条规定："国家支持和鼓励社会团体、事业单位等社会组织利用自身资源为经济困难的公民提供法律援助。"

依照这一规定，目前在我国，除了各级人民政府设立在司法行政机关的政府法律援助机构外，这些政府法律援助机构还在绝大多数工会、青年团、妇联、残联等社会团体设立了相应的法律援助工作站点，作为法律援助机构的便民接待窗口；一些工会、青年团、妇联、残联等社会团体、法律院校等事业单位、民间组织还设立了非政府性质的法律援助组织，开展以行业群体或某一类特殊人群为服务对象、以非诉讼事项为重点的法律援助工作。它们成为政府法律援助机构的有益补充。

目前，参与法律援助工作的社会组织主要有以下三种：第一类是各级工会、共青团、妇联、残联等社会团体。它们利用本社团资金、人员、设备、场所等条件，为本社团成员提供法律援助，一般采取依托本社团内的维权部门设立政府法律援助机构的法律援助分中心或法律援助工作站，也有少数成立了独立的法律援助中心，如一些妇女法律援助中心、职工法律援助中心。其工作人员主要是一些有经验的社会工作者，其中有一些是法律专业人员。目前这类社会团体约有上万家。第二类是法律院校。目前，全国大约有三四十所法律院校在开展法律援助工作。法律院校的法律援助工作主要有两种：一是学生自发组成社团组织开展法律援助活动。二是由法学教师负责指导，高年级学生为主参加的诊所教育项目。其主要代表有武汉大学社会弱者权利保护中心（2013 年已更名为武汉大学法律援助中心）、北京大学、人民大学、清华大学、中国政法大学等学生法律援助中心。第三类是经批准的法律援助类民办非企业单位。这一类数量很少。其主要代表有北京市农民工法律援助工作站、北京市青少年法律援助与研究中心、北京义联劳动法援助与研究中心。它们自筹资金，针对特定的对象有选择性地提供法律援助。其工作人员一般都是法律专业人士，多数具有律师身份。

在经费来源方面，社会团体主要是在各团体办公、业务经费中挤出一部分保障法律援助工作日常开支，个别由编制部门批准的机构则由政府拨款；法律院校中的学生社团组织，一般是由团委出一部分活动经费或是获得一些社会捐助，诊所教育活动经费则主要来源于一些校外的资助；法律援助类民办非企业单位多是自筹资金，其中有些有外资捐助。这些社会组织人员接受政府法律援助机构的指派办理案件，会按照地方政府的规定标准从法律援助机构得到补贴。

在服务对象和服务方式上，它们通常只为特定的工作对象，如经济困难的职工、农民工、残疾人、未成年人、妇女、老年人等提供一些解答咨询、代书、非诉讼调解等初级服务，或者协助政府法律援助机构为他们提供法律援助服务。一些作为政府法律援助机构工作站点的社团组织和法律院校的法律援助组织，一方面负责对上门求助的公民提出的法律援助申请进行初步审查，认为符合法律援助条件的转交地方政府的法律援助机构，另一方面接受政府法律援助机构安排办理少量诉讼案件。除对个案提供指导和帮助之外，在一些具有纪念意义的日子，如“三八妇女节”、“全国助残日”等，各级社会团体还组织全国性的法律援助活动，积极开展宣传、法律咨询等活动。

由于从业人员素质参差不齐、法律专业人员不足、与政府法律援助服务范围界限不清、经费不固定、缺乏有效监管等原因，社会组织参与法律援助工作还存在诸多不足和缺陷。要真正发挥出社会组织参与法律援助工作的作用，真正成为政府法律援助的有效补充，还需要各方面付出更多的努力。

三、政府法律援助机构的职能

根据《法律援助条例》的规定，政府法律援助机构主要履行以下两大职能：一是组织实施法律援助；二是提供法律援助服务。这两大项职能又可以细分为若干项具体工作职责。

（一）组织实施法律援助

组织实施法律援助，就是法律援助机构受理和审查公民的法律援助申请、指派律师和有关人员办理法律援助案件的活动。具体包括以下几个方面：

1. 制定法律援助工作执行计划。即根据司法部和本省、本地司法行政机关的统一部署，制定具体的法律援助执行计划。

2. 面向社会公众主要是困难群众组织提供免费法律咨询。这是一项法律援助机构经常的、占用大量时间和人力的工作。

3. 受理、审查法律援助申请。即受理符合条件的公民的法律援助申请，并根据规定进行审查，作出是否给予法律援助的决定。

4. 组织办理人民法院、人民检察院、侦查机关通知辩护的刑事法律援助案件。即组织律师办理人民法院、人民检察院、侦查机关通知辩护的刑事法律援助案件。由于刑事法律援助在法律援助体系中处于最基础的地位，因此，组织律师办理这类案件一直是法律援助机构的一项重要工作。

5. 指派与安排法律援助人员。《法律援助条例》第21条规定："法律援助机构可以指派律师事务所安排律师或者安排本机构的工作人员办理法律援助案件；也可以根据其他社会组织的要求，安排其所属人员办理法律援助案件……"根据这一规定，司法行政机关法律援助管理部门不负责指派或安排人员办理法律援助案件，而是由法律援助机构进行。另外，根据司法部《律师和基层法律服务工作者开展法律援助工作暂行管理办法》的规定，"基层法律服务工作者每年应当接受法律援助机构的指派，办理一定数量的法律援助案件"。司法部、共青团中央《关于实施法律援助志愿者服务计划的通知》规定，法律援助志愿者可以提供专业的法律援助。根据以上规定，法律援助机构可以指派律师，也可以安排本机构的工作人员、社会组织人员办理法律援助案件。因此，指派与安排法律援助服务有以下几种方式：（1）指派律师事务所安排律师办理法律援助案件；（2）安排法律援助机构的工作人员（包括法律援助机构内的专职法律援助律师和其他工作人员）办理法律援助案件；（3）指派基层法律服务机构安排基层法律服务工作者办理法律援助案件;(4)根据要求安排其他社会组织所属人员办理法律援助案件;(5)安排法律援助志愿者提供法律援助。

在行使这一职能的过程中,法律援助机构一般会遵循合理、平衡地运用律师和其他法律服务资源,充分考虑到办案人员的专长,以及做到指派及时、保证办案人员的办案时间的原则,科学合理地选择和指派合适的人员办理相应的法律援助案件,以确保法律援助的办案质量。

6. 对办理法律援助案件的管理和监督。这里的管理、监督是指对具体实施法律援助及办案过程的监督管理,包括法律援助的统计管理、法律援助案件的档案管理和对办案过程的监督等。同时,法律援助案件办理结束后,法律援助机构根据案件承办人提交的结案相关材料和结案报告,经审核后向承办人发放办案补贴。

7. 管理和使用法律援助经费。即按照规定设立专门账户、集中管理和使用政府财政部门拨付的法律援助经费,用于支付办理法律援助事项的各项开支。

(二)提供法律援助服务

提供法律援助服务,就是法律援助机构组织安排的法律援助人员直接为受援人提供法律援助服务的活动,具体包括:提供法律援助咨询服务、承担刑事辩护或刑事代理法律援助、承担民事诉讼代理法律援助、承担行政诉讼代理法律援助、承担劳动争议仲裁代理法律援助、承担非诉讼法律事务代理法律援助。

第二节　法律援助人员

一、法律援助人员的概念、特征及分类

(一)法律援助人员的概念

法律援助人员是指在司法行政机关法律援助管理部门和法律援助机构的工作人员,也包括接受法律援助机构的指派、安排或者聘请,从事法律援助管理、提供法律援助服务的人员。《法律援助条例》第21条规定:“法律援助机构可以指派律师事务所安排律师或者安排本机构的工作人员办理法律援助案件;也可以根据其他社会组织的要求,安排其所属人员办理法律援助案件……”由此可以看出,提供法律援助服务的人员既可以是社会执业律师,也可以是法律援助机构的工作人员,还可以是社会法律工作者。因此,法律援助人员主要是指法律援助管理人员和接受指派办理法律援助事项的法律援助服务人员。

（二）法律援助人员的特征

1. 从事法律援助工作

从事法律援助工作，包括直接或间接地为当事人提供法律援助服务。这种法律援助工作的核心是法律援助服务，其内容包括围绕法律援助服务而发生的法律援助管理工作及法律援助服务工作。

根据《法律援助条例》第 4 条和第 5 条的规定，法律援助的管理工作，不仅包括国务院司法行政机关和县级以上地方各级人民政府司法行政机关所承担的管理、监督、指导、协调工作，还包括法律援助机构负责的“受理、审查”法律援助申请，“指派或者安排”人员提供法律援助，支付法律援助办案补贴，管理法律援助办案质量等工作。

2. 具有特定的身份或者接受特定的指派或安排

具有特定的身份专指在司法行政机关工作或在法律援助机构工作。接受特定的指派或安排，是指接受法律援助机构的指派或安排而从事法律援助工作。接受特定的指派或安排的人员包括在法律援助机构专门从事法律援助办案事务的法律援助专职律师，也包括在律师事务所等法律服务机构，接受法律援助机构的指派对受援人提供法律援助服务的人员。

3. 对违反法律援助规定的行为承担严格的法律责任

法律援助是为社会贫弱者提供的免费法律服务，法律援助机构及其工作人员、法律援助事项承办人员都是代表政府履行法律援助的职责，法律援助的管理行为和事实行为都是政府的法律援助行为。为了保证法律援助工作依法进行，保障其目的和任务的有效实现，《法律援助条例》专章规定了法律援助人员严格的法律责任。例如，对司法行政机关工作人员，《法律援助条例》第 30 条规定：“司法行政部门工作人员在法律援助的监督管理工作中，有滥用职权、玩忽职守行为的，依法给予行政处分；情节严重，构成犯罪的，依法追究刑事责任。”对法律援助机构工作人员，《法律援助条例》第 26 条规定：“法律援助机构及其工作人员有下列情形之一的，对直接负责的主管人员以及其他直接责任人员依法给予纪律处分：（一）为不符合法律援助条件的人员提供法律援助，或者拒绝为符合法律援助条件的人员提供法律援助的；（二）办理法律援助案件收取财物的；（三）从事有偿法律服务的；（四）侵占、私分、挪用法律援助经费的。办理法律援助案件收取的财物，由司法行政部门责令退还；从事有偿法律服务的违法所得，由司法行政部门予以没收；侵占、私分、挪用法律援助经费的，由司法行政部门责令追回,情节严重,构成犯罪的,依法追究刑事责任。”对律师事务所,《法律援助条例》第27条规定:“律师事务所拒绝法律援助机构的指派,不安排本所律师办理法律援助案件的,由司法行政部门给予警告、责令改正;情节严重的,给予1个月以上3个月以下停业整顿的处罚。”对律师,《法律援助条例》第28条规定:“律师有下列情形之一的,由司法行政部门给予警告、责令改正;情节严重的,给予2个月以上3个月以下停止执业的处罚:(一)无正当理由拒绝接受、擅自终止法律援助案件的;(二)办理法律援助案件收取财物的。有前款第(二)项违法行为的,由司法行政部门责令退还违法所得的财物,可以并处所收财物价值1倍以上3倍以下的罚款。”第29条规定:“律师办理法律援助案件违反职业道德和执业纪律的,按照律师法的规定予以处罚。”

(三)法律援助人员的分类

根据不同的标准,可以将法律援助人员作出以下不同的分类:

1. 根据法律援助人员从事的工作性质的不同,可分为法律援助管理人员、法律援助服务人员。法律援助管理人员包括:(1)司法行政机关的管理人员;(2)法律援助机构的管理人员和服务于法律援助机构从事法律援助管理工作的法律援助志愿者。

2. 根据法律援助人员是否专职办理法律援助事项,可以分为法律援助专职律师和承办法律援助案件的社会执业律师和基层法律服务工作者。法律援助专职律师办理法律援助案件,由政府支付工资,且不能办理有偿案件,因此他们在任何时候都是法律援助人员;后者只有在承办法律援助案件这一特定时间内,才是法律援助人员。

3. 根据法律援助人员的身份和职业不同,可分为律师(包括社会执业律师和法律援助机构的法律援助专职律师)、基层法律服务工作者、法律援助志愿者、其他社会组织人员。

4. 根据法律援助人员是否志愿从事法律援助相关工作,可分为一般法律援助人员和法律援助志愿者等。

二、法律援助管理人员

(一)法律援助管理人员的概念

法律援助管理人员是指从事法律援助管理工作的人员。其包括在司法行政机关或者法律援助机构中从事指导、管理、监督和组织、协调等司法行政管理工作的人员和负责受理申请、审查、决定、指派(或者安排)等法律援助管理工作的人员。

（二）法律援助管理人员的特征

1. 国家公务人员属性

在多数国家，法律援助管理人员和专职法律援助律师都被认为是政府雇员。我国《法律援助条例》也明确规定，法律援助是政府的责任，政府应当为法律援助提供财政支持，政府根据需要设立法律援助机构，负责受理、审查法律援助申请，指派或者安排人员为符合本规定的公民提供法律援助，各级人民政府所属司法行政机关负责监督管理法律援助工作。从这些规定可以看出，在政府的司法行政机关中或者在政府设立的法律援助机构中从事工作的人员，其身份显然是政府的公务人员。

目前，由于我国不同地区设立的法律援助机构的性质不尽相同，有的地方是政府设立在司法行政机关之下的独立法律援助处，有的地方是司法行政机关内设的一个职能处室，有的地方设立的是独立的全额拨款事业单位性质的法律援助中心，这些事业单位有些参照公务员管理，有些还没有参照公务员管理。因此，单位性质的不同决定了法律援助管理人员的身份有所区别，但是，不管是公务员还是事业单位工作人员参照公务员管理抑或是没有参照公务员管理，其公务人员的属性是不会改变的。

2. 法律职业人员属性

虽然法律援助管理人员并不属于严格意义上的法律职业者，但其工作的特殊性决定了法律援助管理人员必须较好地掌握法律专业知识。

由于法律援助管理工作中一项主要的职能是受理申请、审查、决定、指派（或者安排）等工作，这种管理法律援助活动必然要接触到大量法律问题，因而对其从业人员的法律专业知识要求很高。法律援助管理人员代表法律援助机构对于法律援助的申请进行审查，特别是要对是否给予申请人法律援助作出准确的判断与决定，没有丰富的法律专业知识是根本无法胜任的。法律援助管理人员所负有的具体职责决定了法律职业者性是其工作特性之一，也是最重要的特性。

3. 工作固定和职责综合属性

法律援助管理人员从事的法律援助工作不是暂时性和偶然性的行为，而是把其作为一项长期的、稳定的职业，工作的宗旨是为困难群众服务的，不带有营利性。这项工作基本上是法律援助管理人员谋生的经济来源、实现人生价值的主要途径，相应地，如何保障其权益也应当引起相关部门的关注。同时，无论是司法行政机关人员对全国或者所辖区域的法律援助工作实施指导、管理、协调和监督，还是法律援助机构工作人员负责受理、审查法律援助申请、指派或安排人员办理法律援助事项、组织支付办案补贴等，都是在内外环境的影响下，法律援助管理人员通过有计划、有目的的服务过程，开展相互关联、连续进行的各项活动，运用组织中的各种资源来实现法律援助的宗旨的。这些活动和具体的工作，涵盖内容广泛，涉及方方面面。法律援助管理人员的工作就是这些具体工作的有机结合，才构成了法律援助管理工作的整体。

（三）法律援助管理人员的资质

基于法律援助管理人员具有国家公务人员属性和法律职业人员属性，各国普遍规定了法律援助管理人员必须具备一定的资格和条件。法律援助管理人员的资质是指法律援助管理人员代表国家管理法律援助工作，必须具备相应的资格和条件。

1. 具有公务员资格

法律援助管理人员代表国家行使管理职能，应当具备国家公务员资格。在我国司法行政机关内的监督、管理法律援助工作的人员都是公务员，如司法厅（局）内设立的法律援助管理处的工作人员。但是，由于我国的法律援助制度建立时间较晚，只有部分法律援助机构是行政机构或者是事业单位但人员参照公务员管理，还有一部分属于事业编制的法律援助机构没有参照公务员管理，因此，现实中，一些法律援助机构内从事管理工作的人员不具有公务员资格。

2. 具有法律职业资格

法律援助管理活动的特殊性，要求管理人员必须专门化。很多国家和地区都有此类规定。《香港法律援助条例》规定：“任何人除非以具有资格在香港、联合王国或《执业律师条例》列出的地区以法律执业者身份执业，否则不得获委任为法律援助署署长、法律援助署副署长、法律援助署助理署长或法律援助主任，亦不得暂时署理该等职位。”在日本，法律援助协会的设立，须由日本律师协会联合推荐的律师和具有有关法律援助的学识经验者 7 人以上作为发起人。多数国家不仅要求法律援助管理人员应当具备法律职业资格，还要求法律援助管理人员应当具备一定年限的法律执业经历。在我国，主要是要求法律援助管理人员具备通过司法考试取得法律职业资格或律师执业资格，但目前由于客观条件的限制，司法行政机关法律援助管理部门的管理人员大多不具备此项条件，法律援助机构中的管理人员也有不少人尚未完全具备此项条件。

(四)法律援助管理人员的素质要求

除了上述资质条件外,法律援助管理人员还必须具备相应的素质条件。法律援助管理人员的素质是指作为组织、管理法律援助活动的人员所必须具备的通过后天的学习、教育和实践锻炼而形成的,在其对法律援助事项和服务机构进行管理和指导、监督过程中经常起作用的那些内在要素。其主要包括以下三点。①

1. 政治素质要求

法律援助人员必须具备的政治素质包括政治信念、政治观点、政治立场等多种要素。政治素质对其他素质及人的行为起着制约和导向作用。政治素质的高低和水平直接决定着工作的效率和质量,关系到人民群众对法律援助工作的信心。我国是社会主义国家,对于法律援助管理人员政治素质的要求主要包括三个方面:一是要精通马克思主义法哲学的基本原理,并具有将理论应用于法律援助管理活动的能力;二是要坚持党的基本路线,以邓小平理论和“三个代表”重要思想为指导,深入贯彻落实科学发展观,在法律援助管理活动中有效地贯彻党的方针、政策和国家的法律、法规;三是要具有高度政治责任感,树立正确的世界观、价值观和人生观,以“讲学习、讲政治、讲正气”的标准严格要求自己和开展日常管理活动。

2. 道德素质要求

良好的道德素质是法律援助管理人员合法正当地开展管理活动的前提。法律援助管理人员的道德素质,就是指从事法律援助管理工作的人员在进行管理活动时据以约束自身行为的特定道德标准。法律援助管理人员的职责和作用,要求他们必须在个人道德素质方面做出表率,起到先锋模范带头作用。一个“恶德”的管理人员无论占有多少法律专业知识、拥有多少管理经验,都只会破坏法律援助事业的进程,只会破坏社会主义法制。对于法律援助管理人员来说,道德素质主要包括基本道德素质和职业道德素质两个方面。

在基本道德素质方面,法律援助管理人员至少应当做到以下两点:一是强烈的事业心和高度的责任感。只有“爱岗敬业,恪尽职守”,才能保证管理人员

① 宫晓冰主编,高贞副主编:《中国法律援助制度培训教程》,中国检察出版社 2002 年版,第 90 ~ 94 页。

献身于法律援助事业,才能真正对法律援助事业有所贡献。二是谦虚谨慎,作风正派。管理者要想实现有效管理、建立威信,就必须严于律己,清正廉洁。只有作风正派,才能保证管理者作出的决策和具体法律援助管理活动的正当性,对被管理者产生强大的影响力和号召力,使行政管理相对人心悦诚服地服从管理机构的领导。

职业道德是从事一定职业的人在其特定的工作或劳动中应当遵循的道德规范以及应当具备的与之相适应的道德观念、道德情操和道德品质。法律援助管理人员从事的活动与司法活动密切相关,同时作为社会事业又是社会救助体系的核心内容之一。这种法律关联性和社会关联性使得从事法律援助管理活动的人员必须具备比一般公务员更高的道德素质,具体有以下两个要求:一是要牢固树立法治观念,严格依法办事。严格依法管理法律援助活动既是维护法律权威性、保障司法公正性的要求,也是实现依法治国的重要一环。法律援助管理人员与司法活动休戚相关的联系使得其必须严格依法办事,这就要求法律援助管理人员能够铸就一身正气,不徇私枉法。法律援助管理人员对法律援助服务人员的权威性是不容置疑的,但这种"权力",如果不能掌握在公正的管理者手中,而是掌握在"权力寻租者"手中,就可能变为产生"私利"的工具。同时,对法律援助服务人员的非法活动视而不见,同样会导致放纵犯罪,冤枉无辜,其结果是损害法律尊严,使社会处于动荡不安中。二是热情为受援人服务,妥善行使监督职能。法律援助管理人员从事的活动的社会性,使他们必须随时保持对社会的责任感和弱势群体的同情心。这种道德感情是他们能够较好地从事法律援助管理活动的内在动力。法律援助管理人员对法律援助服务人员的服务活动负有监管职责,妥善行使监督职能要求管理人员对工作投入巨大热情,特别是要对受援人具有深切的同情心和崇高的责任感。只有这样管理人员才能正视受援人的困难和申请,正确处理法律援助服务人员和受援人之间的纠纷,确保实现法律援助制度的宗旨和目的。

3. 业务素质要求

法律援助管理人员的主要职责是对法律援助活动进行管理和监督。由于法律援助的对象和案件往往包括社会上各个层次的人和各种各样的事,因而管理活动也涉及政治、经济、文化等社会各方面。这就对法律援助管理人员的业务素质提出了较高的要求。首先,必须具备良好的管理能力,这是作为管理者应具备的专门能力,也是法律援助管理人员从事管理活动的职业本质所要求的，主要包括以下两点：一是科学决策的能力，管理人员必须能抓住法律援助管理中的主要矛盾，作出有预见性的科学决策；二是组织协调能力，管理人员必须组织协调好各个法律援助服务机构和人员间的利益冲突，充分发挥所有法律援助人员的积极性，提升法律援助服务水平，促进法律援助事业健康发展。其次，由于法律援助管理人员的工作分工不同，对不同的管理人员的业务素质要求也是有所差异的。对于领导职务的管理人员来说，要具备全局观念和发展观念，具备深厚的法律知识、理论水平和丰富的工作经验；对于非领导职务的法律援助管理人员来说，业务只要集中在微观管理上，他们要具备与所负责的工作相关的业务素质，如法律专业知识、自然科学如数学、计算机知识，社会科学如政治学、社会学、管理学、财务、统计及统计分析等知识，良好的组织协调能力和执行能力，等等。法律援助管理人员不具备较高的业务素质，就无法组织好、管理好法律援助服务，也无法获得其他法律援助人员和受援人的信服，无法保证法律援助的社会公信力。

三、法律援助服务人员

（一）法律援助服务人员的概念及构成

法律援助服务人员是指具体从事法律援助服务工作的主体。在我国的法律援助实践中，律师和法律援助机构工作人员构成了法律援助服务人员的最主要和最具有代表性的部分，但也包括其他一些符合规定条件的人员。

法律援助服务人员主要包括下列群体：

1. 法律援助机构的法律援助专职律师。

2. 法律援助机构的其他工作人员。《法律援助条例》第 21 条规定："法律援助机构可以……安排本机构的工作人员办理法律援助案件……"从该规定可以看出，法律援助机构内的工作人员，不管其是不是专职法律援助律师，只要其具备相应的法律专业知识和办案技能，都可以根据法律援助机构的安排，办理与其能力相适应的法律援助案件。

3. 律师事务所执业律师。《法律援助条例》第 21 条规定："法律援助机构可以指派律师事务所安排律师……办理法律援助案件……"根据这一规定，律师根据其所在执业机构即律师事务所的安排，接受法律援助机构的指派，办理法律援助案件，但他们不是专职的法律援助服务人员。目前我国共有 13 万执业律师，他们是提供法律援助服务的主体力量。

4. 基层法律服务机构的基层法律服务工作者。目前全国基层法律服务机构的工作人员已有10多万人,他们是法律援助服务人员的重要组成部分。

5. 在其他社会组织中提供法律援助服务工作的人员和法律援助志愿者。其包括在工会组织、共青团组织、妇女组织、老年人权益保障组织、残疾人权益保障组织,以及其他社会组织设立的法律援助类民办非企业法律援助机构中从事法律援助服务工作的人员,在高等院校设立的法律援助组织中从事法律援助服务工作的人员以及在其他民间社会团体中从事法律援助服务工作的人员和法律援助志愿者。他们是法律援助实施主体的补充。

(二)法律援助服务人员的特征

1. 法律职业属性

法律援助服务人员接受指派或安排为社会贫弱群众提供的法律援助,是一项典型的服务性工作。法律援助服务工作的特殊性决定了法律援助服务人员必须较好地掌握法律专业知识,在一些特定的法律领域如刑事案件和死刑辩护案件,还要求法律援助服务人员必须具有特定的法律服务执业资格或者执业经验。因此,法律援助服务人员必须有资格或者能力提供法律援助服务,即具有法律职业人员属性。

2. 无法律职业资格但具备足够法律专业知识

由于我国是发展中国家,从事法律援助所需要的人力和财力都不能满足巨大的法律援助需求,法律援助资金不足,法律专业人才也十分缺乏,因此,我国法律规定了没有法律职业资格的人员也能为当事人提供法律援助服务,但是要具备足够的法律专业知识。例如,《法律援助条例》第5条第2款规定:"法律援助机构……指派或者安排人员为符合本条例规定的公民提供法律援助。"又如,《法律援助条例》第21条规定:"法律援助机构可以指派律师事务所安排律师或者安排本机构的工作人员办理法律援助案件;也可以根据其他社会组织的要求,安排其所属人员办理法律援助案件……"这里的人员就包括有法律职业资格的人员(包括律师和基层法律服务工作者),也包括法律援助机构和一些社会组织中无法律职业资格但具备足够法律专业知识的人员。

3. 行为具有法定属性

《刑事诉讼法》、《律师法》和《法律援助条例》等法律法规都对法律援助的责任归属作出了相关规定,一方面,法律援助服务人员必须依法履行接受法律援助机构指派或安排办理法律援助案件的义务,相关责任人对于服务过程中的违法犯罪行为要承担法律后果。另一方面,由于法律援助服务人员的工作都是法律法规明文确认的，法律法规为其提供了最直接的依据和最有力的保障，所以，各级国家机关、社会团体、事业单位、民间组织和个人都应积极配合支持，不得以任何非法理由干涉法律援助服务人员的正常工作；各级司法行政机关法律援助管理部门和法律援助机构也应当依法履行职责，采取措施切实保障法律援助服务人员各项合法权益，创造条件保障法律援助服务人员依法顺利办理法律援助事项。因此，法律援助服务人员的行为是法律法规明文规定的行为，其行为具有法定性。

4. 身份具有双重属性

除了法律援助机构的专职工作人员外，法律援助服务人员虽然履行法律援助义务，但一般都有其本职工作。一方面，大多数法律援助服务人员以提供有偿法律服务为主要工作内容，并从中获得收益。另一方面，基于社会利益优先于个人利益，法律援助服务人员有义务通过接受法律援助机构的指派或安排、运用自身业务素质和专业技能办理法律援助事项这一方式回报社会。因此，法律援助人员的身份大多具有双重属性，其工作是自身利益与社会效益协调一致的结果。

（三）法律援助服务人员的资质

1. 具有相应的法律服务职业资格

在我国要求具备的职业资格包括：律师执业证、（法律援助律师）律师工作证、基层法律服务工作者证、公证员执业证、法律职业资格等。

2. 具有和所从事法律援助服务相适应的法律专业知识

目前我国的绝大部分法律援助案件是由执业律师（包括社会执业律师和法律援助机构专职法律援助律师）和执业的基层法律服务工作者办理的，也有一部分案件或者法律援助事项是由不具有相应的法律服务职业资格的人员办理的。这是由我国的国情决定的。实践中，西藏、河南、贵州、河北等一些省区为了解决本省区法律援助服务人员不足难以满足困难群众法律援助需求的矛盾，联合本省区公、检、法部门为具有专业法律知识（如法律院校大专毕业）而没有取得法律服务职业资格的人授予了法律援助工作者证，专门办理法律援助案件或者法律援助事项，但也都要求获得法律援助工作者身份的人必须具备法律大专以上学历，并有两年以上司法机关或法律服务机构工作的经历。

（四）法律援助服务人员的素质要求

法律援助服务人员是与具体受援人直接联系的法律援助主体，是实现国家法律援助政策和目标的重要一环。只有优秀的法律援助服务人员才能保证法律援助案件的办理质量,对法律援助服务人员的素质要求虽然不一定与管理人员相同,但专业知识和业务素质的标准可能要更高。因此,除了上述资质条件外,法律援助服务人员还必须具备相应的素质条件,主要包括以下两点。

1. 道德素质要求

良好的道德素质是对一切法律援助人员的要求。由于法律援助服务人员办理法律援助事项兼备职业性和社会性的双重特征,因此,职业道德是其日常工作的准则,也是法律援助工作的必然要求。法律援助服务人员应当具备的职业道德素质主要包括:忠于宪法和法律,遵守规章制度和执业纪律;忠实于法律援助事业,全心全意为维护受援人的合法权益服务;尊重受援人;自觉接受监督管理;诚实信用、勤勉尽责,维护受援人利益,维护法律尊严,维护社会公平正义;提供法律援助服务时应当庄重、耐心、礼貌;注重职业修养,珍视和维护职业声誉,以法律法规和社会公认的道德规范约束自己的业内外言行;保守办案中了解和接触到的国家机密、受援人的个人隐私;不收取或变相收取受援人财物;尊重同行,积极开展与同行间的互助合作。

2. 业务素质要求

法律援助服务人员是利用法律知识帮助受援人的专门法律工作者,其帮助质量的好坏是通过办案质量反映出来的。法律援助服务人员的业务素质是法律援助案件质量的决定性因素,他们必须掌握相当水平的法律知识、具备一定的办案经验、深厚的文字功底、流畅的表达能力、敏捷的应变能力和科学的思维方法,还要适应我国法治发展的新变化,不断更新业务知识,不断提高业务水平,以更好地为受援人提供更加优质的法律援助服务。

第三节 法律援助志愿者

从概念上讲,法律援助志愿者属于法律援助人员的范畴。由于法律援助志愿者身份特殊、工作内容既可能涉及法律援助管理,也可能涉及法律援助服务,因此,为了叙述的方便,本书将法律援助志愿者单列一节加以详细的阐述。

一、法律援助志愿者的概念

法律援助志愿者就是利用自身的法律知识和技能,以免费服务形式自愿参与提供法律援助服务的人员。

《法律援助条例》第 8 条规定:“国家支持和鼓励社会团体、事业单位等社会组织利用自身资源为经济困难的公民提供法律援助。”第 9 条规定:“对在法律援助工作中作出突出贡献的组织和个人,有关的人民政府、司法行政部门应当给予表彰、奖励。”司法部在《关于贯彻落实〈法律援助条例〉促进和规范法律援助工作的意见》中指出,要积极开辟法律援助的社会资源,各级司法行政机关要采取切实措施,鼓励和支持工会、共青团、妇联、残联等社会团体和组织以自身人力和财力资源为本社团特定对象提供免费法律服务,鼓励和支持法律院校高年级学生在教师的指导下为经济困难的公民提供与其业务知识和工作能力相适应的法律援助;探索建立法律援助志愿者队伍,动员社会各界符合条件的人士自愿参与,扩大法律援助的社会资源。这些都为法律援助志愿者参与法律援助工作提供了依据。

根据《中国青年志愿者注册管理办法(试行)》的规定,“志愿者是指不为物质报酬,基于良知、信念和责任,自愿为社会和他人提供服务和帮助的人。”根据司法部、共青团中央《关于实施法律援助志愿者服务计划的通知》的规定,法律援助志愿者报名时,应在所在地区或单位的青年志愿者组织就近就便注册登记,成为中国注册志愿者。根据这一规定,法律援助志愿者专指经过注册的志愿者。绝大部分律师、基层法律服务工作者虽然都曾经做过志愿者,但基本上都没有经过注册,他们主要是通过接受法律援助机构的指派办理法律援助事务,因此,本节所说的法律援助志愿者主要是指司法部、共青团中央《关于实施法律援助志愿者服务计划的通知》中规定的注册法律援助志愿者。

二、法律援助志愿者的特征

1. 志愿从事法律援助服务工作

从主观上看,法律援助志愿者与其他法律援助人员是有明显区别的。法律援助管理人员是以法律援助为自己的职业和谋生的手段,其行为是受到法律法规、规章制度约束的。法律援助服务人员办理事项是法定的义务,具有强制性的特征,必须无条件地依法履行。法律援助志愿者参与法律援助事业则是基于公德心的驱动,主观上是主动和自愿参与的而不是被动受命的。

2. 无偿从事法律援助服务工作

法律援助志愿者在经济利益的补偿请求权方面是有严格限制的。法律援助志愿者向社会提供法律援助服务是无偿的,一般不能获得报酬和补贴,只有在付出较多的情况下,才能要求法律援助机构予以一定的补偿。其他法律援助人员的工作面向受援人是无偿的，但一般都会取得相应的报酬或补偿。例如，法律援助管理人员的工资、福利待遇，法律援助服务人员的办案补贴等都可以使其得到适度的补偿。相比之下，法律援助志愿者工作的无偿性更加彻底。

3. 从事多种形式的法律援助服务工作

法律援助志愿者可以来自各行各业、不同层次。成员的广泛性使得他们能够参与多种形式的法律援助工作，主要有：接受法律援助机构安排提供接待咨询服务；为法律援助办案人员提供辅助服务；处理法律援助案件的档案和其他文件；参与法律援助宣传和公共法律教育活动等。

三、法律援助志愿者的组成

我国的法律援助志愿者主要包括以下几类：(1)法律院校的师生。法律院校的学生是法律援助志愿者中的一个数量较大的群体，在法律援助志愿服务活动中扮演了重要的角色。(2)离退休司法人员。(3)掌握法律知识的一般社会主体。

四、法律援助志愿者的资质

法律援助志愿者是利用自身的法律知识和技能，以免费服务形式自愿提供法律援助服务的人员。由于其提供的是一种法律服务，因此，除了具备志愿者的基本条件外，法律援助志愿者必须具有提供相应的法律援助服务的资格或者能力。根据团中央和司法部的有关规定，对于法律援助志愿者的资质有以下两方面的基本要求。

(一)满足基本条件要求

按照《中国青年志愿者注册管理办法(试行)》的规定，要成为注册法律援助志愿者，必须具备以下基本条件：(1)年满 14 周岁。按照司法部、共青团中央《关于实施法律援助志愿者服务计划的通知》的要求，年龄一般在 20 ~ 60 岁之间。(2)具有奉献精神。(3)具备与所参加的志愿服务项目及活动相适应的基本素质。按照司法部、共青团中央《关于实施法律援助志愿者服务计划的通知》的要求，要求具有大专以上学历，身体健康，具备相应法律专业知识或资格。(4)根据自身愿望和条件至少选择一个志愿服务项目，从事一定时间的志愿服务工作。(5)遵纪守法、品行良好、乐善好施。

(二)具有提供相应的法律援助服务的资格或者能力

1. 具有相应的法律服务职业资格

具有相应的法律服务职业资格是指具有律师执业证、公证员执业证、基层法律服务工作者证。

2. 必须具有和所从事法律援助服务相适应的专业知识

对于不具备法律服务职业资格的法律援助志愿者来说，一般只能做一些诸如接待咨询、代书、提供法律意见、调解、宣传、处理法律援助的文件档案等辅助性工作，或办理一些情节简单、性质轻微或者不需要法律职业资格的案件，但是仍然要求他们具有相应的专业知识，否则无法开展工作。

五、法律援助志愿服务计划

从2002年开始，司法部和共青团中央共同实施了“法律援助志愿者计划”，动员社会各界，特别是青年人才通过志愿服务方式积极投身法律援助工作，取得了良好效果。据统计，2009年，已有84108人报名成为注册法律援助志愿者，并在法律援助机构组织下办理诉讼和非诉讼法律援助事项6350件。法律援助志愿者在协助法律援助机构维护贫弱当事人合法权益、维护社会稳定方面做出了积极贡献，推动了法律援助和志愿服务事业的发展。

（一）主要任务和方式

法律援助志愿者服务计划的主要任务是：动员和组织法律界以及热心法律援助的各界志愿者参与法律援助工作，开展普法宣传、法律咨询、法律培训等方面的志愿服务，为建设社会主义法治国家贡献力量。法律援助志愿者服务计划的实施方式包括以下几个：

1. 专业法律援助。按照国家法律规定和服务对象的实际需要，招募专业法律人才作为法律援助志愿者，在各级司法行政机关所属法律援助机构的指导下，为符合援助条件的当事人提供专业法律援助服务。

2. 社区法律援助。依托各级法律援助中心、青年志愿者服务站，组织法律援助志愿者开展面向普通居民的形式多样的普法宣传、法律咨询等方面的志愿服务工作。

3. 远程法律援助。依托中国志愿服务网等网站，建立法律援助服务网点以及需求信息库，实现供需信息的网上对接。

4. 西部普法宣传。配合西部大开发战略的实施，与东西部对口法律援助、大中学生志愿者三下乡、青年志愿者扶贫接力计划等工作有机结合起来，招募法律援助志愿者前往中西部贫困地区开展法律援助制度普法宣传活动。

5. 法律援助培训。定期开设法律援助志愿者培训班，邀请法律专家开办专题讲座、案例分析等培训活动,不断提高法律援助志愿者的服务水平。

6. 志愿捐助。组织和动员社会各界捐赠款物支持法律援助志愿服务工作。

(二)实施范围

从2003年开始,司法部、共青团中央选择部分省(区、市)进行试点,在总结经验的基础上,逐步在全国推开。目前,北京、上海、天津、重庆、辽宁、山东、江苏、浙江、安徽、广东、湖北等省、区、市大多组织开展了法律援助志愿者专项注册工作。

(三)招募对象与方式

1. 招募对象

法律援助志愿者属于中国青年志愿者的一部分。志愿者主要在县级以上城市招募,同时也欢迎其他城镇的志愿者参与。报名者应符合法律援助志愿者的资质条件要求。

2. 招募方式

招募工作坚持公开招募、自愿报名的原则。一是社会招募,即通过新闻媒体和其他形式发布招募启示,举办招募说明会,开展各种宣传活动,面向社会公开招募志愿者。二是组织招募,即各级司法行政管理部门、团组织、志愿者组织在当地党委、政府的领导和支持下,按照有关规定,通过组织系统开展动员工作。法律援助志愿者报名时,应在所在地区或单位的青年志愿者组织就近注册登记,成为中国注册志愿者。

(四)组织管理

法律援助志愿者服务计划由司法部、共青团中央共同组织实施,并成立中国青年志愿者协会(中国青年志愿者协会成立于1994年12月5日,是由志愿从事社会公益事业与社会保障事业的各界青年组成的全国性社会团体,是中国共产主义青年团中央指导下的,由依法成立的省、自治区、直辖市青年志愿者组织和全国性的专业、行业青年志愿者组织和个人自愿结成的全国性的非营利性社会组织,是全国青联团体会员,联合国国际志愿服务协调委员会(CCIVS)联席会员组织)。法律援助志愿者分会,负责规划、协调、指导全国法律援助志愿服务的各项工作,筹划、组织全国性法律援助志愿服务活动,推动实施长期工作项目,配合每年全国青年志愿者行动"十杰百优"评选表彰工作,推荐参评人选,并组织法律援助志愿服务的专项宣传、表彰活动。分会秘书处原设在司法部法律援助中心,现设在司法部法律援助工作司。各省(区、市)司法厅(局)、团委根据实际工作需要建立相应的组织机构，并推荐司法厅（局）分管厅（局）长、团委分管书记担任中国青年志愿者协会法律援助志愿者分会执委，推荐法律援助机构、青年志愿者协会秘书处负责人担任分会委员。

（五）政策保障

政策保障主要包括以下两点：（1）法律援助志愿者服务计划是促进法律援助社会人力资源开发的一种重要方式，各级司法行政管理部门、团组织应当结合实际制定具体政策，鼓励社会各界，特别是法律工作者或法律院校师生积极参与。（2）企业向中国法律援助基金会、中国青年志愿者协会以及各级法律援助机构、志愿者组织或中西部贫困地区捐赠款物的，享受国家规定的税收优惠政策。

六、“1+1”中国法律援助志愿者行动

2009 年 5 月，为有效解决经济欠发达地区法律援助资源严重不足的问题，促进法律援助工作区域协调发展，满足基层人民群众法律援助的强烈需求，同时为律师、大学生志愿者提供一个锻炼自我、提高自我的良好途径，并为社会力量参与我国法律援助事业搭建一个奉献爱心的平台和桥梁，在司法部和共青团中央共同实施“法律援助志愿者计划”的基础上，中国法律援助基金会会同司法部律师公证工作指导司、司法部法律援助工作司、团中央青年志愿者工作部、司法部法律援助中心、中华全国律师协会联合开展“1+1”中国法律援助志愿者行动，并联合发布了《关于组织开展“1+1”中国法律援助志愿者行动的通知》。按照该通知的规定，“1+1”中国法律援助志愿者行动是由司法部和共青团中央共同发起的一项旨在通过行业互助和招募志愿者的形式，动员律师和法学院毕业的优秀学子到全国无律师县和西部律师人才严重短缺的县开展志愿服务，增强上述地区法律援助能力，促进上述地区法律援助人才队伍建设，服务当地经济和生活发展，维护社会和谐稳定的大型公益项目。

（一）“1+1”行动的宗旨和主题

“1+1”行动的宗旨是：整合社会资源，通过行业互助和招募志愿者的形式，动员律师和法学院校毕业的优秀学子到全国无律师县或中西部律师人才短缺的地、市、县开展志愿服务，增强当地法律援助能力，为促进当地经济和社会发展，为构建社会主义和谐社会做出贡献。行动主题是携手志愿行动，共享法治阳光。

（二）“1 +1”行动的时间和范围

“1 +1”中国法律援助志愿者行动从2009 年开始实施。2009 年按照公开招募、自愿报名、定期轮换的机制，从全国律师行业招募具有奉献精神的律师志愿者30 名，从全国法学院校招募品学兼优的法学专业应届毕业生志愿者70 名，派遣到无律师县或中西部律师人才短缺的地、市、县专门从事法律援助工作。以后逐年扩大志愿律师、志愿者队伍规模和覆盖范围，为尽快实现无律师县或中西部律师人才短缺的地、市、县的法律援助的全覆盖而努力。

（三）“1 +1”行动的目标任务

“1 +1”行动的目标任务主要有以下几点：

1. 建立“法律援助志愿者工作站”。依托司法行政部门和共青团组织，在无律师县或中西部律师人才短缺的地、市、县设立“法律援助志愿者工作站”，每个工作站视情况派遣1 名律师志愿者、1 名大学毕业生法律志愿者或择一选派。

2. 为当地困难群众提供法律援助，每位志愿者服务期限为1 ~3 年。在服务期内，每名律师志愿者每年至少无偿办理法律援助案件20 件，大学生志愿者从事与其能力相适应的法律援助工作，促进无律师县或中西部律师人才短缺的地、市、县法律援助事业的发展。

3. 推动无律师县或中西部律师人才短缺的地、市、县的法律人才队伍建设项目实施后要加强对服务县的指导力度，及时总结经验，逐步扩大服务地点和志愿者规模，推动无律师县或中西部律师人才短缺的地、市、县逐步建立自己的法律援助人才队伍。

4. 培养法律援助人才，充实法律援助队伍。通过逐步推广和坚持，培养一批既具有扎实专业知识，又有基层工作经验和社会责任感的法律援助人才，不断充实法律援助队伍，让法律援助志愿者遍布中华大地，成为推进法律援助事业发展和中国民主法制建设进程的重要力量。

（四）“1 +1”行动的组织管理

“1 +1”行动的组织管理主要包括以下几个方面：

1. 中国法律援助基金会主要负责本项目的日常管理工作，负责制定本项目每年的实施总体规划，确定项目实施地点、落实服务需求人数，监督和落实项目经费到位；协助司法部法律援助工作司、法律援助中心对律师志愿者组织专业培训工作；协助司法部律师公证工作指导司、中华全国律师协会做好律师志愿者的招募工作和经费筹措工作。

2. 团中央青年志愿者工作部主要负责每年将本项目计划实施人数的大学生志愿者列入“西部计划”，协助宣传、落实相关政策保障和参与培训派遣等方面的组织实施工作。

3. 司法部律师公证工作指导司、中华全国律师协会共同负责律师志愿者的招募和经费筹措工作。

4. 司法部法律援助工作司负责大学生志愿者的岗位申报、派遣和业务指导工作；法律援助工作司和法律援助中心负责对法律援助大学生志愿者的专业培训工作。

5. 各省（区、市）司法厅（局）、团委具体负责有关工作的组织实施，同时负责协调、指导服务县开展宣传、组织工作。县司法局指定专人负责志愿者日常管理、为志愿者提供食宿和办公条件保障，并和团委互相配合，按照“谁用人、谁受益、谁负责”的原则，切实做好志愿者的日常管理和服务工作。

（五）“1+1”行动的经费来源与管理

中国法律援助基金会通过筹集社会资金，用以支持大学生志愿者办理案件和开展业务所需的宣传、培训、交通、通讯、生活补贴等费用，同时，负责筹集部分律师志愿者开展业务所需经费（2009 年筹集支持律师志愿者业务经费 20 万元）。

司法部律师公证工作指导司会同中华全国律师协会组织开展行业互助，整合业内公益活动资源，动员地方律师协会、律师和律师事务所积极提供资金资助，用以支持律师志愿者开展业务所需经费。

在中国法律援助基金会设立本项目的专项基金账户，对筹集的所有资金，实行统一入账、统一管理、统一审计。严格执行单独核算、专款专用，并严格接受捐赠人、支持单位及社会各界的监督，接受审计部门的审计。

（六）志愿者待遇

1. 政策支持

（1）大学生志愿者享受的待遇

大学生志愿者享受的待遇除享受共青团中央、教育部、财政部、人事部《关于实施大学生志愿服务西部计划的通知》和《关于做好 2004 年大学生志愿服务西部计划工作的通知》规定的政策外，同时享受司法部、共青团中央《关于实施西部基层法律援助志愿服务行动的通知》规定的政策。

（2）律师志愿者享受的待遇

律师志愿者享受的待遇主要包括：

①可享受中央文明办、共青团中央、人事部、国务院西部地区开发领导小组办公室《关于配合实施西部大开发战略全面推进青年志愿者扶贫接力计划的通知》规定的政策，同时享受司法部、共青团中央《关于实施法律援助志愿者计划的通知》规定的政策；

②凡参加该行动的律师志愿者，在志愿服务期间，免除律师执业年度考核所需费用；

③凡参加该行动的律师志愿者，在服务期及服务期满后3年内不再承担法律援助案件义务；

④律师管理部门评选优秀律师时，将参与此次志愿行动的行为，作为重要考核条件；

⑤凡连续三年选派律师志愿者或一次性选派三名以上律师志愿者参与此次志愿行动的律师事务所，在评选优秀律师事务所时作为重要考核条件；

⑥由司法部律师公证工作指导司、司法部法律援助工作司、团中央青年志愿者工作部、司法部法律援助中心、中华全国律师协会、中国法律援助基金会联合颁发法律援助志愿者荣誉证书。

2. 费用补贴

大学生志愿者享受“西部计划”的有关优惠政策，其经费补贴按照“西部计划”的有关规定标准，由中国法律援助基金会负责筹集划拨。

律师志愿者每人每年交通、通讯等办案补贴及保险费30000元，即每人每月享有1000元生活、保险费用补贴，1500元的交通、通讯等办案补贴。

(七)志愿者招募条件

律师志愿者：要求政治过硬、热心公益事业，具有奉献精神；具有律师执业证，并有1年以上工作经历；身体健康，年龄在25~55岁之间，具有特殊经历的人员可适当放宽条件。

大学生志愿者：本科及本科以上学历，高等院校法学专业应届毕业生，要求政治过硬、品学兼优、具有奉献精神、身体健康。

(八)“1+1”行动项目的实施与管理

为了加强“1+1”中国法律援助志愿者行动项目的服务和管理工作，充分发挥法律援助志愿者的作用，促进法律援助事业的发展，2009年9月，司法部律师公证工作指导司、司法部法律援助工作司、中国法律援助基金会印发了《“1+1”中国法律援助志愿者行动项目实施与管理暂行办法》(以下简称《暂行办法》)。

《暂行办法》明确规定，“1 +1”行动是指由司法部、共青团中央发起，每年向全国无律师县及中西部律师人才短缺的地、市、县派遣一名律师和一名大学生志愿者，参与当地法律援助工作的志愿行动。“1 +1”行动的主办单位是中国法律援助基金会、司法部律师公证工作指导司、法律援助工作司、中华全国律师协会、团中央青年志愿者工作部、司法部法律援助中心。“1 +1”行动的有关招募、选拔、派遣、管理及总结表彰工作由主办单位设立的“1 +1”项目管理办公室（以下简称“1 +1”项目办）具体实施。“1 +1”项目办设在中国法律援助基金会。

“1 +1”行动的具体组织流程是：（1）确定计划。每年 3 ~4 月，“1 +1”项目办根据项目实施总体规划和无律师县及律师人才缺乏的贫困县法律援助机构的申报情况，综合确定年度招募计划，合理分配各省（区、市）律师志愿者的招募人数。4 月初，发布招募信息。本项目的大学生志愿者年度招募计划由司法部法律援助工作司、中国法律援助基金会商共青团中央青年志愿者工作部共同确定。（2）招募选拔。①省（区、市）律师管理部门接到招募通知后，应当及时公布报名地址、报名时间、报名方式、联系电话等信息，动员广大律师积极报名。②报名经律师本人填写报名表，律师事务所出具推荐意见，经市（区、县）批准后，报省（区、市）律师管理部门审核。5 月上旬，省（区、市）律师管理部门将审核确认的志愿者名单表格及有关证件复印件报“1 +1”项目办。③“1 +1”项目办汇总各省（区、市）律师报名名单和材料后，审核确认律师志愿者名单，并于 5 月底通知律师志愿者所在省（区、市）律师管理部门。④省（区、市）律师管理部门应当于 6 月 20 日前完成入选律师志愿者的体检和签订协议工作。⑤大学生志愿者的招募工作由共青团中央青年志愿者工作部统一组织。（3）集中派遣。每年 7 月中下旬，“1 +1”项目办组织各地律师管理部门、法律援助管理部门和律师志愿者、大学生志愿者集中派遣上岗。（4）实施管理。项目实施期间，志愿者的工作、生活及安全等，由“1 +1”项目办和项目实施单位共同组织管理。（5）总结表彰。项目实施周期为 1 年。每一周期结束，由“1 +1”项目办同有关部门进行总结表彰，为志愿者颁发志愿证书和获奖证书。

律师志愿者法律援助志愿服务的主要内容包括：（1）办理法律援助案件。每名律师志愿者每年至少无偿办理法律援助案件 20 件。（2）开展法律讲座、送法下基层等多种形式的法制宣传活动。（3）为当地政府决策提供法律意见和建议。（4）对乡、村法律援助工作者、联络员进行业务培训和辅导。

设立“1 +1”项目办，负责项目的日常管理工作，其主要职责是：（1）商有关部门制定项目年度实施计划，根据各地申报情况，确定服务地和招募计划；(2)协助招募省(区、市)律师管理部门宣传、招募、选拔、审定、派遣律师志愿者；协助共青团中央招募、选拔、派遣大学生志愿者；(3)向各地律师协会、律师事务所及社会各界筹集项目资金，支持项目持续开展；(4)协助项目实施单位做好项目和志愿者的服务和管理工作；(5)做好项目调研、督导、评估和考核工作，撰写并发布年度项目评估报告；(6)做好项目宣传、总结、交流和评选表彰等工作；(7)为志愿者办理保险，按期发放志愿者生活、交通补贴，协调有关部门落实相关政策等。

项目中接受派遣志愿者的服务省(区、市)法律援助机构和服务县(市、区)司法行政部门是项目实施单位，其主要职责是：(1)开展当地法律援助需求调查，申报项目实施单位和申请派遣志愿者，参与志愿者的派遣工作。(2)做好本项目和志愿者的日常教育管理工作，确保志愿者在工作、学习、生活、安全等各方面规范有序；遇重大问题或突发安全事故，及时采取措施，并报告“1+1”项目办。(3)组织、指导志愿者办理法律援助案件，协助志愿者完成项目规定的工作任务；指导志愿者开展法律宣传、业务培训等活动。(4)认真做好各项服务工作，为志愿者提供良好的工作和生活条件，积极帮助解决志愿者遇到的困难问题。(5)做好项目实施情况汇报工作，协助“1+1”项目办做好项目宣传、调研、评估、考核和总结表彰工作。(6)及时完成项目实施要求的相关工作任务。

服务期间志愿者的权利义务包括以下几个方面：

1. 志愿者享受《关于组织开展“1+1”中国法律援助志愿者行动的通知》文件规定的有关政策和项目实施单位的有关补贴政策。

2. 服务期间，律师志愿者应当认真履行职责，遵守以下工作纪律和要求：(1)弘扬志愿精神，积极开展服务工作，认真完成项目规定的任务及项目实施单位交办的各项工作任务。(2)以高度的责任感和使命感认真办理好每一件法律援助案件，维护当事人的合法权益；在办案过程中，积极化解各种矛盾纠纷，维护社会稳定。(3)热情、耐心、细致地接待当事人的法律咨询，以良好的工作态度、专业的工作水平、优质的法律服务赢得当事人的满意和尊重，树立志愿律师的良好形象。(4)在做好本职工作的基础上，利用业余时间，发挥自身专长，积极配合项目实施单位做好法制宣传、业务培训等工作。(5)及时、细致地做好每一件法律援助案件的资料收集和归档立卷工作；认真做好工作总结和定期汇报工作,加强信息交流,做到月月有报表,季度有小结,半年有报告,年度有总结。(6)加强自我管理,严格约束自身行为,无酗酒、赌博等不良嗜好;互帮互助,积极参加项目实施单位组织的有关学习活动等。(7)自觉接受项目实施单位的管理,严格遵守项目实施单位的考勤和安全规定。如因事请假,应当向项目实施单位报告。离开项目实施单位的,经批准后方可离开,请假期间应当与项目实施单位保持联系。

3. 服务期间,律师志愿者请假应当遵守以下规定:(1)请假7天以内的,由项目实施单位审批。(2)请假7天以上的,经项目实施单位同意后,报“1+1”项目办审批。(3)事假每次原则上不超过10天,1年内累计不超过25天(报考研究生、公务员或参加执业资格考试和各类企事业单位举办的招聘考试除外),逾期取消服务资格,终止服务协议。(4)各项目实施单位根据实际情况确定志愿者返乡探亲和返岗时间。未经批准,超过规定返岗时间2天的视为违约,原则上取消志愿服务资格。

4. 服务期间,律师志愿者患重大疾病或安全事故,按以下规定办理:(1)根据县级以上(含县级)医院证明,可暂停服务工作,根据医生建议积极进行治疗,治疗期间继续发放生活补贴。项目实施单位协助志愿者做好保险理赔工作。(2)治疗痊愈的,经项目实施单位同意,可返回服务岗位继续开展服务。(3)在服务期内无法治愈或治愈后不适宜继续参加志愿服务工作的,经项目实施单位核实批准后报“1+1”项目办,解除服务协议。

5. 服务期间,律师志愿者如违反项目有关规章制度,按以下规定处理:(1)志愿者处分共分两种:通报批评和解除协议;(2)项目实施单位视志愿者违规情况提出相应处分意见,报“1+1”项目办决定;(3)志愿者对处分结果有异议者,可向“1+1”项目办提出申诉。

6. 凡因违约或受处分而解除协议的律师志愿者,将进行如下处理:(1)取消服务资格;(2)自次月起停发其生活补贴和交通补贴;(3)取消其享受相关优惠政策的资格;(4)通报招募省(区、市)律师管理部门和相关单位。

服务期为1年的律师志愿者,可于服务期满当年的3月份提出延期申请,经项目实施单位同意并报“1+1”项目办批准,可将服务期延长为2年;连续服务满2年,年度考核合格,且至少有1次为优秀的律师志愿者,可于服务期满前当年的3月份提出延期申请,经项目实施单位同意并报“1+1”项目办批准,可将服务期延长为3年。项目实施单位于每年3月底前将律师志愿者要求延期人数及名单上报“1+1”项目办批准。对因不可抗力或特殊原因,经项目实施单位同意并经“1+1”项目办批准,提前终止服务的律师志愿者,自批准当日起解除服务协议,次月起停发生活补贴。大学生志愿者的日常管理由项目实施单位与当地团委按照国家有关规定实施。

2009 年 7 月,该项目在人民大会堂举行了隆重的启动仪式和新闻发布会。据统计,2009 年共选拔 30 名律师和 70 名大学生志愿者,分别派遣到青海、宁夏、重庆等 13 个省(区、市)70 个无律师县和律师人才短缺的县开展为期一年的志愿服务。一年来,志愿者共办理各类法律援助案件 1536 件,涉及残疾人、老年人、未成年人、农民工等多个群体,接待法律咨询 36612 人次,代写法律文书 2000 余份,为服务和保障民生、促进当地经济和社会发展做出了积极贡献。2010 年,“1+1”活动实施地增加到 100 个县,派遣了 100 名律师志愿者和 100 名法律院校应届毕业大学生志愿者。

第四节　法律援助经费

一、法律援助经费的概念及其特征

(一)法律援助经费的概念

所谓法律援助经费,是指为维系法律援助制度有效运作、维护受援人合法权益而依法从事一系列相关工作所需要的全部费用。法律援助经费有广义和狭义之分。

广义的法律援助经费包括各级人民政府司法行政机关法律援助管理部门监管法律援助工作所需要的法律援助监管经费(含表彰、奖励等费用)、政府法律援助机构开展法律援助工作所必须支出的一切必要费用、社会组织开展法律援助工作的经费三大部分,涵盖了监管和组织实施法律援助制度所需的一切费用。

狭义的法律援助经费专指政府法律援助机构为维系广大受援人的合法权益而依法组织实施法律援助制度所需要的经费,包括以下两个:(1)法律援助业务经费,包括法律援助办案补贴(含调查取证费、文印费、差旅费、交通通讯费等相关费用);法律援助咨询电话运行费(含电话专线平台硬件、软件、施工所需费用;租用电话线路费用;聘用平台值班人员经费;回复录音电话经费;维护保养经费;培训平台值班人员经费等);法律援助机构人员的办案成本;法律援助宣传费用、公共法律教育费用;案件质量评估费;人员教育培训费用;调研费;案卷档案管理费等费用。这是法律援助经费的核心和主体。(2)维持法律援助机构自身日常运转所需要的基本行政运行(在事业单位则称为"事业运行")费用,包括人员经费,含基本工资、津贴补贴、社会保障缴费、退休费、医疗费、住房公积金等;日常公用经费,含办公费、水电费、交通费、差旅费、会议费、办公设备购置费、工会费、福利费等。[①]

按照世界各国的通例,法律援助经费主要是指上述狭义上的法律援助经费。我国法律规定和实践中也基本采取了这种做法。

(二)我国法律援助经费的特征

我国法律援助经费的特征包括以下几点:

1. 法律援助经费的来源是政府财政预算拨款、社会捐款,并以政府财政拨款为主,以社会捐助为辅。

2. 法律援助经费的使用主体是各级政府设立的法律援助机构。根据《法律援助条例》的规定,法律援助机构负责受理、审查法律援助申请,指派或安排人员提供法律援助。法律援助机构在收到规定的结案材料后,应当向受指派办理案件的律师或接受安排办理法律援助组织的人员支付法律援助办案补贴。因此,法律援助经费的主体就是各级政府设立的法律援助机构,也就是各级政府法律援助中心。

3. 法律援助经费必须专款专用。《法律援助条例》第3条第2款规定:"法律援助经费应当专款专用,接受财政、审计部门的监督。"目前,大部分省级司法厅、财政厅制定了法律援助经费管理办法,一般都规定业务经费必须用于承办法律援助事项和开展法律援助宣传、调研、培训、卷宗档案管理等开支项目。

二、法律援助经费的作用

我国法律援助制度建立实施以来,随着政府责任的不断落实,法律援助经费数量逐年增加,有力地促进了法律援助的实施。据统计,1999年法律援助经费为2758万元,2003年为16456万元,2004年为24577万元,2006年为37029万元,2007年达到53231.79万元,2008年达到66947.58万元,2009年达到75760.37万元,2012年达到14.03亿元;法律援助案件办理数量也逐年增加。

① 有关人员经费和日常公用经费的项目,参见财政部制定的《2007年政府收支分类科目》,中国财政经济出版社2006年版。

可以说,法律援助经费是法律援助制度存在和发展的物质基础,是保障法律援助事业与经济、社会协调发展的基本条件,其重要作用可以从以下三个方面来理解。[①]

(一)法律援助经费是法律援助机构依法履行法律援助职能的物质保障

法律援助机构负责受理、审查法律援助申请,指派或安排人员为符合条例规定的公民提供法律援助。法律援助机构在收到受指派办理法律援助案件的律师或接受安排办理法律援助案件的社会组织人员提交的结案材料后,应当向他们支付法律援助办案补贴。安排本机构的工作人员办理法律援助案件,也会产生办案成本费。因此,有了各项必要的法律援助经费,法律援助机构才能顺利地组织实施法律援助,才能依法履行法律援助职责。

(二)法律援助经费是经济困难公民获得必要、无偿、符合标准的法律援助的物质保障

《法律援助条例》规定要保障经济困难的公民获得必要的法律服务,与此同时授权省级人民政府规定公民经济困难标准,并在规定法律援助范围的同时授权省级人民政府作出补充规定,从而明确了"必要的法律服务"的外延,各地不能随意缩小范围、降低公民经济困难标准,对于符合法律援助条件的当事人必须给予法律援助。这就对经费数量提出了一定的要求。《法律援助条例》明确法律援助是无偿的。这是站在受援人的角度要求法律援助机构和承办人员,不能按市场价格收取法律服务费用,也不能靠减收费获得收入,但是,法律援助机构必须负担承办人员的各项办案开支、支付必要的办案补贴,因此,站在法律援助机构和承办人员的角度,法律援助又不是无偿的,这就要求必须有稳定的经费来源予以保障。《法律援助条例》还规定律师提供的法律服务必须符合标准,不能因为法律援助是无偿的或者法律援助经费紧张等原因,就偷工减料、降低服务标准,损害受援人合法权益。这就要求有比较充足的经费支出以保证办案质量。综上所述,为落实为经济困难的公民提供必要、无偿、符合标准的法律援助的政府责任,保障经济困难的公民获得必要、无偿、符合标准的法律援助的权利,法律援助经费就不是可有可无的,而是必须根据经济困难公民的法律援助需求切实予以保障。

---

① 王军益、王旺林:"试论增强法律援助经费保障能力",载《中国法律援助》2007 年第 9 期。

(三)法律援助经费是加强能力建设、促进和规范法律援助工作的物质保障

经过这些年的发展,法律援助工作取得了明显成效,但是目前法律援助的提供能力与困难群众的需求还有一定差距,法律援助制度体系和工作机制与社会主义民主法制建设的要求还有一定的差距,法律援助的社会影响力与其应当发挥的职能作用相比还有一定差距。为此,必须不断增强物质保障、组织建设、管理、提供和社会影响能力建设,不断促进和规范法律援助工作。物质保障能力建设位居能力建设的首位,其核心是法律援助经费的保障,构成其他方面的能力建设的重要条件,比如,要增强组织建设能力就必须强化机构队伍建设和培训工作,就必须保证人员经费、日常公用经费、教育培训经费等;要增强社会影响能力必须扩大宣传,就必须保证宣传经费。因此,法律援助经费是加强能力建设、促进和规范法律援助工作的物质保障。

三、法律援助经费的来源

《法律援助条例》第 3 条第 1 款规定:"法律援助是政府的责任,县级以上人民政府应当采取积极措施推动法律援助工作,为法律援助提供财政支持,保障法律援助事业与经济、社会协调发展。"落实政府责任,为法律援助提供财政支持最重要的形式就是将法律援助经费纳入财政预算。《法律援助条例》在规定政府责任的同时,还在第 7 条明确规定:"国家鼓励社会对法律援助活动提供捐助。"社会捐助作为财政拨款的补充,也成为法律援助经费的一个重要来源。所谓的行业奉献、国际援助款、基金会资助等其实也都属于社会捐助。因此,我国的法律援助经费实行的是以财政预算拨款为核心、社会捐助为补充的法律援助经费保障机制,也就是以政府投入为主、政府投入与社会捐助相结合的多渠道法律援助经费保障机制。

(一)政府财政预算拨款

法律援助经费主要由政府财政拨款,这是由法律援助的性质决定的。《法律援助条例》第一次以立法的形式明确了法律援助是政府的责任,有义务提供财政支持。同时,我国签署了一系列涉及法律援助的国际公约和双边司法协助协定,表明了我国政府对公民权益的保护已经发展成为应履行的国际义务。另外,法律援助具有财政学上的公共物品的属性,也要求法律援助必须以政府财政预算拨款为核心。公共物品与私人物品相对应,由市场供给用来满足个人需要的商品和服务称之为私人物品,由国家机关和政府部门——公共部门提供用来满足社会公共需要的商品和服务称之为公共物品。行政、国防、公安、司法等

部门被认为是提供纯公共物品的绝对的典型。公共提供不等于公共生产，公共物品可以由政府直接组织生产，也可以由私人生产、政府来购买。法律援助也是公共物品的一种，应当由政府来提供。法律援助的"生产"方式可以有两种：法律援助机构安排本机构的工作人员（其中许多具有律师资格）来办理法律援助事项；法律援助机构指派社会律师来办理法律援助事项（事项办结后支付补贴）。但无论由谁来办理法律援助事项，由于法律援助是由政府来提供，因此，其经费应由财政拨款来解决。以上是一般情况。公共物品由私人提供的实践也很多，如各类慈善事业，具体到法律援助，企业和个人也可以捐助法律援助事业。但是，由于法律援助的公共物品的性质，由于法律援助的社会需求量大，企业和个人的捐助不可能满足所有的法律援助经费的需求，社会捐助只能是法律援助经费的补充，因此，在法律援助经费的保障渠道中，政府财政投入始终是第一位的和最为重要的。

在实践中，目前我国政府财政预算拨款主要有以下三种形式：

1. 同级财政预算拨款

除了《法律援助条例》的规定外，司法部、民政部、财政部、劳动和社会保障部、国土资源部、建设部、卫生部、国家工商行政管理总局九部门联合下发的《关于贯彻落实〈法律援助条例〉切实解决困难群众打官司难问题的意见》规定中也明确：为保证条例的顺利实施，各级人民政府要按照条例的规定，根据本行政区域的经济发展水平及财力状况，将每年法律援助所需要的经费数额，逐步纳入年度财政预算。同时，各省、自治区、直辖市的法律援助地方立法以及法律援助经费管理办法基本上都规定了县级以上的人民政府应当将法律援助经费纳入同级财政预算。据有关统计，2009 年，全国业务经费纳入财政预算的法律援助机构数达到 2891 个。北京、上海、江苏、浙江、河南、青海、海南、重庆等 8 省区市全部法律援助机构的业务经费全部纳入了财政预算。河北、内蒙古等 12 个省级财政落实了农民工法律援助专项经费。为适应死刑二审开庭审理的需要，江西、湖南、黑龙江等 20 个省还落实了死刑二审专项经费。

但是，法律援助经费还远远不能满足社会对法律援助的巨大需求。目前全国还有一些地方的法律援助机构的业务经费没有纳入财政预算，一些地方虽然列入了预算，但是数量很少，不能满足开展工作的需要，个别地方甚至不能保证及时足额拨付。还有一些地方的法律援助经费与刑释解教经费、法制宣传经费、法律服务管理经费等捆绑在一起。随着近年来农民工法律援助案件大量增多,各地经费压力进一步增大。如何采取措施,切实落实各级人民政府在法律援助上的政府责任,加大经费投入力度,保障法律援助工作顺利开展,仍然是今后相当长一段时间内需要认真加以解决的一个问题。

2. 中央补助地方法律援助办案专款和省级法律援助专项经费

为落实《法律援助条例》,帮助经济不发达地区解决法律援助经费困难,促进不同地区法律援助工作的协调发展,从2005年开始,由中央财政专项安排专项资金补助地方办理法律援助案件。为此,财政部、司法部制定了《中央补助地方法律援助办案专款管理暂行办法》。法律援助办案专款的投向是国家级和省级扶贫开发工作重点县(市、区),以及经费保障能力较低的其他困难县(市、区)法律援助机构(含未单独设立法律援助机构,承担法律援助任务的县、市、区司法局,下同)。目前,中央补助地方法律援助办案专款已经从最初的每年5000万~6000万元增加到了2.2亿元。

根据九部门文件的规定,省级财政部门应设立法律援助专项经费,对省内贫困地区予以补助。截至目前,已有21个省建立了省级法律援助专项资金。

3. 中央专项彩票公益金法律援助项目资助

经国务院批准,从2009年12月开始,财政部从中央集中彩票公益金中安排法律援助项目,每年拨付5000万~1亿元资金用于资助开展针对农民工、残疾人、老年人、妇女权益保障和未成年人的法律援助。为此,财政部、司法部专门制定了《中央专项彩票公益金法律援助项目实施与管理暂行办法》,以规范项目的管理和实施工作,保证资助的法律援助工作顺利开展,发挥资金的使用效益。项目资助的地域包括31个省(区、市)和新疆生产建设兵团,重点是中西部地区。项目资助案件范围包括以下几个方面:(1)当事人经济状况和申请事项符合《法律援助条例》和本省(区、市)补充规定的法律援助事项范围,但当地法律援助经费确实存在困难的;(2)当事人的经济状况符合当地法律援助经济困难标准,其申请法律援助的事项虽不属于《法律援助条例》和本省(区、市)补充规定的法律援助事项范围的,但属于本办法第6条规定的案件类型的;(3)当事人经济状况高于当地法律援助经济困难标准,低于当地城镇职工最低工资标准,其申请法律援助的事项符合《法律援助条例》和本省(区、市)补充规定的法律援助事项范围的;(4)当事人经济状况高于当地法律援助经济困难标准,低于当地城镇职工最低工资标准,其申请法律援助的事项属于本办法第6条规定的案件类型的。

(二)社会捐助

我国是一个发展中国家,法律援助的经费短缺问题将在一个相当长的时间内存在,解决法律援助的供需矛盾,完全靠政府的力量是远远不够的,必须动员广大人民群众,依靠全社会的力量参与,探索建立资金筹措的社会化、经常化机制,充分利用社会财力(包括外国资金),发展法律援助事业。通过社会捐助筹集法律援助资金要坚持自愿原则,并要管好用好资金。目前,我国对法律援助经费的社会捐助主要有以下几种渠道:

1. 以基金形式接受捐助

通过成立法律援助基金,接受国(境)内外政府机构、企事业单位、社会团体和其他社会组织(包括法律服务组织)及个人的捐赠;基金会通过合法的投资运作,将其增值部分,包括基金存入金融机构收取的利息;购买债券和企业股票等有价证券的收益等,都可用于法律援助的业务开支。目前,我国已设立中国法律援助基金会。北京、江苏、重庆等省市也根据实际情况,依法申请设立了本级地方的法律援助基金会。

2. 指定用途捐助

指定用途捐助的方式包括以下两个:

(1)国内公民、法人或者其他组织指定用于法律援助的资助,或指定用于某些社会群体的捐助。例如,工会、共青团、妇联、残联等社会团体在本行业发展基金中,设立法律援助基金,专项用于本行业需要援助的困难职工、妇女、儿童、残疾人、老年人等。

(2)国外有关组织指定的捐助,如某国际组织捐助资金,指定资助贫困地区法律援助工作,或专款资助妇女、儿童的法律援助。

3. 社会慈善性捐助

法律援助对社会弱势群体而言,具有公益性服务性质。依据我国《公益事业捐赠法》,各级法律援助机构可接受国内外公民、法人或其他组织慈善性的捐助,也可经有关部门同意,专拨所获捐款的一定比例用于法律援助。

4. 国际组织以项目合作的形式进行资助

我国是发展中国家,同时也是有关国际公约的缔约国成员,一些国际组织出于推动法制完善和促进人权保障的考虑,愿意对我国法律援助工作给予资助。截至目前,联合国开发计划署、欧盟、加拿大国际发展署、福特基金会、亚洲基金会等国际组织曾经分别以合作培训、理论研究、立法研究等形式同司法部法律援助中心合作，效果较好。

据统计，2009 年，全国社会捐助的法律援助经费数额为 337. 49 万元。

四、法律援助经费的使用

（一）法律援助经费使用的原则

如前所述，法律援助经费的核心和主体是法律援助业务经费。法律援助业务经费的使用必须遵循以下原则。

1. 明确法律援助经费的使用主体

法律援助经费的使用主体是各级政府设立的法律援助机构而不是只负责监管法律援助工作的司法行政机关。《法律援助条例》规定，“法律援助机构负责受理、审查法律援助申请，指派或安排人员提供法律援助”。“法律援助机构在收到规定的结案材料后，应当向受指派办理案件的律师或接受安排办理法律援助组织的人员支付法律援助办案补贴。”实践中，法律援助机构有司法行政机关的内设部门，有直属的行政机构，有事业单位，财务上有独立的，也有不独立的，但是，由于法律援助机构实际开展法律援助工作，因此法律援助经费的使用主体就是法律援助机构。个别地方没有设立法律援助机构，由司法行政部门代行其职能，这时司法行政部门就暂时是法律援助经费的使用主体，一旦设立了专门的法律援助机构，还是应当由法律援助机构作为当地法律援助经费的使用主体。

2. 及时足额支付办案补贴

根据《法律援助条例》的规定，法律援助办案补贴的支付对象是受指派办理法律援助案件的（社会）律师、接受安排办理法律援助案件的社会组织人员。根据司法部制定的《律师和基层法律服务工作者开展法律援助工作暂行管理办法》以及各地规定补贴标准的规范性文件，基层法律服务工作者办理法律援助案件也可以领取补贴。但从法律援助实践来说，法律援助办案补贴主要是支付给律师。给承办法律援助案件的律师支付办案补贴是保证法律援助工作正常开展的需要。《法律援助条例》颁布实施以前，有一些地方由于法律援助经费严重短缺，律师不但要提供无偿的法律援助，而且还承担了部分甚至所有的办案成本费用，这种状况不利于保证办案质量，不利于提高律师参与法律援助的积极性，不利于法律援助事业的长远发展。《法律援助条例》明确了律师义务，同时明确政府的责任，给律师支付办案补贴，这是一大进步。要求律师履行法律援助义务，主要体现在要求律师利用法律专业知识和技能为受援人提供法律服务,维护其合法权益上。因此,应当按照《法律援助条例》的要求和各地制定的补贴标准,及时足额地向律师支付办案补贴。

3. 保障法律援助机构顺利运转

除支付办案补贴以外,法律援助经费的其他开支项目主要包括:一是法律援助机构工作人员办案成本费,主要包括差旅费、文印费、通讯费、调查取证费、伙食补助费等。二是仲裁费与鉴定费。对于受援人败诉的案件,受援人交纳仲裁费用和鉴定费用确有困难的,由法律援助机构承担相应的费用。三是法律援助卷宗档案管理和法律援助业务文书印制费用。四是开展法律援助工作支出的其他费用,包括电话和当面咨询、宣传、公共法律教育、培训、案件质量评估等。

(二)法律援助经费的开支

1. 办案补贴支出

(1)补贴原则

《法律援助条例》规定,法律援助办案补贴标准由省、自治区、直辖市人民政府司法行政机关会同同级财政部门,根据当地经济发展水平,参考法律援助机构办理各类法律援助案件的平均成本等因素核定,并可以根据需要调整。同时,办案补贴要能够弥补律师办案成本支出,以保证法律援助工作正常开展。目前,31 个省级地方以及新疆兵团都制定了法律援助办案补贴标准。从制定的形式来看,北京、山西、山东、广东等地专门制定了补贴标准文件,更多的地区是作为经费管理文件的一项内容,还有的规定在法律援助工作综合性文件中,如内蒙古自治区。

(2)补贴标准的考量因素

各地在制定补贴标准时考虑的主要因素有以下三个:一是是否跨行政区域。仅以办理的案件或事项是否跨县市省作为考虑因素,如浙江、山东、江苏、山西、河南、甘肃、安徽等。例如,安徽省曾规定:在本县、本市区内办案的,每件补贴 260 ~ 600 元,国家、省级贫困县每件不低于 150 元;跨县(市、区)办案的,每件补贴 500 ~ 1000 元,国家、省级贫困县每件不低于 350 元;跨省、省辖市办案的,每件补贴 800 ~ 1200 元,国家、省级贫困县每件不低于 500 元。二是案件类型。仅区分刑事、民事行政案件,如北京、湖南、云南等。四川、黑龙江、辽宁、湖北、陕西等地则综合考虑是否跨县市省及案件类型。例如,黑龙江省的标准规定:①在本市、区、本县(市)办理案件的,刑事案件每件 350 ~ 700 元;民事、行政案件每件案件 450 ~900 元。②在本省辖市内跨县(市)办理法律援助案件的,刑事案件每件 450 ~900 元;民事、行政案件每件 550 ~1100 元。③跨省辖市办理案件的,刑事案件每件 600 ~1200 元;民事、行政案件每件 700 ~1500 元。④跨省办理案件的,刑事案件每件 800 ~2000 元;民事、行政案件每件 1500 ~2000 元。⑤律师超过核定义务量承办案件的费用补贴,按照每件办案定额补贴标准再增加人民币 200 ~500 元。⑥属群体上访、跨年度的重大疑难案件,或者因案情复杂、路途遥远及其他客观原因,致使差旅费支出数额较大的,经法律援助机构审核后,报同级财政部门审核同意,可适当增加补助费或者据实报销。三是省内不同地区经济状况。综合考虑省内不同地区经济状况、案件类型、是否跨县市省以及其他因素等。例如,广东省根据经济发展水平将省内划分三类地区,并且区分案件类型、所处阶段、办案是否跨县市省等。该省将刑事案件分为侦查、审查起诉、一审、二审的不同阶段,并区分提供不同的服务确定不同的补贴标准。民事、非诉讼法律事务则以法律事务在不同的地区为标准确定的主要依据。

(3)补贴对象

补贴的对象主要有以下三类:一是受指派办理法律援助案件的社会律师;二是接受安排办理法律援助案件的社会组织人员;三是接受安排办理法律援助案件的基层法律服务工作者。根据司法部制定的《律师和基层法律服务工作者开展法律援助工作暂行管理办法》以及各地规定补贴标准的文件,基层法律服务工作者办理法律援助案件也可以领取补贴。据统计,2009 年,各地法律援助机构支付给法律援助机构工作人员、社会律师、基层法律服务工作者、社会组织人员和注册法律援助志愿者的办案补贴数额分别占办案补贴及支出总额的 21.9%、49.5%、25.7%、1.4%和 1.5%。法律援助办案补贴主要是支付给了社会律师。

(4)补贴所涉及的事项范围

补贴所涉及的事项范围包括以下几个方面:一是承办法律援助案件的办案定额补贴。法律援助案件包括刑事案件、民事和行政案件、仲裁、劳动争议、申请执行及申请再审案件。二是参与法律援助值班、接待来访、信访、咨询、代拟法律文书、出具法律意见书等事项中的一项或几项的补贴。三是超过核定义务量承办案件的法律服务费用补贴。

(5)补贴标准的种类

关于补贴标准,各地做法不一,主要有以下几种:一是规定了幅度范围,并要求下级部门落实具体标准,如湖南、四川、山东、湖北、江苏、黑龙江、甘肃、浙江、河南、云南等。广东省则授权地级市司法行政机关和财政部门可根据当地经济发展水平另行制定补贴标准。根据案件类型、复杂程度、是否跨地区等因素,确定每一种案件类型的幅度范围。例如,海南省规定:承办刑事辩护案件的,在本市县内办理的,每件补助 200 ~ 500 元;跨市县办理的,每件补助 300 ~ 1000 元;跨省办理的,每件补助 1200 ~ 3000 元。承办民事代理案件的,在本市县内办理的,每件补助 200 ~ 800 元;跨市县办理的,每件补助 300 ~ 1500 元;办案难度较大,支付办案费数额较大的(含跨省办理的民事案件),可视情况在补贴标准之外,经审批可实报实销。代书法律援助文书的,每件补助 50 ~ 100 元;在法援机构接待群众来访、电话咨询的,每一个工作日补助 50 ~ 70 元。二是采取定额标准,如北京、青海等。例如,北京规定,在法律服务中心值班的律师,每受理一起刑事案件,能够得到 1000 元的补助,受理一起民事案件,能够得到 1500 元的补助。三是特殊规定标准。①在完成规定义务量后再接受指定办理法律援助案件的补贴标准。例如,山西在原标准两倍内按实际发生的合理支付;河南增加 100 ~ 500 元;黑龙江增加 200 ~ 500 元。②案件成本支出较多的增加补贴。例如,湖北、云南、河南、浙江、山西适当增加补贴;广东、山东、江苏、甘肃在标准的两倍之内给予补贴;四川、辽宁、陕西、黑龙江适当增加或据实报销。③非因承办人员原因终止援助的补贴方法。例如,广东规定未开展实质性工作,不支付补贴,开展实质性工作,减半支付补贴;山东、陕西规定酌情给予补贴。

(6)补贴程序

办案补贴的发放程序,一般是规定法律援助人员在援助案件办结后的 15 个工作日内,有些省规定 30 个工作日内,向法律援助机构提交案件档案,填写法律援助办案补贴审批表,经法律援助机构审核后,按标准确定具体的补助金额,从法律援助专项经费中支付。法律援助案件、事项由法律援助机构统一审查、统一受理、统一指派、统一监督,未经法律援助机构审查、批准、指派,法律援助机构不承担办案补贴费用。一般有下列情形的则不予支付补贴:(1)法律援助人员办理法律援助事项收取受援人财物的;(2)擅自终止或者转委托他人办理法律援助事务的;(3)经法律援助机构或者其他有关机关对法律援助事项监督检查,认定为办理质量不合格或者不负责任给受援人造成损失的;(4)有事实证明法律援助人员不履行职责而被更换的;(5)法律援助人员结案归档时所提交的材料不符合要求,或者经修改或补足后仍不能达到规定要求的。

2. 其他开支

其他开支主要包括以下几个方面:(1)法律援助机构工作人员办案成本费,主要包括差旅费、文印费、通讯费、调查取证费、伙食补助费等。(2)仲裁费与鉴定费。对于受援人败诉的案件,受援人交纳仲裁费用和鉴定费用确有困难的,由法律援助机构承担相应的费用。(3)法律援助卷宗档案管理和法律援助业务文书印制费用。(4)开展法律援助工作支出的费用,包括宣传、教育、培训、调研、检查、指导、表彰、奖励等。(5)购置法律援助资料、有关设备,印制法律援助业务资料、文书等费用。(6)法律援助业务的研讨、座谈,对外学习交流等费用。(7)其他经财政部门批准应由法律援助经费列支的其他费用,如法律援助责任赔偿金。在实施法律援助过程中,因法律援助机构的管理或法律援助服务人员的原因,给受援人造成重大损失时,法律援助机构有责任履行赔偿义务。法律援助机构赔偿方式主要是支付赔偿金,因此法律援助经费中应有专门列项。我国《国家赔偿法》第25条规定,赔偿费用,列入各级财政预算。赔偿费用多少,由于我国《国家赔偿法》实行限额原则,因此,赔偿费的预算应当按照国务院的有关规定执行。

五、法律援助经费的监督管理

(一)监督管理法律援助经费的原则

管理法律援助经费是指对法律援助经费的筹集、开支的规划和控制。监督法律援助经费是指对法律援助经费收支的合法性、合理性和效益性进行检查监督。监督管理是一种工作机制,目的是合理地调配经费,保证法律援助经费专款专用,避免被挤占和挪用,做到低成本、高效益,提高工作效率,保障法律援助工作正常开展,实现法律援助经费效益的最大化,保证国家的法律援助制度正确实施,维护司法公正,保障公民的合法权益。

为了达到监督管理法律援助经费的目的,在经费监督管理中要实行以下原则。

1. 明确法律援助经费的监督管理主体

根据《法律援助条例》赋予各级司法行政机关监督管理法律援助工作的规定,与法律援助经费的使用主体是法律援助机构相对应,法律援助经费的监管主体是各级司法行政机关。另外,从我国行政管理的角度来看,监督法律援助经费的主体,还包括其他行政机关、权力机关、社会公众和新闻媒体,他们从各自的职责角度也可以对法律援助经费的使用情况进行监督。在各种监管主体中,行政机关的监督最为重要。按其职能不同可分为一般行政监督和专门监督:(1)一般行政监督。一般行政监督是根据隶属关系而产生的监督,具体做法是层级监督:国务院对中央政府下拨的法律援助经费的使用情况及各省、市、自治区法律援助经费保障的监督;各级人民政府对下拨的法律援助经费的使用情况的监督;司法行政机关对所属法律援助机构的法律援助经费使用的监督。在一般行政监督中,司法行政机关对法律援助经费使用的管理监督是最关键的一环。司法行政机关应该依照法律、行政法规的规定,对法律援助经费的预算、经费的使用进行有效的检查监督,保证法律援助经费的专项专用。(2)专门监督。专门监督是指各级政府财政、审计机关依法对法律援助经费的检查监督。《法律援助条例》第3条第2款规定:"法律援助经费应当专款专用,接受财政、审计部门的监督。"各级政府财政、审计机关主要是对法律援助经费预算、执行、收支效益进行审计检查、监督。

2. 专款专用,不得挪作他用

法律援助的宗旨在于保障贫困当事人能够平等地实现合法权益,从这意义上讲,法律援助经费就类似救济款项。国家对救济款项的使用和管理都有比之其他经费的使用、管理更为严格的规定。司法行政部门和法律援助机构要完善财务制度,严格审批各项经费支出,做到专款专用,实行法律援助经费单独核算。任何部门、单位和个人不得截留、挤占、挪用和私分法律援助经费,不得改变其性质和用途。财政部、司法部制定的《中央补助地方法律援助办案专款管理暂行办法》还专门规定,县级法律援助机构要将上级补助的法律援助办案专款、本级财政安排的办案经费和各种渠道筹集的社会资金结合起来,统筹安排使用。承办法律援助案件的办案人员在领取法律援助办案费补贴时,应当向法律援助机构提交有关的法律文书副本或复印件以及结案报告等材料,并在领取单上签字。法律援助机构应建立台账,标明承担的法律援助案件事项、时间、承办人、办案费补助数额或报销数额等。为了最大限度地保证贫困当事人获得及时、有效的法律保护,不管是财政拨付的法律援助业务经费,还是公民、法人和其他组织捐助的资金都要专款专用,不得挪作他用,不得改变法律援助经费(基金)的用途和性质。

3. 确保法律援助经费使用的最大效益

保证法律援助经费用于最需要法律援助的人身上,这是法律援助经费管理所追求的目标和社会效益。法律援助经费的社会效益要体现在以下三个方面：一是成本低，耗费少。在经费紧缺的情况下，要注意合理使用经费，开源节流，充分利用现有资源。在办公条件上，要量力而行，适合当地环境；有条件的地方，应尽快实现现代化装备，运用高新技术服务于法律援助，提高工作效率。在宣传工作中，要发挥新闻媒体作用，同时印制简明易懂的法律援助指南小册子，方便经济困难群众需要法律帮助时运用。在实施法律援助中，能以指导方式解决问题的不用出庭代理，能够调解的不用诉讼，能以简易程序解决的不用普通程序。在受理审查案件和指派时间上要尽量缩短，及时审查，及时指派，及时检查监督，减少诉讼过程中的耗费。二是办案多，成果大。在节俭经费的前提下，要把有限的经费主要用于办案上。要严格按照法律援助审查条件标准，凡是符合援助条件的，要及时作出援助决定，尽快给予援助。要发挥社会执业律师履行法律援助义务的作用，让更多的执业律师履行职责。三是尽可能更多地满足社会公众对法律援助的需求。要根据经济社会发展的情况和困难群众的实际需要，动态调整经济困难标准和法律援助事项范围，不断扩大法律援助覆盖面，让更多的不能通过中介市场机制获得法律服务的公民得到法律援助。

4. 不同经费不同用途

法律援助经费依其经费来源不同来确定其支付使用范围。一般来说，政府拨付的经费保证法律援助机构和工作人员维持正常工作的开支，主要用于法律援助办公的经费、工作人员的薪金和福利及办理法律援助案件所需的经费。社会捐助、基金及其他来源资金用于法律援助办案费用和其他业务开支，以弥补政府经费不足。

（二）监管法律援助经费的形式

从监督的阶段和事项来看，以财政部门拨出款项、法律援助机构使用经费为界限，法律援助经费监督可以划分为事前监督、事中监督和事后监督。①

1. 事前监督，一般是指在编制法律援助经费预算时，检查预算是否合法，是否符合国家规定的有关政策和制度，预算的科目是否齐全等。

2. 事中监督，是指在实施法律援助制度过程中，各级政府财政部门是否依

① 宫晓冰主编，高贞副主编：《中国法律援助制度培训教程》，中国检察出版社 2002 年版，第 321 页。

照法律、行政法规的规定，及时足额地拨付预算支出的法律援助经费；法律援助机构是否管理使用好经费。

3. 事后监督，是指对法律援助经费使用情况及其效果的监督，主要检查分析经费使用是否达到预期的效果、有无违法情形，等等。

关于法律援助经费的监督，中央和地方都制定了相应的文件，要严格按照文件的规定加强对法律援助经费工作的监督。《中央补助地方法律援助办案专款管理暂行办法》对中央补助地方法律援助办案专款提出了以下四项监督措施：

一是各级财政部门和司法行政部门要加强对法律援助办案专款的监督管理，制定切实有效的管理办法，保证法律援助办案专款及时、足额到位，专款专用，不得用于司法行政部门和法律援助机构的人员经费和公用经费。

二是每年度终了后 4 个月内，省级财政部门和司法行政部门要将法律援助办案专款的安排和使用情况如实向财政部和司法部作出书面报告。中央财政将以此作为考核省级财政和司法行政部门对法律援助办案专款管理工作的一项重要内容和安排下一年度法律援助办案专款的参考依据。

三是省级财政部门要会同司法行政部门建立效益考核制度，对使用法律援助办案专款的情况进行量化考核，定期向上级和下级财政、司法行政部门通报考核情况，及时提出问题和改进意见。

四是财政部、司法部将定期或不定期地直接或委托有关部门对专款的使用情况进行现场检查、审计。对法律援助办案专款到位不及时、使用效益不高、存在挤占挪用现象等违反本办法规定的地区，将暂停以后年度法律援助办案专款并按照《财政违法行为处罚处分条例》的规定予以处罚处分。一些省也对省级法律援助专项资金监督检查提出了要求。例如，《云南省法律援助专项经费管理暂行办法》规定：建立省级法律援助专项资金监督检查制度，省财政厅与省司法厅每年对省级法律援助专项资金的管理使用情况进行专项检查，各地法律援助专项资金管理使用情况，将作为安排下一年度法律援助专项资金的重要依据。

第三章　法律援助的条件和范围

第一节　法律援助的对象及条件[①]

一、法律援助的对象

（一）法律援助对象的概念

法律援助的对象又称法律援助的适用对象，是指符合法律援助的法定资格条件，依法可以申请法律援助并获得法律援助的公民。法律援助对象实际获得法律援助时便成为受援人。法律援助对象是一个集合概念，它由不同层面的潜在的受援人组合而成。要判断谁有权获得法律援助，就需要明确他/她是否为申请法律援助的服务对象，该对象是否具备获得法律援助的资格条件。所谓法律援助的对象，是指具备什么样的条件的人，才可以成为法律援助的权利主体，获得法律援助，也可称其为法律援助的受援人或法律援助的当事人。

那么，符合什么条件的公民可以成为法律援助的对象呢？《法律援助条例》没有具体明确。但是，《法律援助条例》第 1 条规定："为了保障经济困难的公民获得必要的法律服务，促进和规范法律援助工作，制定本条例。"由此可以推断出，公民成为法律援助对象有以下两个最基本的条件：一是经济困难；二是需要必要的法律服务。

在实践中，如何衡量一个人是否符合法律援助条件，能否成为法律援助的受援人，其资格条件与法律援助的服务范围密切相关。因此，不论是申请法律援助还是要提供法律援助，首先都必须明确的是申请获得法律援助应当具备什么条件、哪些事项范围可以申请获得法律援助。只有在准确判断的基础上，才

---

① 本节内容参见宫晓冰主编，郑自文副主编：《中国法律援助制度研究》，中国方正出版社 2004 年版。

能使那些需要帮助的人及时获得法律援助。

（二）法律援助对象的特征

1. 法律援助对象必须是自然人

《法律援助条例》第2条规定："符合本条例规定的公民，可以依照本条例获得法律咨询、代理、刑事辩护等无偿法律服务。"可见，我国法律援助的对象应是作为自然人的中国公民。

2. 法人不能成为法律援助对象

把法律援助对象限定为自然人，是世界上大多数国家的通例。例如，英国、美国、德国等都只规定了自然人才可以申请并获得法律援助，而将法人排除在外。只有奥地利、塞浦路斯等极少数国家和地区规定了某些特定的穷人团体或财团法人（多为慈善团体）或组织可以成为法律援助的对象，但它们所谓的法人和社团也只是指符合一定条件的自然人的组合，如某一团体的大部分成员为经济困难者，而非我们通常意义上所说的法人或社团。另外，按照法国、加拿大某些省和土耳其的法律，也只有非盈利法人才可以例外地享有法律援助的权利。

3. 法律援助对象一般限于经济困难者

法律援助对象需要法律援助的事项可以各不相同，但一般情况下，他们的自身条件有一点必须相同，即都必须经济困难。一般来说，城市低保人员、农村五保户（保吃、保穿、保住、保医、保葬）、在社会福利机构由政府供养的人员、国家规定的优抚对象、残疾人、老年人及未成年人、因自然灾害或其他不可抗力造成经济困难的人群，可以优先成为法律援助的对象。这是因为，法律援助制度是从法律上对经济困难者进行救济的一项制度。当事人经济困难，无力支付法律服务费用，是法律援助的一个基本条件。当然，对于某些特定的刑事案件当事人，依据相关法律规定在需要法律援助时，不受经济困难标准限制。

（三）法律援助的条件与范围

1. 法律援助条件的含义

从广义上讲，法律援助的条件，是指法律援助应当在什么条件下、向什么人提供什么方面的法律帮助。它要求法律援助受援人既是符合条件的法律援助对象，同时，其诉求又必须属于法律援助规定范围内的事项，即"人"的条件和"事"的条件同时兼备，才能完全符合法律援助条件，方可以获得实际的法律援助。但是，从狭义上讲，法律援助的条件，是指法律援助受援人作为个体的自然人（公民）应具备的特定身份和资格。

2. 法律援助条件的表现形式

(1)一般条件

一般条件,是指适用于全体社会成员的法律援助受援人条件,一般以经济困难无力支付法律服务费用和所申请之事项确有必要作为前提条件,是全体申请人申请法律援助时所应具备的最基本的资格审查的标准,是一种普遍适用的条件。

(2)特殊条件

根据《刑事诉讼法》、《法律援助条例》及最高人民法院和司法部《关于刑事法律援助工作的联合通知》及最高人民法院、最高人民检察院、公安部、司法部《关于印发〈关于刑事诉讼法律援助工作的规定〉的通知》等法律法规和规范性文件的规定,对某些特定的刑事案件当事人不设经济困难标准门槛,同样可以获得法律援助。这是一种特殊情况。

3. 法律援助条件与范围同调控法律援助覆盖面的关系

法律援助条件规定了对哪些人可以提供法律援助,而法律援助的范围则规定了对哪些事项可以提供法律援助,也就是一个规定了人的范围,另一个规定了事的范围。法律援助的条件一般由法律援助法律法规规定,并可以随着社会经济和生活水平的变化而加以调整。我国法律援助立法借鉴国际上的通行做法又考虑我国国情,对法律援助的条件和范围作出了符合我国实际的规定。这些规定是法律援助机构受理法律援助申请、审查并作出法律援助决定的前提和依据。

法律援助条件和范围虽然是两个不同的概念,但法律援助范围的大小和受援条件的宽严有着十分密切的关系。在一个国家法律援助资金充足的情况下,法律援助的范围较广泛,受援条件也较宽松;在法律援助资金短缺、法律服务资源有限的情况下,不足以保证每一个申请人的每一个法律援助事项都能得到满足,必然有一部分人、一部分案件会被拒之于法律援助之门外。

基于法律援助的这一特性,各国在确定法律援助的覆盖面时,一般都会灵活调整"条件"和"范围",即法律援助经济困难标准和法律援助事项范围,作为调控法律援助覆盖面的两个杠杆和阀门。也就是说,调控法律援助覆盖面有两种取舍的途径:一是严格申请人的经济困难条件,将一部分申请人拒之于法律援助之门外;二是缩小法律援助案件受理的范围,将一部分案件拒之于法律援助之门外。两种取舍、两种选择,反映了对法律援助取舍所采取的不同态度。

对人的取舍除了考虑人的经济条件外，没有考虑其他因素，即使当事人是老年人、妇女、儿童、残疾人等特殊社会群体，在是否有资格申请法律援助方面也只是法律援助机构优先考虑的因素，而非超越经济条件之外的一种特殊身份条件。这反映了在现代法治社会中，“法律面前人人平等”已经成为法治国家普遍遵行的原则，而对案件的取舍则反映了对人的不同法律权利保护的优先顺序不同。在各国的法律援助实践中，都将刑事案件作为法律援助的基本范围之一，这反映了对人的生命和自由的尊重和保护。在民事案件中，家庭法案件、妇女儿童权利保护案件、残疾人权益保护案件都是民事法律援助范围的重要内容，反映了对当事人基本民事权利的重点保护。无疑，这两个杠杆和阀门都可以成为调控法律援助覆盖面的手段。但到底哪个杠杆和阀门更合适呢？从理论上讲，法律援助的范围是为保护贫弱者和特殊刑事案件当事人合法权益而涉及的法律领域，也就是说，法律援助只能在它能够起作用的法律领域发挥作用。这就是法律援助范围的实质。这种实质决定了法律援助的范围只能是当事人为自然人的案件，也决定了法律援助的范围并不包括贫弱者的一切事务，而只能是和其有关的法律事务，且该法律事务确有法律援助的必要。因此，法律援助范围的本质特点决定了，通过调整法律援助范围的大小来调整对人的不同法律权利保护的优先顺序，比通过宽严受援人的经济困难条件来调整法律援助覆盖面的大小更具有法理上的正义性。

二、法律援助的一般条件与经济困难标准

（一）法律援助的一般条件及其内涵

所谓法律援助的一般条件，是指适用于全体申请人的法律援助条件，它包括经济条件和案情条件两个方面。各国法律援助法基本上都将具备这种一般条件的人作为法律援助的首选对象。关于法律援助的条件，《刑事诉讼法》、《律师法》和《老年人权益保障法》等多部法律之中都有一些分散性的规定。《法律援助条例》虽然没有设立专门章节规定公民申请法律援助的条件，但是，根据《法律援助条例》总则和第二章及第三章有关条款的规定，公民提出法律援助申请也必须同时符合以下两个最基本的条件才可以成为法律援助的对象：

1. 申请人确因经济困难，无力按市场价格支付法律服务费用

只有经济困难者才可以申请法律援助；所有申请者都必须通过经济状况审查，证明自己的经济状况低到需要法律援助的程度时，才有获得法律援助的资格。这是法律援助对象所应当具备的一个最基本、最主要的条件。这一条件集

中反映了法律援助制度的本质属性。法律援助是在司法程序上对经济困难者进行救助的一项法律保障制度。因此,我国和世界上其他国家的法律援助立法中均规定,只有经济困难者方可申请并获得法律援助。因生理、身体残疾等特殊条件而获得法律援助只是“经济困难”条件的延伸条件。

2. 申请人有充分理由证明为保障自己的合法权益确需法律帮助以及所申请事项符合法律规定

这是法律援助对象在案情方面应当具备的一个重要条件。这一条件包括以下两层含义:(1)申请事项必须符合规定的法律援助事项范围。我国《律师法》第28条、《法律援助条例》第2章和经《法律援助条例》授权的各省、自治区、直辖市人民政府的补充规定里,都对法律援助的事项范围作出了明确规定,申请人必须依据这些范围进行申请。(2)申请事项和所涉及的法律事务已经实际发生,而且是为了维护自身的合法权益。这又包括以下两层含义:一是只有在公民的合法权益受到事实上的侵害,或者公民行使某项法定权利因经济困难而无法实现时;二是申请人因缺乏相应的法律知识和诉讼技能,确实需要由专业法律人员提供法律帮助才能有效地保障自身的合法权益。此时的法律援助才能真正发挥其效用。

具体地讲,在实践中,有充分理由证明保障自己的合法权益需要帮助的经济困难者,主要包括:(1)享受最低生活保障金或领取失业保险金而无其他收入,经济困难的;(2)经济困难的优抚对象;(3)社会福利机构中由政府供养的收养人员;(4)农村“五保户”;(5)因自然灾害或其他不可抗力造成经济困难,正在接受国家救济的;(6)国家法律、法规规定应当获得法律援助的,通常包括老年人、未成年人及没有固定生活来源的残疾人等;(7)符合各省、自治区、直辖市人民政府根据《法律援助条例》授权规定的法律援助经济困难标准的公民。

(二)法律援助经济困难标准

1. 确定经济困难标准的机构及其依据

公民申请法律援助,其经济条件能否符合法律援助经济困难标准,则直接决定着申请人能否获得法律援助。《法律援助条例》第17条规定,公民申请代理、刑事辩护的法律援助应当提交“经济困难”的证明材料,那么何为“经济困难”呢?

在《法律援助条例》中并未就“经济困难”给出一个全国统一的固定标准,而是在第13条第1款中规定:“本条例所称公民经济困难的标准,由省、自治区、直辖市人民政府根据本行政区域经济发展状况和法律援助事业的需要规定。”从该条款规定可知，各省、自治区、直辖市的人民政府是确定本地区经济困难标准的机构。

目前，各地执行的经济困难标准基本上以当地居民最低生活保障线作为参照标准。确定的依据一般包括：本地经济发展状况、政府对法律援助事业的财政投入、社会对法律援助的需求量和律师收费水平等因素。如果申请人及其家庭经济状况不低于当地最低生活保障线，即使有充分理由证明自己为保障合法权益需要法律援助，一般也不能获得法律援助，而需要通过有偿的法律服务来获得法律帮助。

但在实践中，2006 年 1 月 31 日国务院发布的《关于解决农民工问题的若干意见》规定，对农民工因请求支付劳动报酬和工伤赔偿申请法律援助的，不再审查其经济困难条件。各地也随着地方经济发展水平的提高不断调整当地的经济困难标准或放宽法律援助受理范围，以保障法律援助事业与经济、社会协调发展。例如，北京从 2003 年开始，在没有全面调整经济困难标准的基础上，不断放宽法律援助受理事项，对农民工因请求支付劳动报酬或者工伤赔偿申请法律援助的、公民因实施见义勇为行为致使自身合法权益受到损害的，规定不受经济困难标准的限制。对于属于农村五保户、在社会福利机构由政府供养的人员、重度残疾或者患有重大疾病且无固定生活来源的人员、人民法院给予司法救助的人员等情况，法律援助机构可以直接认定其经济困难。上海法律援助机构于 2006 年将法律援助对象经济困难标准确定为“按照城乡居民最低生活保障标准的 1.5 倍执行”。广东省于 2003 年，就以法律援助“降低门槛、扩大范围”作为指导思想，将经济困难标准在原有最低生活保障线基础上上浮 50%。2006 年，广东省修订了《广东省法律援助条例》，对法律援助的事项范围已不作任何限制。在实践中，该省结合实际，灵活审查法律援助经济困难状况。对确因情况特殊或情况紧急的申请人，通过暂不进行条件审查，允许事后补交有关证明材料的方式先行受理。对农民工请求支付劳动报酬和工伤赔偿的法律援助申请，一律免予审查其经济困难条件。另外，部分地方对因群体性案件、交通事故、人身损害等导致死亡或者重伤而追索医疗费的案件，也不设经济审查门槛。不仅如此，该省还试行辅助性法律援助和当事人分担费用制度。深圳市已于 2009 年 5 月先行实施了辅助性法律援助制度，对因家庭经济状况高于法律援助经济困难标准但又低于上年度在岗职工人均月工资水平的申请人，可以通过辅助性法律援助获得相应的法律服务。江西省也将经济困难标准按照现行的城乡最低生活保障标准1.5倍执行，对残疾人、老年人、妇女、未成年人和农民工按2倍执行，从而使该省各级法律援助机构于2009年办理法律援助案件同比增长了40%。四川省法律援助对农民工申请法律援助的事项“开绿灯”，放宽经济困难审查标准。

2. 经济困难标准不一致时的处理

《法律援助条例》第13条第2款规定：“申请人住所地的经济困难标准与受理申请的法律援助机构所在地的经济困难标准不一致的，按照受理申请的法律援助机构所在地的经济困难标准执行。”公民住所地是指公民的户籍所在地，公民经常居住地与户籍所在地不一致的，经常居住地视为住所地。当申请人的住所地与受理申请的法律援助机构所在地的经济困难标准不一致，该条款对如何选择给出了明确的法律依据，这有助于实际工作中对申请人“经济困难”标准的确定。

三、法律援助的特殊条件——通知辩护的刑事案件

（一）法律依据

法律援助的特殊条件，是指由法律（包括司法解释）明文规定，赋予某些特殊的刑事案件当事人无须经过法律援助机构对法律援助一般条件的审查，即当然地获得法律援助。可以成为法律援助特殊对象的人，其所具备的条件与前述一般对象有所不同。这主要是指在刑事诉讼中，某人可能并不同时具备法律援助一般对象所应具备的经济和案情条件，但由于案情特殊或者被告人自身的某些特殊情形而使其较易处于相对弱小的地位，特别是如果没有律师出庭，法官面对的只是公诉人，容易偏听偏信，为避免当事人受到不公正的对待，需要法律给予特别的保护，而仍然可以成为法律援助的对象。

目前，我国对于法律援助特殊条件的规定，主要集中在《刑事诉讼法》、《法律援助条例》、最高人民法院和司法部《关于刑事法律援助工作的联合通知》，以及最高人民法院、最高人民检察院、公安部、司法部《关于印发〈关于刑事诉讼法律援助工作的规定〉的通知》等法律法规和规范性文件之中。《法律援助条例》第12条明确规定：“公诉人出庭公诉的案件，被告人因经济困难或者其他原因没有委托辩护人，人民法院为被告人指定辩护时，法律援助机构应当提供法律援助。被告人是盲、聋、哑人或者未成年人而没有委托辩护人的，或者被告人可能被判处死刑而没有委托辩护人的，人民法院为被告人指定辩护时，法律援助

机构应当提供法律援助,无须对被告人进行经济状况的审查。”

（二）几种通知辩护特殊情形下的特殊法律援助对象

按照《刑事诉讼法》第 34 条、第 267 条和第 286 条等规定,分别有以下几种刑事案件的当事人经申请或者通知获得法律援助时不受经济条件的限制,可以成为法律援助的特殊对象,具体包括:(1)犯罪嫌疑人、被告人因其他原因没有委托辩护人的,本人及其近亲属可以向法律援助机构提出申请。对符合法律援助条件的,法律援助机构应当指派律师为其提供辩护;(2)犯罪嫌疑人、被告人是盲、聋、哑人,或者是尚未完全丧失辨认或者控制自己行为能力的精神病人,没有委托辩护人的,人民法院、人民检察院和公安机关应当通知法律援助机构指派律师为其提供辩护;(3)犯罪嫌疑人、被告人可能被判处无期徒刑、死刑,没有委托辩护人的,人民法院、人民检察院和公安机关应当通知法律援助机构指派律师为其提供辩护;(4)未成年犯罪嫌疑人、被告人没有委托辩护人的,人民法院、人民检察院、公安机关应当通知法律援助机构指派律师为其提供辩护;(5)人民法院审理强制医疗案件,应当通知被申请人或者被告人的法定代理人到场。被申请人或者被告人没有委托诉讼代理人的,人民法院应当通知法律援助机构指派律师为其提供法律帮助。

四、法律援助的特殊条件——外国人能否获得法律援助

外国人能否成为法律援助对象在学术界一直存在一定争论,但在各国法律援助实践中,出于适应国际交往的需要和体现主权国司法人权保障的考虑,大多允许外国人可以成为本国法律援助的对象,并按照有关的国际公约区别案件的性质,作出不同的规定。因此,外国人成为我国法律援助对象的条件也可以看作一种法律援助的特殊条件。

（一）刑事诉讼中外国人的法律援助

1. 国际法上的规定

1966 年 12 月联合国大会通过的《公民权利和政治权利国际公约》第 14 条第 3 款就规定,被告知和获得法律援助的权利是任何受到刑事指控的人所应完全平等地有权获得的一项最低限度的人权保障措施,所有被告人均有权“出席受审并亲自替自己辩护或者经由他自己选择的法律援助进行辩护;如果他没有法律援助,要通知他享有这种权利;在司法利益有需要的案件中,为他指定法律援助,而在他没有足够的偿付能力的法律援助的案件中,不要他自己付费”。公约第 26 条更明确规定,所有人不分种族、民族或社会本源、出身或其他身份,在法律面前,悉属平等,且有权接受法律上的平等保障。从该公约的规定来看,它并没有对有权获得法律援助的被告人作出国籍限制,因此,可以认为,该公约所规定的法律援助对象并不排除外国人。

1990 年第八届联合国预防犯罪和罪犯待遇大会通过的《关于律师作用的基本原则》第 2 条也明确规定:"各国政府应确保向其境内并接受其管辖的所有的人,不加任何区分,诸如基于种族、肤色、民族、性别、语言、宗教、政治或者其他见解、原国籍或社会出身、经济或其他身份地位等方面的歧视,提供关于平等有效地获得律师协助的迅速有效的程序和机制。"

2. 本国法上的规定

《刑事诉讼法》第 16 条规定,对于外国人犯罪应当追究刑事责任的,适用本法的规定;最高人民法院《关于适用〈中华人民共和国刑事诉讼法〉的解释》第 395 条规定,在刑事诉讼中,外国籍当事人享有我国法律规定的诉讼权利并承担相应义务。最高人民法院、司法部《关于刑事法律援助工作的联合通知》也规定,外国籍被告人没有委托辩护人的,人民法院根据案情认为确需律师辩护的,法律援助机构应于接受人民法院指定辩护 3 日内,指派承担法律援助义务的律师提供辩护。

这些规定均表明,当外国人(包括盲、聋、哑或未成年外国人,但享有外交特权和豁免权者除外)作为犯罪嫌疑人或被告人时,在特定条件下可以成为我国刑事法律援助的对象。

(二)民事诉讼中外国人的法律援助

由于民事诉讼中,当事人之间的法律地位是平等的,因此,能否给予外国人以法律援助主要的判定标准不能仅以经济困难为标准。因为经济困难的标准因各个国家经济发展水平的不同而差异太大,而且,各国的律师费用、诉讼费用高低也不一,因此,无法用本国经济困难标准去判定外国人的经济困难状况。

那么,在民事诉讼中,外国人成为一国法律援助对象的判断标准是什么呢?各国在实施法律援助制度时对外国人一般采取国民待遇的原则,但同时,为了不损害本国的独立、主权和国家利益,对外国人法律援助的国民待遇会施加一定的限制。我国《民事诉讼法》第 5 条规定:"外国人、无国籍人、外国企业和组织在人民法院起诉、应诉,同中华人民共和国公民、法人和其他组织有同等的诉讼权利义务。外国法院对中华人民共和国公民、法人和其他组织的民事诉讼权利加以限制的,中华人民共和国人民法院对该国公民、企业和组织的民事诉讼权利,实行对等原则。"

至于具体如何处理涉外法律援助申请,目前,我国同蒙古、俄罗斯联邦、哈萨克斯坦、吉尔吉斯斯坦、塔吉克斯坦、老挝、越南、泰国等国家签订的民事和刑事司法协助或者民商事司法协助条约中,有不少已经作出了相应规定,没有作出明确规定的也可以参照这些条约关于国际司法协助的规定和做法进行。

因此,根据我国现行法律和有关司法协助条约的规定,在华的外国人是可以享有相应的民事和诉讼权利的,但是,如果外国法院或组织对我国公民的权利加以限制,我国也对该国的公民实行相应的限制。因此,虽然外国人不能成为我国民事法律援助的当然对象,但只要依据我国所缔结的双边司法协助协定或条约的规定,仍然可以在一定条件下成为我国民事法律援助的对象。

第二节　法律援助的范围

一、法律援助范围的概念

法律援助的范围,是指法律援助受援人提出诉求的特定法律事项,即提供法律援助的具体领域,也就是根据法律法规规定,对哪些案件(或事项)可以提供法律援助。从社会公众的角度讲,法律援助的范围就是当人们在实际生活中,遇到符合有关法律规定的法律困难和问题时,可以向法律援助机构申请法律援助。也就是说,法律援助对象是指人,法律援助范围是指事。

前文已经讲到,站在法律援助条件的角度看问题时,法律援助条件可以包括"人"的资格条件,也可以包括"事"的范围条件。同样,如果站在法律援助范围的角度看问题,则法律援助的范围也可以包括以下两个方面:一是人的范围,即法律援助的对象范围;二是事的范围,即法律援助的案件和事项范围。我国《法律援助条例》没有专章规定"法律援助条件"而只专章规定了"法律援助范围",但在"法律援助范围"专章中包含了"法律援助条件"的内容。从形式上来说,法律援助的范围可以分为两类:一是法律援助案件;二是法律援助事项。凡是被审判机构、仲裁机构或其他有关机构审理或处理的,称为案件,包括刑事、民事、行政等诉讼案件,劳动争议等仲裁案件,国家赔偿案件等;仅由法律援助机构办理，而没有审判机构或仲裁机构或其他有关机构参与的，称为事项。法律援助的范围一般包括：刑事案件、民事案件、行政诉讼案件、非诉讼法律事务，等等。

法律援助的范围不同于法律援助的方式。方式是指提供法律援助的具体手段，如代理，可以是刑事代理，也可以是民事代理，而范围则是法律援助发生作用的领域，如刑事领域、民事领域。

二、刑事法律援助范围

根据《刑事诉讼法》和《法律援助条例》的有关规定，刑事法律援助的基本范围包括以下两大类：

（一）因经济困难而申请援助案件

此类刑事案件，法律援助对象必须以经济困难作为前提条件，法律援助机构方可提供法律援助。除《刑事诉讼法》第 34 条、第 37 条、第 267 条和第 286 条规定的刑事案件外，其他刑事案件，如果犯罪嫌疑人、被告人符合法律援助条件，即符合有关的经济困难条件和案件合法性条件，也可以通过申请的方式得到法律援助。同时，依据《法律援助条例》第 11 条的规定，刑事被害人、自诉案件的自诉人因经济困难均有权申请法律援助。根据上述法律规定，此项法律援助范围中申请的主体涉及以下三类：

1. 犯罪嫌疑人、被告人

《法律援助条例》第 11 条第 1 项规定，犯罪嫌疑人在被侦查机关第一次讯问后或者采取强制措施之日起，因经济困难没有聘请律师的，可以向法律援助机构申请法律援助。《刑事诉讼法》第 34 条规定，犯罪嫌疑人、被告人因经济困难或者其他原因没有委托辩护人的，本人及其近亲属可以向法律援助机构提出申请。

2. 刑事被害人及其法定代理人或者近亲属

《刑事诉讼法》第 44 条规定：公诉案件的被害人及其法定代理人或者近亲属，附带民事诉讼的当事人及其法定代理人，自案件移送审查起诉之日起，有权委托诉讼代理人。自诉案件的自诉人及其法定代理人，附带民事诉讼的当事人及其法定代理人，有权随时委托诉讼代理人。人民检察院自收到移送审查起诉的案件材料之日起三日以内，应当告知被害人及其法定代理人或者其近亲属、附带民事诉讼的当事人及其法定代理人有权委托诉讼代理人。人民法院自受理自诉案件之日起三日以内，应当告知自诉人及其法定代理人、附带民事诉讼的当事人及其法定代理人有权委托诉讼代理人。最高人民法院《关于适用〈中华人民共和国刑事诉讼法〉的解释》第473条规定:未成年被害人及其法定代理人因经济困难或者其他原因没有委托诉讼代理人的,人民法院应当帮助其申请法律援助。根据《法律援助条例》第11条第2款的规定,公诉案件中的被害人及其法定代理人或者近亲属,自案件移送审查起诉之日起,因经济困难没有委托诉讼代理人的,有权提出法律援助申请。从该条文可以看出,公诉案件中的被害人及其法定代理人,获得法律援助的条件只有一个,那就是因"经济困难"没有委托诉讼代理人,而这里的公民"经济困难"标准,由省、自治区、直辖市人民政府根据本行政区域经济发展状况和法律援助事业的需要规定。

法律援助律师在被害人及其法定代理人或者近亲属的授权范围内,作为被害人及其法定代理人或者近亲属的诉讼代理人并以被代理人的名义参加诉讼,保障被害人及其法定代理人或者近亲属的合法权益。法律援助律师的代理工作可以分为审查起诉阶段和审判阶段两个部分。在审查起诉阶段,法律援助律师的主要工作包括:了解和调查案件事实,听取被害人及其法定代理人对案件的意见,搜集、查阅与本案有关的材料,向检察机关表达对案件的意见等。在审判阶段的代理工作包括:申请回避,经审判长允许向被告人发问,就证据发表意见,申请证人到庭,参加法庭辩论等。

3. 自诉人及其法定代理人

《法律援助条例》第11条第3款规定,自诉案件的自诉人及其法定代理人,自案件被人民法院受理之日起,因经济困难没有委托诉讼代理人的,有权向法律援助机构提出申请。因此,不论是公诉案件的被告人、被害人,还是自诉案件的自诉人,只要是经济困难均有权提出申请,但《法律援助条例》在此规定的只是申请法律援助的情况,是否能得到法律援助还要等法律援助机构对案件进行合法性审查,并对申请人的经济条件进行审查之后决定,因而,这些案件都属于"可以提供法律援助的刑事案件"。《刑事诉讼法》第44条同时规定,自诉案件的自诉人及其法定代理人,附带民事诉讼的当事人及其法定代理人,有权随时委托诉讼代理人。人民法院自受理自诉案件之日起3日以内,应当告知自诉人及其法定代理人、附带民事诉讼的当事人及其法定代理人有权委托诉讼代理人。因此,只要公诉案件中的被害人或者自诉案件中的自诉人没有委托代理人,并且是由于"经济困难"的,都有权获得法律援助。

自诉案件中法律援助律师参加诉讼是基于自诉人及其法定代理人的委托,

具有诉讼代理人的法律地位，法律援助律师的诉讼权利取决于自诉人及其法定代理人的授权范围。

（二）因经济困难或其他原因的通知辩护案件

这主要体现在《刑事诉讼法》、《法律援助条例》及相关规范性文件之中。比如《法律援助条例》第12条第1款规定："公诉人出庭公诉的案件，被告人因经济困难或者其他原因没有委托辩护人，人民法院为被告人指定辩护时，法律援助机构应当提供法律援助。"

1. 因经济困难的通知辩护案件

比如，《刑事诉讼法》第34条第1款规定，犯罪嫌疑人、被告人因经济困难或者其他原因没有委托辩护人的，本人及其近亲属可以向法律援助机构提出申请。对符合法律援助条件的，法律援助机构应当指派律师为其提供辩护。最高人民法院《关于规范量刑程序若干问题的意见（试行）》第6条规定，对于公诉案件，特别是被告人不认罪或者对量刑建议有争议的案件，被告人因经济困难或者其他原因没有委托辩护人的，人民法院可以通过法律援助机构指派律师为其提供辩护。《刑事诉讼法》及相关司法解释作这样的规定是为了维护经济困难的犯罪嫌疑人、被告人的合法权益，体现了法律公正和公平。

2. 非因经济原因的指定辩护或者通知辩护案件

不以经济困难标准作为衡量刑事被告人能否获得法律援助的条件，即符合刑事法律援助特殊条件的刑事案件，法律援助机构应当提供法律援助。包括以下三种情况：

（1）犯罪嫌疑人、被告人为特殊群体。比如，《刑事诉讼法》第34条第2款和第3款规定：犯罪嫌疑人、被告人是盲、聋、哑人，或者是尚未完全丧失辨认或者控制自己行为能力的精神病人，没有委托辩护人的，人民法院、人民检察院和公安机关应当通知法律援助机构指派律师为其提供辩护。犯罪嫌疑人、被告人可能被判处无期徒刑、死刑，没有委托辩护人的，人民法院、人民检察院和公安机关应当通知法律援助机构指派律师为其提供辩护。《法律援助条例》第12条第2款规定："被告人是盲、聋、哑人或者未成年人而没有委托辩护人的，或者被告人可能被判处死刑而没有委托辩护人的，人民法院为被告人指定辩护时，法律援助机构应当提供法律援助，无须对被告人进行经济状况的审查。"在此类案件中，只要被告人是盲、聋、哑或者是未成年人又没有委托辩护人的，无论该案件是否有公诉人出庭支持公诉，人民法院都应当指定承担法律援助义务的律师为其提供辩护，法律援助机构应当根据人民法院的指定提供法律援助，无须对被告人的经济状况进行审查。

（2）犯罪嫌疑人、被告人可能被判处无期徒刑、死刑。根据《刑事诉讼法》第34条的规定，犯罪嫌疑人、被告人可能被判处无期徒刑、死刑，没有委托辩护人的，人民法院、人民检察院和公安机关应当通知法律援助机构指派律师为其提供辩护。在犯罪嫌疑人、被告人可能被判处无期徒刑、死刑的案件中，只要犯罪嫌疑人、被告人未委托辩护人，人民法院就应当为其通知辩护人。由于无期徒刑、死刑是都是非常严厉的刑罚，一旦发生错判错杀的情况，后果非常严重或者无法挽回，因此司法实践中，对可能判处无期徒刑、死刑的案件一贯十分慎重。为了防止错案，保障犯罪嫌疑人、被告人的权利，对可能判处无期徒刑、死刑的犯罪嫌疑人、被告人而没有委托辩护人的，人民法院、人民检察院、公安机关应当通知辩护，法律援助机构应当根据人民法院的通知提供法律援助，无须对犯罪嫌疑人、被告人的经济状况进行审查。

（3）死刑复核案件。最高人民法院《关于适用〈中华人民共和国刑事诉讼法〉的解释》第42条第2款规定，高级人民法院复核死刑案件，被告人没有委托辩护人的，应当通知法律援助机构指派律师为其提供辩护。

（4）需要法律援助的其他被告人。比如，最高人民法院《关于适用〈中华人民共和国刑事诉讼法〉的解释》第43条规定，具有下列情形之一，被告人没有委托辩护人的，人民法院可以通知法律援助机构指派律师为其提供辩护：①共同犯罪案件中，其他被告人已经委托辩护人；②有重大社会影响的案件；③人民检察院抗诉的案件；④被告人的行为可能不构成犯罪；⑤有必要指派律师提供辩护的其他情形。

三、民事法律援助范围

《法律援助条例》第10条规定的基本民事法律援助范围一共有三类事项：请求给付赡养费、抚养费、扶养费的；请求支付劳动报酬的；主张因见义勇为行为产生的民事权益的。[①]

（一）请求给付赡养费、抚养费、扶养费的法律事项

这三类案件主要是婚姻家庭纠纷里的赡养费纠纷、抚养费纠纷、扶养费纠

① 国务院法制办政法司、司法部法律援助中心、司法部法规教育司编著：《法律援助条例通释》，中国法制出版社2003年版，第40～46页。

纷。这三类纠纷可以获得法律援助,就是通常所说的“三费”案件。

赡养费纠纷是指年老、无劳动能力、生活困难的父母或长辈享有追索赡养费的权利,有经济负担能力的子女或晚辈有相应的给付义务。赡养纠纷是民事纠纷中比较多的一种纠纷,其权益受侵害人为老年人,因而,把这类纠纷案件列为法律援助的范围体现了对老年人权益保障的重视。《老年人权益保障法》第55条第1款规定:“老年人因其合法权益受侵害提起诉讼交纳诉讼费确有困难的,可以缓交、减交或者免交;需要获得律师帮助,但无力支付律师费用的,可以获得法律援助。”

抚养费纠纷是指未成年子女或晚辈享有追索抚养费的权利,父母或长辈负有相应的给付义务。抚养是父母对未成年子女所负的一项法定义务,如果父母不履行抚养义务,那么不利于未成年子女的健康成长和顺利发展。当然,由于请求给付抚养费的主体主要是未成年人,所以其因经济困难向法律援助机构申请法律援助权利时,应由其法定代理人代为行使。《婚姻法》第21条第1款和第2款规定:“父母对子女有抚养的义务;子女对父母有赡养扶助的义务。父母不履行抚养义务的,未成年的或不能独立生活的子女,有要求父母付给抚养费的权利。”按照最高人民法院《关于适用〈中华人民共和国婚姻法〉若干问题的解释(一)》的规定,“不能独立生活的子女”,是指尚在学校接受高中教育及其以下学历教育,或者丧失或完全丧失劳动能力等非因主观原因而无法维持正常生活的成年子女。“抚养费”包括子女生活费、教育费和医疗费等费用。

扶养费,主要是为保障夫妻之间、兄弟姐妹之间的扶养义务。《婚姻法》第20条规定:“夫妻有互相扶养的义务。一方不履行扶养义务时,需要扶养的一方,有要求对方付给扶养费的权利。”权益受侵害一方即为法律援助的申请人,多为生活窘迫且无劳动能力者,他们是社会的弱势群体,应当受到法律特殊保障。

(二)请求支付劳动报酬的法律事项

劳动报酬是指公民通过劳动取得的合法收入及其他财产,是大多数公民最主要的生活来源,为请求支付劳动报酬的法律事项提供法律援助,是保障公民最基本生存条件的重要手段。在请求支付劳动报酬的法律事项中,申请人除了城镇的单位、企业职工外,另一主要申请主体为近年来进城打工的农民工群体。由于拖欠农民工工资问题在近些年成为较为普遍的现象,因久拖不结而引发的纠纷也不断增加。为此,国务院于2006年出台了《关于解决农民工问题的若干意见》，将农民工列为法律援助的重点对象。国务院《关于解决农民工问题的若干意见》第 29 条规定，对申请支付劳动报酬和工伤赔偿法律援助的，不再审查其经济困难条件。该意见还规定，政府要根据实际情况安排一定的法律援助资金，为农民工获得法律援助提供必要的经费支持。对农民工申请法律援助，要简化程序，快速办理。有关行政机关和行业协会应引导法律服务机构和从业人员积极参与涉及农民工的诉讼活动、非诉讼协调及调解活动。鼓励和支持律师和相关法律从业人员接受农民工委托，并对经济确有困难而又达不到法律援助条件的农民工适当减少或免除律师费。

（三）主张因见义勇为行为产生的民事权益的法律事项

见义勇为是中华民族的传统美德，公民在见义勇为过程中，有可能因见义勇为行为而使其个人或者家庭的财产或者人身受到损害，为弘扬社会正气，鼓励公民的见义勇为行为，国家和社会都应当对见义勇为行为予以支持和鼓励。现实中，有些见义勇为者在其人身或者财产因见义勇为而遭受损失时，受益人不愿意或者没有能力予以补偿，或者没有具体的受益人，这就使见义勇为的行为人无法得到应有的补偿。将主张因见义勇为行为产生的民事权益的法律事项列入法律援助范围，优先予以法律援助，主要是基于对见义勇为行为的鼓励和对社会正气的弘扬。

一般来说，见义勇为的认定由见义勇为行为发生地的乡镇人民政府或公安派出所、见义勇为人员的工作单位向县级以上公安机关申请，经县级以上公安机关确认后，再由同级人民政府批准并发给确认证书。因此，因见义勇为行为产生的民事权益，通常是指见义勇为后遭到损失的情况，一般包括发生的必要费用和一定的损害补偿。在申请法律援助时，应出示确认证书。

（四）各地根据《法律援助条例》授权补充规定的民事法律援助范围

由于《法律援助条例》第 10 条赋予了各省、自治区、直辖市人民政府可以根据本地情况对条例规定以外的法律援助事项作出补充规定的权力，因此，近年来，各省、自治区、直辖市都本着“为民服务、量力而行”的原则，结合本地区的经济发展状况，不断扩大了法律援助的范围，特别是民事法律援助范围不断扩大，并相继出台和修订了本地区的法律援助条例及相关补充规定。截至目前，全国已有 27 个省级地方颁布实施了地方性法律援助法规或规章，所有的省份都明确了法律援助经济困难标准和法律援助事项补充范围，使法律援助机构在受理案件时有了具体依据。例如，《浙江省法律援助条例》规定，请求医疗事故、交通事故、工伤事故赔偿的可以申请法律援助。《河北省法律援助条例》规定，请求赔偿因使用伪劣化肥、农药、种子等直接用于农业生产的生产资料或者因遭受污染造成种植业、养殖业损失和其他损失的法律事项；主张因遭受家庭暴力、虐待、遗弃产生的民事权益的法律事项；主张适龄儿童、少年接受义务教育权利的事项都可以申请法律援助。2008 年，北京将法律援助的范围扩大为包括农民工权益保护等在内的四类新增事项。广东省自 2006 年修订了《广东省法律援助条例》起，对法律援助的事项范围已不作任何限制，只要是符合经济困难标准、有事实证明为保障自己的合法权益需要法律帮助的，都给予法律援助。

从各地的补充规定中可见，民事的法律援助范围已经相应扩大，虽具体事项略有不同，但下列事项已经普遍被列入法律援助的范围。[①]

1. 人身损害赔偿的法律事项

(1)因公受伤害请求赔偿

因公受伤害包括以下两方面的内容：一是工伤事故；二是除工伤以外的因公受伤害，可以基于雇佣关系或劳动合同而引发的人身损害。在实践中，因为工伤而请求赔偿的，往往较容易得到法律的支持，国家有关法律也有较明确的规定，如《工伤保险条例》、最高人民法院《关于审理劳动争议案件适用法律若干问题的解释》等。而其他因公受伤害请求赔偿的，则往往不易得到支持，比如无因管理、紧急避险等情况下发生的损害和伤害，往往不易得到补偿，法律在这方面的规定也不是十分详细，这就为由此引起的伤害赔偿设置了障碍。因此，在法律援助的范围中，除了规定“工伤”以外，还应当规定“因公受伤害请求赔偿的法律事项”。作这样的规定不仅是为使因公受伤害而请求赔偿的人得到法律援助律师的支持，切实保护其合法权益，同时更在于通过对因公受伤害的人的法律支持，弘扬社会正气，促进法律正义。

(2)因交通事故、医疗事故等请求赔偿

将因交通事故或医疗事故致人身受损害而请求支付医疗费等费用的法律事项列入给予法律援助的范围，主要是为有效保障经济困难的当事人的正常生活的权益。不论受到人身损害或因病的当事人是基于什么原因到医院去救治，除了要发生相应的医疗费外，这些当事人可能因为受损伤的程度重而致残或死亡，或因医疗过程中的责任而致无法挽回的结果。这种后果都将对当事人及其

① 刘爱君、郑自文主编：《法律援助实务》，中国政法大学出版社 2010 年版。

家属的生活带来根本性的改变，同时包括医疗费、护理费、误工费、残疾用具费或死亡补偿费、被扶养人生活费等费用在内的赔偿数额有时是相当可观的。而这些费用一旦难以保障，可能对于经济困难的当事人及其整个家庭来说都将面临无法正常生活的问题，因此，此类法律事项应该得到法律援助。

(3)其他人身损害请求赔偿

此类事项被列入法律援助的范围，标志着民事法律援助范围的进一步扩大。法律援助机构在为受援人提出诉讼主张时，主要可以依据《民法通则》和最高人民法院《关于审理人身损害赔偿案件适用法律若干问题的解释》等有关规定。

2. 因家庭暴力、虐待、遗弃等侵权行为请求赔偿的法律事项

现实中，由于重男轻女、性别歧视等传统观念的影响，妇女在家庭生活中权益受侵害的情况并不少见，同时，未成年子女、老年人、残疾人等特殊群体在家庭和社会中受虐待或遭遗弃的情况也在一些地区时有发生。为此，我国立法近年来也相继出台了《妇女权益保障法》、《未成年人保护法》、《老年人权益保障法》、《残疾人保障法》等专门法律对上述弱势群体的权益加以保护，同时在《婚姻法》中对妇女及其子女在婚姻家庭中所应享有的权利作出了明确规范，这都成为此项法律事项被列入法律援助范围的基础。

3. 因环境污染、公共卫生、安全生产、产品责任等产生的民事侵权赔偿的法律事项

因生产者或销售者的产品责任以及因环境污染、公共卫生、安全生产等引发侵权行为的事件，近年来随着我国经济和社会的发展越来越受到广泛的关注，因此类侵权行为所引发的后果及社会影响常常是广泛而深远的，处理得当将会有效避免和防止群体性上访事件的发生，有助于促进社会的稳定与和谐。因而，在此过程中，法律援助所发挥的作用将不仅是法律范畴的，更是社会范畴的。法律援助机构有责任在面临可能出现的群体性矛盾激化的现象时去疏导和平息。

四、行政法律援助范围

(一)请求给予社会保险待遇或者最低生活保障待遇的法律事项

《法律援助条例》中关于法律援助范围的规定采用的是一种列举式的规定，没有按刑事、民事、行政等类别作出规定，而是将刑事法律援助范围以外的法律援助事项，采用列举的方式进行了规定。社会保险待遇和最低生活保障待遇与

公民的基本生存权利密切相关，没有这些待遇，公民的生活就会陷入极度的困难和被动。低收入群体在主张自己的此类权利时，没有法律的帮助可能会遇到巨大的障碍。将此项请求事项纳入法律援助范围，是法律援助制度的本质要求。

（二）请求发给抚恤金、救济金的法律事项

抚恤金是国家机关、企事业单位、集体经济组织对死者家属或伤残职工发给的费用。救济金是对生活上发生困难的人给予物质补助的费用。由于抚恤金、救济金都具有社会保障的性质，且决定给予公民抚恤金、救济金，决定给予公民社会保险待遇或者最低生活保障待遇，都是政府的职责，由政府的特定部门（如民政部门、劳动部门）代表政府作出这种决定，且政府部门的决定具有行政性，因此，此类有关的法律事项应当划归行政法律援助事项的范畴。

（三）请求国家赔偿以及其他行政法律事项

《法律援助条例》第 10 条将依法请求国家赔偿的法律事项也列入法律援助的范围，这也属于行政法律援助的范围。国家赔偿是指国家机关和国家机关工作人员违法行使职权侵犯公民、法人和其他组织的合法权益造成损害时，受害人依法从国家获得赔偿的一项制度。根据《国家赔偿法》的规定，行使侦查、检察、审判、监狱管理职权的机关及其工作人员在行使职权时有下列侵犯人身权或财产权情形之一的，受害人有取得赔偿的权利：（1）对没有犯罪事实或者没有事实证明有犯罪重大嫌疑的人错误拘留的；（2）对没有犯罪事实的人错误逮捕的；（3）依照审判监督程序再审改判无罪，原判刑罚已经执行的；（4）刑讯逼供或者殴打等暴力行为或者唆使他人以殴打等暴力行为造成公民身体伤害或者死亡的；（5）违法使用武器、警械造成公民身体伤害或者死亡的；（6）违法对财产采取查封、扣押、冻结、追缴等措施的；（7）依照审判监督程序再审改判无罪，原判罚金、没收财产已经执行的。

《法律援助条例》第 10 条规定，省、自治区、直辖市人民政府可以对《法律援助条例》规定以外的法律援助事项作出补充规定。一些地方的法律援助法规规定了除上述事项以外的其他行政法律援助事项。

需要说明的是，在目前政府法律援助经费资源和人力资源都相对缺乏的条件下，为保障那些确实需要法律援助的当事人能够及时获得法律帮助，是否有必要对不符合法律援助的事项范围作出不予提供法律援助的决定，以保证有限的法律援助资源产生更大的效应，在各地的实践中存在不同的做法。绝大多数地方严格执行《法律援助条例》的规定，未对哪些情形不属于法律援助的范围、不予提供法律援助的事项作出规定，但也有些地方对不予提供法律援助的事项作出了规定，它们规定的不予法律援助的情形主要有以下几种：(1)因申请人的过错责任侵犯他人的合法权益而引起的民事诉讼或刑事自诉案件；(2)因申请人过错而引起的行政诉讼案件；(3)申请人提供不出涉讼案件的有关证据而无法调查取证的案件；(4)可由行政机关处理而不需通过诉讼程序的事务；(5)申请人出具虚假证明骗取法律援助的；(6)已经法律程序处理完结，申请人不服多次申诉的；(7)其他不属于条例或者地方规章规定的，法律援助机构明确不予受理的事项。例如，黑龙江省拜泉县的一名高考生因县、市招生办丢失了她的少数民族加分证明，没考进重点大学，准备向招生办提起行政诉讼，要求申请法律援助未获得批准。例如，广州市法律援助中心就规定了下列案件和情况不属援助范围：(1)案情及法律程序简单，无须聘请律师代理的案件；(2)标的不足3000元及以下的小额钱债纠纷；(3)因侵犯名誉权、姓名权、荣誉权等引起的涉及人身权利损害赔偿案件；(4)已竭尽法律救济的案件；(5)其他经主管机关批准法律援助机构对外声明不予受理的案件。

第四章　法律援助的申请、审查与决定

第一节　法律援助的申请

一、法律援助申请的概念

当公民遇到一般民事、行政纠纷，或处于刑事案件犯罪嫌疑人、被害人及其法定代理人或近亲属、自诉人及其法定代理人地位，而自己又因经济困难无力获得法律专业人士的帮助时，便可以向法律援助机构提出法律援助申请。因此，法律援助申请就是指公民向法律援助机构请求给予法律援助许可的一种法律行为。申请法律援助是公民的一项重要法定权利。法律援助程序的启动就是从申请人提出申请开始的，如果没有申请人的法律援助申请，整个法律援助程序就无从启动。

法律援助申请具体有以下几层含义：一是法律援助申请的主体是公民。《法律援助条例》第 14 条至第 17 条分别列明了公民申请法律援助的各种情况，排除了法人和其他组织可以进行申请的规定，也没有列明外国人、无国籍人可以申请。因此，公民是法定的法律援助申请主体。外国人和无国籍人是否可以申请获得我国的法律援助，需要具备特殊的条件（见第三章论述），且其本身还要符合我国公民申请法律援助的一般条件。二是法律援助申请要向专门的法律援助机构提出。《法律援助条例》第 5 条第 2 款规定："法律援助机构负责受理、审查法律援助申请，指派或者安排人员为符合本条例规定的公民提供法律援助。"我国专门的法律援助机构是各级政府设立在司法行政机关的。尽管国家鼓励和支持社会团体、事业单位等社会组织利用自身条件自愿为经济困难的公民提供法律援助，但这些组织并没有法定的义务去进行法律援助，而且它们的法律援助活动也需要法律援助机构确认受援人资格才能开展，这些组织本身无权受理法律援助申请。三是法律援助申请的本质是请求给予法律援助许可的意思表示。申请人不仅内心有要求得到法律援助许可的意思，而且通过书面申请或口头叙述等表示行为将该意思外化给法律援助机构，从而作出了具有法律意义的申请行为。四是人民法院通知辩护的刑事法律援助案件本质上也是当事人申请的结果。因为从司法解释规定、司法实践及理论来看，此类案件仍然应以被告人要求法律援助的意愿为前提。如果被告人不愿意法律援助机构指派的法律援助人员为其提供法律援助服务，那么法律援助本身也就不能成立。因此，任何法律援助许可在本质上都是当事人申请的结果。

法律援助申请是公民获得法律援助的启动和必经程序。法律援助申请是法律援助的受理、审查和决定的对象。法律援助的受理、审查和决定实质就是对法律援助申请的受理、审查和决定。法律援助的审查决定必须依当事人的申请而作出，否则，当事人的法律援助权利就没有得到支持的可能，因为法律援助机构不能主动决定给予当事人法律援助许可，而且法律援助申请并不必然地导致受理的结果，申请还必须符合特定的条件。

二、法律援助申请的提出①

（一）申请人提出

法律援助申请人，就是自身存在法律援助需求并根据规定向有关法律援助机构提出法律援助申请的公民。凡需要法律援助的公民，须本人前往有权受理法律援助申请的法律援助机构提出法律援助申请。因此，无论是国务院颁布的《法律援助条例》还是各省的条例或办法，都规定了符合法律援助对象、范围条件规定的公民可以申请法律援助，但申请人须本人亲自向有关的法律援助机构提出法律援助申请。

（二）代为申请

代为申请适用于无民事行为能力人和限制行为能力人申请法律援助的情形。《法律援助条例》第 16 条对代为申请法律援助的条件以及代为申请人的范围作出了明确的规定。

1. 法定代理人代为申请

无民事行为能力人是指不满 10 周岁的未成年人和不能辨认自己行为的精神病人。限制民事行为能力人是指 10 周岁以上的未成年人和不能完全辨认自

① 国务院法制办政法司、司法部法律援助中心、司法部法规教育司编著：《法律援助条例通释》，中国法制出版社 2003 年版，第 54～64 页。

己行为的精神病人。16 周岁以上不满 18 周岁的公民，以自己的劳动收入为主要生活来源的，视为完全民事行为能力人。

申请法律援助的行为是公民一项重要的民事法律行为，无民事行为能力人或者限制民事行为能力人是不能独立实施的，应当由其法定代理人代为申请。遇有无民事行为能力人或者限制民事行为能力人提出法律援助申请时，法律援助机构应当不予受理，并告之由其法定代理人代为申请。这主要是因为，对于公民申请法律援助这一典型的民事法律行为，如果过分强调本人申请，势必客观上为申请困难者设置障碍。而且，就整个程序来讲，法律援助的申请仅仅是法律援助的提起，是否给予援助还要经过审查才能决定。适当放宽申请的代理人范围，能更好地为受援人提供方便，而并不影响法律援助工作本身的程序和效率。

无民事行为能力人或者限制民事行为能力人的法定代理人包括以下几类：(1)父母、养父母；(2)祖父母、外祖父母；(3)兄、姐；(4)关系亲密的其他亲属、朋友愿意承担监护责任，经未成年人的父母所在单位或未成年人住所地的居民委员会、村民委员会同意的。

2. 与该争议无利害关系的其他法定代理人代为申请

在特殊情况下，无民事行为能力人或者限制民事行为能力人与其法定代理人之间发生诉讼或者因其他利益纠纷需要法律援助的，由与该争议事项无利害关系的其他法定代理人代为提出申请。原因是，无民事行为能力人或者限制民事行为能力人的法定代理人负有监督保护被代理人的权益和行为的职责，如果他们与其代理的无民事行为能力人或者限制民事行为能力人之间有利益冲突，必然会影响其履行其法定代理职责。此时，如果仍然机械地规定由该法定代理人代为申请法律援助，必然会损害该无民事行为能力人或者限制民事行为能力人的利益。

三、公民递交法律援助申请的渠道

1. 直接递交

直接递交是当事人携带申请法律援助所需的材料直接到法律援助机构递交申请，由法律援助机构对其进行审查，以作出是否予以法律援助的决定的方式。

直接递交适用于民事诉讼和行政诉讼中需要法律援助的当事人，以及刑事诉讼的公诉案件中的被害人及其法定代理人或者近亲属、自诉案件中的自诉人及其法定代理人因经济困难没有委托诉讼代理人的。

2. 代交

申请人通过代理人向法律援助机构提出申请。申请人因为自身条件，如行动不便、知识欠缺等限制，可通过代理人向法律援助机构提出申请。代理人一般分为委托代理人、法定代理人和指定代理人三类。目前法律规定民事行为能力不完全的当事人，可由法定代理人代为申请，而对委托代理人和指定代理人未作出规定。

3. 转交

被采取强制措施的犯罪嫌疑人、被告人中有一部分是被羁押的犯罪嫌疑人，也就是被拘留、逮捕的犯罪嫌疑人、被告人。被羁押的申请人在被羁押后因人身自由受到限制，他们即使经济困难或者存在其他情况也无法亲自到法律援助机构递交法律援助申请。为了保证这部分申请人的权利，《刑事诉讼法》第34 条第1 款和《法律援助条例》第15 条及相关规范性文件对这一问题作出了规定：

（1）犯罪嫌疑人、公诉案件中的被告人、公诉案件中的被害人及其法定代理人或者近亲属，以及自诉案件中的自诉人及其法定代理人，因经济困难没有聘请律师或者委托诉讼代理人的，可以向办理案件的公安机关、人民检察院、人民法院所在地的法律援助机构申请法律援助。犯罪嫌疑人、被告人为限制行为能力人的，其法定代理人可代为申请法律援助。公民经济困难的标准，按案件受理地所在的省、自治区、直辖市人民政府的规定执行。

（2）公安机关、人民检察院在对犯罪嫌疑人依法进行第一次讯问后或者采取强制措施之日起，在告知犯罪嫌疑人有权聘请律师为其提供法律咨询、代理申诉、控告或者为其申请取保候审的同时，应当告知其如果经济困难，可以向法律援助机构申请法律援助。对于涉及国家秘密的案件，应当告知犯罪嫌疑人申请法律援助应当经侦查机关批准。人民检察院自收到移送审查起诉的案件材料之日起3 日内，在告知犯罪嫌疑人有权委托辩护人的同时，应当告知其如果经济困难，可以向法律援助机构申请法律援助；在告知被害人及其法定代理人或者其近亲属有权委托诉讼代理人的同时，应当告知其如果经济困难，可以向法律援助机构申请法律援助。人民法院对提起公诉的案件自审查完毕之日起3日内，在告知被告人有权委托辩护人的同时，应当告知其如果经济困难，可以向法律援助机构申请法律援助。人民法院自受理自诉案件之日起3 日内，在告知自诉人及其法定代理人有权委托诉讼代理人的同时，应当告知其如果经济困难，可以向法律援助机构申请法律援助。告知可以采取口头或者书面方式。口头告知的，应当制作笔录，由被告知人签名；书面告知的，应当将送达回执入卷。

（3）公安机关、人民检察院、人民法院在收到被羁押的犯罪嫌疑人、被告人提出的法律援助申请后，应当在24小时内将其申请转交所在地的法律援助机构。为了保证被羁押的犯罪嫌疑人、被告人的申请能够及时得到法律援助机构的处理，其合法权益能够得到及时的保障，公安机关、人民检察院、人民法院应当在24小时之内将被羁押的犯罪嫌疑人、被告人的刑事法律援助申请转交所在地的法律援助机构。

（4）转交被羁押的犯罪嫌疑人的刑事法律援助申请所需的证件、材料等的提供。公安机关、人民检察院、人民法院在收到被羁押的犯罪嫌疑人、被告人提出的法律援助申请后，应当通知申请人的法定代理人、近亲属或者其委托的其他人员协助提供《法律援助条例》第17条规定的有关证件、证明及案件材料给法律援助机构，以便法律援助机构及时审查该法律援助申请。犯罪嫌疑人的法定代理人或者近亲属地址不详无法通知的，公安机关、人民检察院、人民法院应当在转交申请时一并告知法律援助机构。

（5）法律援助机构收到申请后，应当依照有关规定及时审查并作出决定。对符合法律援助条件的，决定提供法律援助，并于决定之日起3日内指派律师并函告公安机关、人民检察院、人民法院；对不符合法律援助条件的，作出不予援助的决定，并于决定之日起3日内书面告知申请人理由，并函告公安机关、人民检察院、人民法院。法律援助机构出具的刑事法律援助公函应当载明承办律师的姓名及联系方式。申请人对法律援助机构不予援助的决定有异议的，可以向确定该法律援助机构的司法行政部门提出。司法行政部门应当在收到异议之日起5个工作日内进行审查，经审查认为申请人符合法律援助条件的，应当以书面形式责令法律援助机构及时对该申请人提供法律援助，同时通知申请人。认为申请人不符合法律援助条件的，应当维持法律援助机构不予援助的决定，并将其维持决定及理由书面告知申请人。

（6）公安机关、人民检察院、人民法院应当依法支持承办法律援助案件的律师开展工作，公安机关、人民检察院应当告知律师犯罪嫌疑人涉嫌的罪名，依法安排律师会见在押的犯罪嫌疑人，为律师向犯罪嫌疑人提供法律咨询、代理申诉、控告，为在押的犯罪嫌疑人申请取保候审提供必要的便利条件。人民法院应当为律师查阅摘抄、复制案件所指控犯罪事实的材料以及同在押的被告人会见和通信提供便利条件。

四、法律援助申请的方式

根据《法律援助条例》第17条的规定,法律援助的申请方式有书面申请和口头申请两种,以书面申请为原则,口头申请为例外。

公民申请法律援助的形式为书面形式的,需填写申请表,申请表的格式,应当采用司法部下发的统一法律援助格式文书。以书面形式提出申请确有困难的,可以口头申请,由法律援助机构工作人员作书面记录;如果申请人是通过妇联、残联等社会组织代为转交申请的,有关组织和法律援助机构的工作人员也应作书面记录。

1. 书面申请

书面申请是用书面文件的方式提出的法律援助申请,这种书面形式的材料称为法律援助申请书。一般来讲,申请法律援助的方式应以书面申请为原则。这是因为法律援助工作是涉及公民权利保障的法律问题,其程序不仅严格,而且有关材料还要立卷归档。采用书面形式的申请方式,不仅符合以上要求,而且也有利于申请人更加全面、详尽地表述自己的援助请求,陈述事实、理由和根据,以便法律援助机构更准确地弄清申请人的援助案由和请求。

申请书是法律援助申请人向法律援助中心提出的借以引起援助程序发生的具有一定法律意义的文书。因此,法律援助申请书应当记明以下事项:(1)申请人的姓名、性别、年龄、民族、职业、工作单位和住所;法人或者其他组织的名称、住所和法定代表人或者主要负责人的姓名、职务。无行为能力或者未成年人的申请人,应由其法定代理人或监护人代为申请,并且应与申请人一样列出法定代理人或者监护人的基本情况。(2)申请援助所根据的案件事实与理由。(3)申请人经济状况的情况介绍。(4)有关证明案由和申请人经济状况的证明材料及其来源说明。这样便于法律援助中心审查。(5)申请书的尾部,应注明所递交的法律援助机构的名称,书写申请的年、月、日,并由申请人签名或盖章。此外,若申请书记明的事项记载有欠缺,接受申请的法律援助中心应当及时通知申请人进行更正。

2. 口头申请

口头申请是用口头谈话的方式进行的法律援助申请。申请人书写援助申请确实有困难的,可以用口头的方式向法律援助中心申请,由法律援助中心按照规定将有关事项详细记录,并代申请人填写好表格,以便立卷归档。

需要说明的是,无论采用书面申请形式,还是口头申请形式,其作用和法律效果均相同,绝对不会因申请方式的不同而影响其作用和效力。

五、法律援助申请的注意事项

(一)申请应当提交的材料①

为了保证真正需要法律援助的公民能够及时有效地获得法律援助,公民在申请法律援助时,应按照《法律援助条例》的规定提交相应的证件和证明材料。这便于法律援助机构对公民的申请及时进行审查,并决定是否提供法律援助,同时尽快为符合法律援助条件的公民提供法律援助。

1. 公民申请法律援助应提交的证件和证明材料

(1)身份证明材料

法律援助使经济困难的公民通过免费的法律服务维护其合法权益,其面向所有符合法律援助条件的中华人民共和国公民。公民申请法律援助时就需要提供其合法有效的身份证明,只有这样,才能够使法律援助机构维护符合法律援助条件的公民的合法权益。

居民身份证和其他有效的身份证明是证明申请人真实合法身份的证据。公民申请法律援助一般应提交居民身份证,只有在提交居民身份证确有困难时才考虑提交其他有效的身份证明。居民身份证以外的其他有效的身份证明,一般包括公民的户籍证明、暂住证、护照、工作证、军官证等证明公民身份的有效证件。

无民事行为能力人或者限制民事行为能力人的法定代理人在代为申请法律援助时,该代理人除了应当提交申请人(即被代理人)的有效身份证明外,还应当提供自己有代理权限的证明。例如,未成年人的法定代理人为未成年人申请法律援助时,应当提交本人与未成年人是父母子女关系或者存在监护与被监护关系的证明材料。

(2)经济困难证明材料

经济困难证明材料是有关机关出具的表明持有该证明的公民经济状况困难的证明文件。法律援助之所以产生,主要是因为公民没有足够的经济能力来支付法律服务费用。公民如果有足够的经济能力,就可以自己聘请律师,获得

① 国务院法制办政法司、司法部法律援助中心、司法部法规教育司编著:《法律援助条例通释》,中国法制出版社2003年版,第61~64页。

法律服务。经济是否困难是法律援助申请能否获得批准的关键因素。所以,公民在申请法律援助时必须提供经济困难证明材料。

根据《法律援助条例》第13条的规定,经济困难的标准由省、自治区、直辖市人民政府根据本行政区域经济发展状况和法律援助事业的需要确定。对出具经济困难证明的机关,《法律援助条例》并没有作具体规定。经济困难的证明与经济困难标准的确定是密切相关的。省、自治区、直辖市人民政府在确定本行政区域内的经济困难的标准的同时,也需要对出具经济困难证明的机关作出规定。在实践中,经济困难证明一般由申请法律援助的公民所在地的居民委员会或者是村民委员会、乡镇人民政府或者街道办事处等出具。

无须提供经济困难证明的情形主要是农民工申请支付劳动报酬和工伤赔偿案件。

(3)与所申请法律援助事项有关的案件材料

为了便于法律援助机构了解法律援助申请的具体内容,在审查符合法律援助条件以后,能够尽快办理该法律援助事项,申请人在提交法律援助申请时,应当同时提交与所申请事项有关的案件材料。这类材料主要包括两大类:判决书、合同书、裁定书等与所申请法律援助事项有关的文书;书证、物证、证人证言、鉴定意见、视听资料等相关的证据材料。

2. 人民法院、人民检察院和公安机关送交、通知(指定)辩护案件应提供的材料

《刑事诉讼法》、《法律援助条例》及相关规范性文件对于人民法院、人民检察院和公安机关送交通知(指定)辩护案件应提供的材料、时限等作出了相应规定。例如,《法律援助条例》第20条规定,由人民法院指定辩护的案件,人民法院在开庭10日前将指定辩护通知书和起诉书副本或者判决书副本送交其所在地的法律援助机构。因此,人民法院送交指定辩护案件应提供的材料包括以下两类:(1)指定辩护通知书;(2)起诉书副本或判决书副本。

(二)提交申请时的常见问题及注意事项①

公民在申请法律援助时,经常会出现以下问题,而这些问题是申请人能否获得法律援助的关键因素,缺一不可。因此,申请人在提交法律援助申请时必须注意以下事项,否则法律援助机构将不予实施法律援助。

---

① 熊中元主编:《法律援助读本》,黄河出版社2008年版,第54~60页。

1. 案由不明确或由非利害关系人提出

申请人在申请法律援助时常会出现没有明确的案由，或者虽有明确的案由，但本案与申请人没有直接的利害关系的情况。出现这些情况时，法律援助机构会直接作出不予法律援助的决定，不利于维护申请人的合法权益。

申请人在提交法律援助申请时，应注意以下几个方面：(1)必须有具体而确切的请求法律援助的案由；(2)该案由同申请人有直接的利害关系或者侵害了申请人的合法权益；(3)由与本案有直接利害关系的公民或者其代理人提出；(4)申请人的申请必须符合法律援助范围。法律援助范围既是允许当事人申请法律援助的事项范围，也是法律援助机构受理法律援助事项的范围，因此当事人的申请事项必须在法律援助的范围之内。

2. 没有提供经济状况的说明

申请人在提交法律援助申请时必须提供经济状况的说明。要有足够的证据证明申请人无能力支付诉讼费用和聘请律师的费用，必须提供政府机关或者其他机关出具的证明其无法依靠自己的能力承受案件诉讼费用或者聘请律师费用的有效证明。经济状况是影响法律援助申请获得许可的关键因素，当事人必须如实将自己的经济状况提供给法律援助机构，以便法律援助机构经过调查后，判定当事人的经济状况是否确实难以支付法律服务费用。这里须注意以下两点：(1)经济状况的说明包括申请人个人及家庭的收支情况、债权债务情况、是否申请领取失业救济或城市居民最低生活保障金等；(2)经济状况的说明应主要以书面形式作出，如果申请人书面说明确有困难的，允许采用口头形式，但法律援助机构工作人员应作出笔录。

3. 向错误机构提出申请

申请人提交法律援助申请时往往不知道向哪个机构提出申请，有的通过他人介绍，有的因某法律援助机构的名气大而向其提出申请，结果导致向错误的法律援助机构提出申请。因此申请人在申请法律援助时，应注意以下几个方面：(1)实行以被告人所在地的法律援助机构受理申请为原则；(2)申请人的申请应当属于接受申请的法律援助机构的受理权限。法律援助机构的受理权限是指法律援助机构之间在民事与行政法律援助案件受理范围上的分工。明确法律援助机构的受理权限，便于当事人提出申请，也有利于防止法律援助机构在受理问题上互相推诿。

六、法律援助申请的受理

(一)法定受理法律援助申请的机构

1. 公民申请民事、行政法律援助的申请受理机构

公民申请民事、行政法律援助的申请受理机构,一般为义务机关、义务人和被请求人所在地的法律援助机构。按照《法律援助条例》第 14 条的规定:(1)请求国家赔偿的,向赔偿义务机关所在地的法律援助机构提出申请;(2)请求给予社会保险待遇、最低生活保障待遇或者请求发给抚恤金、救济金的,向提供社会保险待遇、最低生活保障待遇或者发给抚恤金、救济金的义务机关所在地的法律援助机构提出申请;(3)请求给付赡养费、抚养费、扶养费的,向给付赡养费、抚养费、扶养费的义务人住所地的法律援助机构提出申请;(4)请求支付劳动报酬的,向支付劳动报酬的义务人住所地的法律援助机构提出申请;(5)主张见义勇为行为产生的民事权益的,向被请求人住所地的法律援助机构提出申请。

2. 公民申请刑事法律援助的申请受理机构

公民申请刑事法律援助的申请受理机构,此类机构一般为案件承办机关所在地的法律援助机构。其包括以下两种情况:(1)在刑事诉讼中,犯罪嫌疑人在被侦查机关第一次讯问后或者采取强制措施之日起,因经济困难没有聘请律师的;公诉案件中的被害人及其法定代理人或者近亲属,自案件移送审查起诉之日起,因经济困难没有委托诉讼代理人的;自诉案件的自诉人及其法定代理人,自案件被人民法院受理之日起,因经济困难没有委托诉讼代理人的,都应当向审理案件的人民法院所在地的法律援助机构提出申请;(2)由人民法院指定辩护的刑事法律援助案件,由该人民法院所在地的同级法律援助机构统一接受。人民法院不在其所在地审判的,可以将指定辩护通知书和起诉书副本或者判决书副本送交审判地的法律援助机构。

3. 除上述机构之外的受理机构

我国的多数地方条例或办法规定了可以向申请人住所地法律援助机构提出申请,或者向案件处理机关所在地、事项发生地的法律援助机构申请。例如,《北京市法律援助条例》第 15 条第 2 款规定:“公民申请法律援助的事项属于非诉讼法律事务的,向有权处理机关所在地、申请人住所地或者事项发生地的法律援助机构提出。”

(二)受理机构冲突的处理

关于受理机构发生冲突时,应当如何处理,目前并无统一的规定,但各地在

实践中一般按照以下方式处理。

1. 处理原则

各级法律援助机构管理法律援助事项、案件是有分工和权限的。对法律援助事项、案件的管理一般遵循以下原则:(1)便利当事人和法律援助机构管理、审查原则。法律援助案件一般遵循由申请人户籍所在地、住所地的法律援助机构受理。(2)与人民法院的案件管辖相对应原则。各级法院审理的刑事和民事、行政案件的当事人需要法律援助的,由各级法院相对应的法律援助机构受理。(3)原告就被告原则。为使法律援助机构在提供法律援助时能与法院等相关部门的工作进行有效的衔接,申请法律援助实行以被告人所在地的法律援助机构受理申请为一般原则。

2. 发生冲突时的处理

按照各地的实践,受理机构发生冲突时一般按以下方式处理:(1)两个以上法律援助机构都有受理权限的法律援助事项,由最先收到申请的法律援助机构受理。出现争议的,由共同的上一级法律援助机构或司法行政机关裁定。(2)在必要时,上级法律援助机构可以指定下级两个或者两个以上的法律援助机构办理同一法律援助事项。(3)特殊情况下,上级法律援助机构可本着有利于便民利民、有利于解决问题、有利于社会稳定的原则,灵活指派相应法律援助机构办理。

七、刑事诉讼中人民法院、人民检察院和公安机关的通知辩护[①]

人民法院、人民检察院和公安机关通知辩护是除法律援助申请之外启动法律援助程序的一种重要方式,也是公民获得法律援助的一条重要途径。我国的刑事法律援助包括两部分:一是当事人自己申请的刑事法律援助;二是人民法院、人民检察院和公安机关通知辩护。

《法律援助条例》第20条规定:“由人民法院指定辩护的案件,人民法院在开庭10日前将指定辩护通知书和起诉书副本或者判决书副本送交其所在地的法律援助机构;人民法院不在其所在地审判的,可以将指定辩护通知书和起诉书副本或者判决书副本送交审判地的法律援助机构。”这是对接受法院指定辩护案件的法律援助机构和指定辩护与法律援助机构工作衔接问题的原则规定。

---

① 参见国务院法制办政法司、司法部法律援助中心、司法部法规教育司编著:《法律援助条例通释》,中国法制出版社2003年版。

修改后的《刑事诉讼法》第34条规定:“犯罪嫌疑人、被告人因经济困难或者其他原因没有委托辩护人的,本人及其近亲属可以向法律援助机构提出申请。对符合法律援助条件的,法律援助机构应当指派律师为其提供辩护。犯罪嫌疑人、被告人是盲、聋、哑人,或者是尚未完全丧失辨认或者控制自己行为能力的精神病人,没有委托辩护人的,人民法院、人民检察院和公安机关应当通知法律援助机构指派律师为其提供辩护。犯罪嫌疑人、被告人可能被判处无期徒刑、死刑,没有委托辩护人的,人民法院、人民检察院和公安机关应当通知法律援助机构指派律师为其提供辩护。”第267条规定:“未成年犯罪嫌疑人、被告人没有委托辩护人的,人民法院、人民检察院、公安机关应当通知法律援助机构指派律师为其提供辩护。”第286条规定:“人民法院审理强制医疗案件,应当通知被申请人或者被告人的法定代理人到场。被申请人或者被告人没有委托诉讼代理人的,人民法院应当通知法律援助机构指派律师为其提供法律帮助。”为贯彻落实这些规定,细化工作衔接机制,司法部先后联合最高人民法院、最高人民检察院、公安部制作文件对这一问题作出了详细的规定。

(一)通知辩护的方式与程序

综合上述规定,法律援助机构在接受通知辩护时应当注意:

1. 人民法院、人民检察院或者公安机关通知辩护的方式应当为书面形式,即由人民法院、人民检察院或者公安机关正式向所在地或审判地法律援助机构发出法律援助通知辩护书。根据我国法律的有关规定,法律援助通知辩护书必须以承办案件的人民法院、人民检察院和公安机关的名义,以正式公函作出。不能以办案人员个人的名义,也不能以口头方式发出法律援助通知辩护书。

2. 发出法律援助通知辩护书的时限。根据最高人民法院、最高人民检察院、公安部、司法部联合下发的《关于刑事诉讼法律援助工作的规定》第9条的规定,犯罪嫌疑人、被告人如果属于未成年人,盲、聋、哑人或者尚未完全丧失辨认或者控制自己行为能力的精神病人,可能被判处无期徒刑、死刑的人而没有委托辩护人的,公安机关、人民检察院、人民法院应当自发现该情形之日起3日内,通知所在地同级司法行政机关所属法律援助机构指派律师为其提供辩护。这一内容与《刑事诉讼法》的相关规定是一致的,也是为了全面贯彻《刑事诉讼法》的立法意图,使通知辩护人有较为充裕的时间准备法庭辩护,更好地维护被告人的合法权益。

3. 人民法院、人民检察院和公安机关送交指定辩护通知书或者法律援助辩护通知书时,应当同时送交起诉书副本或者判决书副本,并附送有关被告人符合法律援助条件的情况说明或经济困难的证明材料。

(二)接受通知辩护的法律援助机构

接受人民法院、人民检察院或者公安机关通知辩护案件的法律援助机构应当是政府设立的法律援助机构。接受通知辩护的法律援助机构,主要是遵循以地域管辖为主、承办案件的法律援助机构应当与发出通知辩护的人民法院、人民检察院或者公安机关的所在地相一致的原则。不过,考虑到我国刑事审判实践中有时审理案件的法院为了审判方便而不在本地开庭审理案件的实际情况,有些审理案件的法院有时也到犯罪嫌疑人的关押地等地方审理案件,因此,接受通知辩护的法律援助机构可以是两类,即审理该案件的法院所在的法律援助机构或审判地的法律援助机构。

第二节 法律援助申请的审查

法律援助经当事人申请后,就转入审查环节。法律援助的审查就是拥有审查权的法律援助机构,依照法定法律援助条件、范围等标准,对法律援助的申请进行审验查核,以确定申请人是否符合法定的法律援助条件,从而决定是否给予申请人法律援助的行为和活动过程。法律援助审查是法律援助工作程序中的关键环节,是将抽象的法律援助标准具体化的过程,其结果直接决定申请人是否获得法律援助。对公民的法律援助申请进行审查,既是法律援助机构的法定职权,同时也是其法定义务,集中体现了法律援助制度实施的权威性和统一性。

一、法律援助审查的原则①

审查法律援助申请是一项严肃细致的程序性工作,必须高度重视,依法进行,千万不可疏忽大意。《法律援助条例》第 18 条第 1 款规定:“法律援助机构收到法律援助申请后,应当进行审查;认为申请人提交的证件、证明材料不齐全的,可以要求申请人作出必要的补充或者说明,申请人未按要求作出补充或者说明的,视为撤销申请;认为申请人提交的证件、证明材料需要查证的,由法律援助机构向有关机关、单位查证。”这是现有法律对法律援助审查的具体规定。根据这一规定,审查法律援助必须遵守一些基本原则,主要包括以下四个方面:

① 宫晓冰主编,高贞副主编:《中国法律援助制度培训教程》,中国检察出版社 2002 年版,第 182 ~ 183 页;高贞:“法律援助审查中的若干问题探讨”,载《中国司法》2008 年第 2 期。

（一）统一审查原则

法律援助机构要对法律援助申请进行统一审查，防止因掌握标准不统一出现不同的审查结果。在我国目前法律援助资源极为匮乏的情况下，坚持统一审查原则有利于保证最需要法律帮助的人及时得到法律援助。统一审查有以下两层含义：

1. 审查的组织统一为政府法律援助机构。法律援助审查是《法律援助条例》赋予法律援助机构的一项重要职责。在我国，除了人民法院指定辩护的刑事法律援助案件的审查由人民法院作出外，其他案件的审查都是由法律援助机构作出的。

2. 审查标准统一。如果审查标准不统一势必会造成公民获得法律援助的权利和机会上的新的不平等。坚持法律援助的统一审查原则，是保障当事人享有完全平等的法律帮助权，保证法律援助制度统一实施的必然要求。

（二）公正审查原则

法律援助机构在行使审查权时要做到客观全面，审查结果要公正而无偏私。为保证法律援助机构公正行使职权，在法律援助审查中要注意以下三点：

1. 实行回避制度。法律援助审查人员是法律援助事项的申请人或者申请人的近亲属，或者与申请法律援助事项有直接利害关系的应当回避，避免审查人员因主观原因导致审查不公正。回避可以是申请人向法律援助机构提出，也可以由有上述情形的法律援助机构工作人员自行提出。

2. 保证申请人陈述权和辩解权的行使。法律援助的审查离不开申请人对自己符合法律援助条件的陈述和辩解。如果法律援助工作人员不全面了解申请人的情况，审查工作得不到申请人的配合，则容易造成审查不公。

3. 实行审查与决定分离制度。将审查人员和决定人员分开，防止办人情案和关系案。实践中还需要从完善审查程序、规范审查行为、建立监督机制等方面对这一原则加以落实。

（三）及时审查原则

及时审查原则对法律援助机构而言，是提高行政效率的需要，对申请人而言，则是保护自己合法权益的需要。与诉讼时效相对应，法律援助从申请到实施都应当有时效的规定，以保证在有效的期限内维护公民的合法权益。因为法律援助申请人处境大多较为艰难，迫切希望得到法律援助以解燃眉之急。及时审查原则主要体现在以下两个方面：

1. 严格遵守时限规定。多数地方性法规都对法律援助的审查时限有明确的规定,法律援助机构应当按规定的时限完成审查,不得拖延。法律援助审查还有到法院、劳动争议仲裁委员会、公安局等机构办事程序时限的制约。如果因审查时限延误,导致申请人申请事项超过诉讼时效,法律援助机构应承担相应责任。

2. 提高工作效率。在不影响法律援助审查质量的前提下,尽早审查完毕,以便能快速进入法律援助决定环节。

(四)便民原则

法律援助是为社会的贫者、弱者、残者及特殊案件的当事人提供免费的法律帮助。从地位上看,他们绝大多数生活在社会的最基层,社会地位一般都比较低;从经济状况上看,他们多是社会的相对贫困者,不能支付有偿法律服务所需要的费用。因此,在对法律援助申请进行审查时,应当考虑到法律援助对象的特殊性,以便利当事人为原则,并将这一原则贯穿到整个法律援助工作程序之中。法律援助机构的审查程序、审查行为等都要体现方便、快捷,为受援人提供满意的服务是法律援助制度的宗旨和目标。

根据司法部《办理法律援助案件程序规定》及相关规范性文件的规定,便民原则主要体现在以下几个方面:(1)在审查过程一次性告知补充相关材料等注意事项。(2)对于应在外省市申请法律援助但没有能力前往的法律援助申请人,可在当地申请;对于外省市转交的法律援助申请,如果符合本地援助条件的,依法给予法律援助。由法律援助机构向有关单位调查取证,避免申请人往返取证。(3)在遇有特殊情况和紧急状况时,可以设立绿色通道,简化审查程序或者免审查,为当事人获得法律援助提供便利。(4)在当事人经济确实十分困难时,法律援助机构可以减免相关的工本费,以减轻当事人的负担。(5)将审查结果明白无误地通知申请人。(6)建立健全法律援助便民服务窗口,在临街门点设置专门接待场所,在政府服务大厅设立法律援助便民服务窗口。(7)完善无障碍服务设施,对老弱病残等有特殊困难的受援对象推行电话申请、邮寄申请、上门受理等服务方式。

二、法律援助申请的一般审查

(一)审查的一般程序

1. 法律援助申请的审查主体

由于各国的法律援助管理体制不同,决定负责法律援助申请审查的机构也各不相同。我国的法律援助制度采取的是由政府设立的法律援助机构统一实施的体制,即当事人要向有权受理其法律援助申请的法律援助机构提出申请要求。即使为了方便当事人申请,允许申请人就近向有关法律服务机构提出申请要求,最终都应由有权审查的法律援助机构作出是否提供法律援助的决定。

2. 对法律援助申请审查的主要内容

法律援助申请的审查机构主要从以下三个方面对法律援助申请进行审查:(1)审查法律援助申请人的主体资格。申请人必须是经济困难需要获得必要的法律服务的公民。这里主要是对申请人的经济困难状况进行审查,以确定其是否符合法定的法律援助经济困难标准。(2)审查申请人所申请事项是否为法律援助案件的范围。(3)审查申请人提交的材料是否齐全与真实。这些审查其实是一种形式审查。

3. 对法律援助申请的审查方式

法律援助审查的方式主要有以下几个:(1)书面审查。法律援助机构根据申请人主动提交或者按照法律援助机构指令提交的书面材料进行审查。但是书面审查需结合其他审查方式,以书面审查为基础才能做到审查的公正、全面、准确、及时。(2)实地审查。法律援助机构对法律援助申请人经济困难状况的认定,仅凭当事人陈述及有关单位证明往往不够,因此,法律援助机构在可能的情况下到申请人居住地或者户口所在地进行实地调查,观察申请人的生活环境、家庭财产状况,听取申请人周围群众的意见。(3)到专门机构或者部门调查。对申请人的资产状况到银行、税务等部门查询;对申请法律援助事项所涉及的案情事实到案发地点或者相关部门调查,听取办案人员的意见。这主要是考虑到申请法律援助的公民在经济上都很困难,属于社会弱势人群的一部分,办事能力、活动能力有限,应当尽量减少其申请法律援助的环节和困难,相应地,法律援助机构应当多承担一些工作任务。

《法律援助条例》第18条规定,认为提交的证件和证明材料需要查证的,由法律援助机构向有关机关、单位查证。这主要是考虑到申请法律援助的公民在经济上都很困难,属于社会弱势人群的一部分,办事能力、活动能力有限,应当尽量减少其申请法律援助的环节和困难,相应地,法律援助机构应当多承担一些工作任务。对于这种情况,法律援助机构应当根据查证的结果是否符合法律援助条件,决定是否提供法律援助。

4. 法律援助申请的审查时限

《法律援助条例》对法律援助申请的审查时限没有作出明确的规定。大多数地方的法律援助条例或办法对此进行了规定。例如,2007 年 9 月 1 日施行的《山东省法律援助条例》第 16 条规定:“法律援助机构受理申请后,应当按照法律法律援助的条件进行审查,并在五个工作日内作出是否给予法律援助的书面决定。法律援助机构作出不予提供法律援助决定的,应当说明理由。”

5. 法律援助申请的审查结果及处理

对法律援助申请进行审查后,法律援助机构应当根据不同情况作出以下处理:(1)申请人所提交的证件和证明材料齐全,认为符合法律援助条件的,应当及时决定提供法律援助。(2)根据申请人所提交的证件和证明材料,认为不符合法律援助条件的,应当书面告知申请人不提供法律援助的理由。根据实践中的做法,属于下列情况,法律援助机构不提供法律援助:一是申请人与所申请的法律援助没有直接的利害关系;二是所申请的法律援助事项不属于本条例或者条例授权的地方人民政府规定的法律援助范围;三是申请人的经济情况不符合经济困难标准;四是不属于本法律援助机构受理的;五是申请事由应当由其他行政机关处理的。接受法律援助机构申请的法律援助机构不予受理法律援助申请时,如果属于第二、三种情形的,申请人可以到律师事务所聘请律师获得法律服务,或向其他部门或组织申请处理。属于第四、五种情形的,法律援助机构应当告知当事人向有受理权的法律援助机构提出法律援助申请或者到有权处理的行政机关处理。(3)认为申请人提供的证件和证明材料不齐全的,可以要求申请人或其代理人作出必要的补充或者说明。大多数申请人到法律援助机构来申请法律援助,并不知道要提供些什么材料,很可能没有携带身份证,也没有经济困难证明或者申请法律援助事项的有关案件材料不齐全。如果申请人对不齐全的证件和证明材料作了必要的补充或者说明,经审查认为符合提供法律援助条件的,法律援助机构应当及时决定提供法律援助;如果申请人未按要求作出补充或者说明的,法律视为申请人撤销了其法律援助申请。(4)法律援助机构对申请人提交的证件、证明材料需要查证的,由法律援助机构向有关机关、单位查证,并根据查证的结果是否符合法律援助条件,决定是否提供法律援助。

(二)不需要进行一般审查的情况

为方便群众,简化审查程序,法律援助机构对下列情况不需要进行经济困难条件审查,即认定为符合经济困难条件:

1. 人民法院、人民检察院、公安机关通知辩护的刑事案件当事人。比如,犯罪嫌疑人、被告人是盲、聋、哑或者未成年人没有委托辩护人的,犯罪嫌疑人、被告人可能被判处无期徒刑、死刑而没有委托辩护人的案件等。

2. 根据部分省级人民政府规定,不需要进行经济困难条件审查包括以下四类:(1)申请人持有特殊证件。包括城市居民最低生活保障金领取证;农村特困户救助证;五保供养证;人民法院给予司法救助的决定等九种《办理法律援助案件程序规定》第10条所规定的情况。持以上证件的人员申请法律援助的,可以直接认定其符合经济困难条件。(2)申请人为特定身份者。包括在社会福利机构中由政府供养;重度残疾并无固定生活来源;依靠抚恤金生活;持有部门发放的除上面列举以外的其他社会救济证明的。申请人具备上述情形之一的,法律援助机构进行审查时,可以直接认定符合经济困难条件。(3)申请人因见义勇为行为产生的民事权益的案件。(4)农民工追索劳动报酬及工伤赔偿案件。

三、法律援助案情审查

(一)案情审查的一般情况

在法律援助申请的审查中,一般进行两方面的审查即经济困难条件审查和案情条件审查。《法律援助条例》和多数地方规定除规定法律援助的案件范围外,都没有就符合法律援助条件的案件情况及是否需要进行案情审查作出具体规定。但实践中部分法律援助机构对法律援助申请普遍进行案情审查,由此决定是否提供法律援助。对法律援助申请进行的案情审查,主要体现在以下方面:①

1. 合法性审查。合法性审查就是通过对已掌握的案情材料进行分析,对申请人的诉求是否合理合法进行判断,进而作出是否给予法律援助决定。为了有效防止一些申请人利用法律援助的无成本(对于申请人而言)而无理缠讼,浪费有限的法律援助资源和司法资源,进行合法性审查是必要的也是合理的,这也是各国通行的做法。合法性审查的主要内容是:(1)申请人请求的法律援助事项是否属于法律援助的范围;(2)合理请求和事实根据,即事实是否清楚、根据现行法律是否有法律上的理由、是否有证据以及证据是否有证明力、是否符合

---

① 沈树萍:"建立法律援助的实质审查标准",载《中国司法》2005年第7期;范广美:"对法律援助立法和受理审查几个问题的探讨",载《党的十六大以来法律援助理论研究文集》,中国民主法制出版社2009年版;凌盛广:"建立实体性审查机制 规范法律援助审查工作",载南京司法行政网。

案件胜诉对证据的最基本要求。

2. 胜诉可能性审查。胜诉可能性审查与合法性审查是相似的，但它通常发生在民事诉讼法律援助案件中，刑事诉讼法律援助案或非诉讼案中不存在胜诉可能性审查的问题。这种审查是建立在申请人提交的关于法律援助案件的证据和事由的基础上，必要时还有法律援助机构对于案件的了解和调查情况的掌握。对于法律援助结果的预计，各国采用的标准不同，如法国只要求有明显的不致败诉的情形，日本要求应当有“胜诉的希望”，韩国则要求有胜诉后执行的可能性。一般认为，胜诉可能性审查的标准应采用预计不致明显的败诉，即除非有充分的理由和证据证明申请人提供的案情事实不具备法律保护的条件而明显可能致败诉，否则就应当推定该法律援助申请事项可受法律保护而应当予以援助。当然，对于当事人提供不出证据，而且根据实际也无法收集到证据的事项，即使进入诉讼程序，也很难得到法庭的支持，这样耗费了大量的法律援助资源，最终却无法实现保障受援人的权益的目的，甚至会引发受援人的误解，比如申请事项的诉讼时效已过，而申请人又提不出相反的证据的，应当不予援助。

3. 援助效益审查。法律援助的发展水平总是受经济条件的制约，在目前政府财力有限、法律援助供需矛盾大的情况下，法律援助事项必须具有法律援助的效益，这是为了保证法律援助资源运用的效益最大化。一般认为，以下两种情况，可以不予法律援助：(1)法律援助获得的利益甚微或者没有。其主要指以下几种类型：根据费用状况起诉没有意义或者权利无关紧要或者申请人假定没有法律援助就不会行使他的权利，因为所涉及的费用与他可能得到的利益不成正比，预计不会为申请人带来利益，这种情况下，从法律援助的效益考虑，即使申请人和事项符合法律援助的其他条件，也没有必要为其提供法律援助。(2)提供法律援助达不到真正的或者实质上的益处。这主要指对方当事人没有财产收入，以后也不会有财产收入的情况，裁决后案件无法执行。因为法律援助的目的不仅仅是获得一个公正的裁决，还要为申请人实现其实际的权利，这就有赖于裁决结果得到执行，而无法通过执行实现申请人合法权益的法律援助，对于申请人和法律援助机构不仅毫无意义，而且是一种时间、精力和资源的浪费。因此，法律援助机构应对可以预见的裁决结果进行是否具有可执行性的审查，避免法律援助的个案虽然胜诉，但却无法执行，依然无法实现法律援助的目的的情况出现，浪费当前稀缺的法律援助资源。

上述几个方面的审查其实也是相互关联的，都属于法律援助实质审查的内容。

（二）不予法律援助的法定情形的审查

法律援助机构在作出审查决定前，必须谨慎从事，绝不能让矛盾激化。注意给予不予法律援助申请人必要的帮助，帮助他们解决实际生活中的一些具体困难，让他们同样能够感受到党和政府的温暖。

《法律援助条例》中没有对不予法律援助的情形进行规定。一些地方条例中对不予法律援助的情形作出了具体规定，这对法律援助机构对案件的审查是有利的，这样做能够使审查更具有针对性和可操作性。例如，《广东省法律援助条例》第12条对不予法律援助的情形规定如下："有下列情形之一的，法律援助机构不予法律援助：（一）申请事项不属于人民法院或者仲裁机构受理范围，或者申请事项已超过诉讼时效或者仲裁时效的；（二）申请劳动争议仲裁超过劳动争议仲裁申请时效的；（三）申诉案件未经公安机关、人民检察院、人民法院重新立案的；（四）公安机关、人民检察院、人民法院决定或者裁定不予受理且已生效的；（五）申请相对人不明确，或者无法提供申请相对人详细住所的；（六）所申请事项已经审结或者处理完毕，申请人就同一事项依同一理由申请法律援助的。法律法规另有规定的从其规定。"

在实践中，对几种不予法律援助的法定情形的审查，不应不加分析地生套法律条文。特别是对于申请事项不属于法院和仲裁机构受理范围已过诉讼时效的，在审查其是否属于法定的拒绝法律援助情形时，应当考虑到申请事项是否属于必须由司法机关或者仲裁机构审理的案件，如果纠纷可以通过非诉讼方式解决，就不能因不符合条文规定的情形就拒绝给予法律援助，因为法律援助不仅限于诉讼案件。有些地方的法律援助机构在本地立法没有作出明确规定的情况下自行确定了不予援助的情形，如对法院未立案的一律不受理、当事人自己没有拿到鉴定结论的一律不受理等。这些不规范的审查行为，会损害申请人的权利，是应当避免的。

四、紧急法律援助申请的审查

遇有紧急或特殊情况，法律援助机构对援助请求可以不经审查当即决定给予法律援助，也可以先行提供法律援助，之后报法律援助机构核准。但《法律援助条例》并未对紧急法律援助申请的审查情况作出规定，《办理法律援助案件程序规定》和不少地方性条例中作出了相关规定。按照这些规定，对紧急法律援助申请的审查，主要体现在以下几个方面：

1. 属于紧急法律援助申请的情形。其主要包括以下几种:(1)距法定时效届满不足7日,需要及时提起诉讼或者申请仲裁、行政复议的;(2)需要立即申请财产保全、证据保全或者先予执行的;(3)有其他紧急或者特殊情况的。

2. 紧急法律援助申请的处理。法律援助机构遇到紧急或者特殊情况法律援助申请时,应当及时决定是否给予法律援助,可简化审批手续,先行决定提供法律援助,然后补办有关手续,不经过一般的审查程序。

3. 紧急法律援助申请的审查。在先行决定提供法律援助之后,法律援助机构应当及时进行审查,以确定是否符合法律援助条件。法律援助机构经过审查发现法律援助申请事项不符合法律援助条件的,应当终止法律援助,因先行提供法律援助而支出的相关费用,由申请人负担。

紧急法律援助是一般法律援助的一种特殊形式,它也必须具备一般法律援助的条件,只是由于申请人所处情况紧急,需要法律援助机构尽早提供援助,暂时不需要进行一般的审查程序。此时,法律援助的决定在先,但最终都要进行一般审查程序。法律援助机构在先行提供法律援助后,要求申请人尽快补充法律援助机构所需要的证明材料,若材料齐备则正式提供法律援助以代替紧急的法律援助,若不能提供证明材料或者情况发生了变化,法律援助机构则不提供法律援助,紧急法律援助的决定也不再有效。若情况发生变化以后,紧急法律援助已经完成,可以要求申请人支付为提供法律援助所支出的全部费用。

第三节　法律援助决定

一、法律援助决定的基本要求

法律援助决定是指法律援助机构对法律援助申请进行审查后,依法准予或者不准予提供法律援助的行为。《法律援助条例》第18条第2款规定:“对符合法律援助条件的,法律援助机构应当及时决定提供法律援助;对不符合法律援助条件的,应当书面告知申请人理由。”由此可以看出,法律援助决定的内容和形式有以下两种:一是决定给予法律援助,即法律援助机构经过对法律援助申请的审查,认为符合法律援助条件,决定受理并给予法律援助的行为。二是不予法律援助的决定,即法律援助机构进行审查后认为法律援助申请未达到法律援助的条件而作出的不给予法律援助的决定。不给予法律援助同样要写清事实和理由,并制作成书面文件送达申请人。

（一）法律援助决定的内容[①]

法律援助决定的内容是指法律援助机构在对法律援助申请审查之后应作出决定的具体事项。其主要包括以下几个方面：（1）是否给予法律援助；（2）给予法律援助或不给予法律援助的事实和理由；（3）给予法律援助的具体服务形式，即代书、代理诉讼或者调解等。

法律援助决定的内容要充实，且要加强说理。说理部分有利于促使法律援助机构慎重作出决定，减少错误，同时还可以使申请人了解法律援助机构对申请事项在事实或者法律上的见解，从而自觉履行法律援助决定。

（二）法律援助决定的形式

法律援助机构必须以书面形式作出同意法律援助的决定。法律援助决定的形式一般表现为书面和口头两种，且以书面决定为原则，口头决定为例外。法律援助决定书由首部、正文和尾部三部分构成。

首部。包括标题、文号和申请人的基本情况：（1）标题。由制作机构名称加文种构成，如《××法律援助中心法律援助决定书》。（2）文号。在标题的右下方写文号，如[2009]×法援字×号。（3）申请人的基本情况。依次写明姓名、性别、年龄、名族、籍贯、工作单位或者住址等。

正文。包括案件来源，作出法律援助决定的事实依据和法律理由，处理意见，对法律援助决定的救济等。

尾部。包括法律援助机构印章和法定代表人签名，作出法律援助决定的日期等。

（三）法律援助决定作出的时限

法律援助机构经过审查认为申请符合法律援助条件的，应当在法定期限内作出决定，并及时通知申请人。根据有关规定，法律援助机构作出决定的时限，应当从法律援助机构收到申请之日起计算。如果申请书的内容欠缺或者基本证明材料不足，应当要求申请人限期补充或者补正，再考虑是否对其给予法律援助，此时法律援助机构作出决定的时限应当从补充或者补正材料送交法律援助机构之日起计算。[②]

① 宫晓冰主编，高贞副主编：《中国法律援助制度培训教程》，中国检察出版社2002年版，第193～203页。

② 李建波：《中国法律援助制度》，中国检察出版社2004年版，第205页。

二、法律援助决定的性质和法律后果

（一）法律援助决定的性质

法律援助决定是一种依法准予或者不准予提供法律援助的具体行政行为。这主要是因为：

1. 法律援助决定是一种行政行为，而且是一种具体行政行为。我国的法律援助机构是由各级人民政府批准设立，由各级司法行政机关监督管理，作为政府部门或者机构而存在的。它作出的法律援助决定是代表政府行使行政职权的行为，是一种具体行政行为。

2. 法律援助决定是一种外部行政行为。法律援助决定是法律援助机构针对申请人作出的行政行为，法律效果直接归属于申请人，而不是法律援助机构内部。实践中一些法律援助机构的法律援助决定是以口头方式作出的，也不丧失其外部性的特征。因此，法律援助决定是一种外部行政行为。

3. 法律援助决定是一种行政许可行为。行政许可是指行政主体根据行政相对人的申请，依法赋予行政相对人从事某种为法律所一般禁止事项的权利和资格的一种行政行为。政府不可能为所有需要法律服务的公民提供法律援助，法律援助无疑是一般禁止性事项。法律援助决定可以为符合法律援助条件的申请人作出个别解禁，赋予申请人获得法律援助的资格。

国外给予法律援助的决定是以证照的形式作出的，如英国、德国、加拿大等国家给予法律援助的决定都是通过法律援助证书来体现的。我国香港地区亦是如此。我国大陆地区的法律援助决定虽然不是以证照的形式体现，但是以其他用语和形式出现的，如批准、同意、备案等。因此，法律援助决定是一种行政许可行为。

（二）法律援助决定的法律后果

法律援助决定一经送达给申请人即发生法律效力，申请人和法律援助机构就成了一个具体的法律援助法律关系的主体。申请人就称为受援人，享有受援人应该享有的权利并承担受援人应当承担的义务；法律援助机构则应当承担为其提供法律援助的义务，同时也享有实施法律援助所应有的权力；其他机构也因此必须按照法律法规享有权利和履行支持配合义务。其法律后果分别表现如下：

1. 对申请人的法律后果

申请人是法律援助决定的相对人，法律援助决定的内容直接对申请人产生法律后果。这一法律后果表现在以下两个方面：一是申请人提出法律援助申请，法律援助机构进行审查后，作出给予法律援助的决定，若申请人对决定的内容没有异议，申请人可以获得法律援助，并可以进一步与法律援助机构签订法律援助协议，明确各方权利义务，可以要求法律援助机构指派律师事务所等法律服务机构安排律师、基层法律服务工作者等法律服务人员或者法律援助机构的法律援助专职律师提供法律服务。二是如果申请人的申请没有被许可，法律援助机构作出不予法律援助的决定，或者法律援助机构虽作出了给予法律援助的决定，但申请人对法律援助决定的内容如提供法律援助的方式等问题存有异议，申请人可以寻求法律援助决定的救济程序，以维护自己的合法权益。

2. 对法律援助机构的法律后果

法律援助机构作为法律援助决定的作出者，其自身也受到了法律援助决定的约束。这一法律后果表现在以下两个方面：一是法律援助机构对申请人的申请进行审查后，认为申请人的理由充分、材料齐备，可以给予法律援助并作出法律援助决定，在法律援助决定生效后，法律援助机构应当履行自己应有的职责，如同申请人签订法律援助协议、指派相关人员为申请人提供法律援助，且未经法定程序不得随意变更或者撤销法律援助决定。二是若法律援助机构认为申请人所提交的证件和证明材料不符合法律援助条件，作出不予法律援助的决定，则法律援助法律关系就此消失，法律援助机构应当将不予法律援助的理由书面告知申请人，并告知当事人对不予法律援助决定的救济方式，以便当事人寻求法律救济。

3. 对其他机构的法律效果

对其他机构的法律效果主要是指对法院、检察院、公安局等有关国家机关的法律效果。法律援助决定不仅涉及法律援助机构和申请人，还会涉及有关国家机关对法律援助相关事项进行协助的法律后果。获得法律援助资格的当事人可以持《法律援助决定书》向人民法院申请司法救助，可以根据具体情况向法院要求诉讼费用的缓交、减交或者免交。其他有关国家机关对法律援助机构的工作和办案人员的办案行为也应当给予协助。

三、不予法律援助决定时的注意事项

对不予法律援助的情形，国外较多以立法的方式明文规定，在规定了法律援助对象、范围、条件之后，又专门规定法律援助申请拒绝的内容。目前，国务院颁布的《法律援助条例》中没有对不予法律援助的情形进行规定，但是一些地方条例或者办法对不予法律援助的情形进行了规定。例如，2007 年 1 月 1 日施

行的《广东省法律援助条例》第 12 条规定："有下列情形之一的，法律援助机构不予法律援助：(一) 申请事项不属于人民法院或者仲裁机构受理范围，或者申请事项已超过诉讼时效或者仲裁时效的；(二) 申请劳动争议仲裁超过劳动争议仲裁申请时效的；(三) 申诉案件未经公安机关、人民检察院、人民法院重新立案的；(四) 公安机关、人民检察院、人民法院决定或者裁定不予受理且已生效的；(五) 申请相对人不明确，或者无法提供申请相对人详细住所的；(六) 所申请事项已经审结或者处理完毕，申请人就同一事项依同一理由申请法律援助的。法律法规另有规定的从其规定。"

法律援助机构在决定不予法律援助时，应当把握好以下几个方面的问题：

1. 不予法律援助不包括拒绝法律咨询服务。按照《法律援助条例》第 10 条第 3 款规定的立法精神，公民申请法律咨询服务，不受条件限制。获得法律咨询服务是申请人的法定权利。

2. 对不予法律援助的，还应告知申请人获得救济途径、方法，充分保障公民获得法律救济的权利。

3. 维护稳定是法律援助的一项基本功能，对不符合法律援助实质要件的，不予法律援助时应做好疏导、协调等工作，绝不能让矛盾激化。

4. 对不予法律援助的申请人给予必要的帮助。根据申请援助案件、事项的不同性质，给予申请人必要的不同程度的帮助，包括指导诉讼、息诉止争、协调其他救济途径等。

四、法律援助申请拒绝的法律救济

法律援助是公民的一项基本权利，为保障公民能够平等、公正地实现法律赋予的这种权利，防止和纠正法律援助机构作出不予提供法律援助决定不当或者错误，应当允许申请人寻求不予法律援助决定的救济程序，以维护自己的合法权益。也就是说，当申请人要求给予一定形式的法律援助，而法律援助机构拒绝按申请给予或不给予答复时，申请人如有异议，可以通过法律途径寻求矫正，这便是对法律援助决定的法律救济。

《法律援助条例》第 19 条是关于申请人对法律援助机构作出不提供法律援助决定的异议程序规定。该条规定："申请人对法律援助机构作出的不符合法律援助条件的通知有异议的，可以向确定该法律援助机构的司法行政机关提出，司法行政机关应当在收到异议之日起 5 个工作日内进行审查，经审查认为申请人符合法律援助条件的，应当以书面形式责令法律援助机构及时对该申请人提供法律帮助。”

对于该条规定,我们可以通过以下几个方面进行理解:①

1. 申请人提出异议的时效

对于申请人提出异议的时效,《法律援助条例》第19条没有具体规定。但法律援助制度与诉讼制度是紧密相关的,所以在实践中,应充分考虑诉讼和其他解决纠纷程序的时效规定,对法律援助机构所作决定的异议时效作出规定,以便及时有效地维护当事人的合法权益。结合《民事诉讼法》、《刑事诉讼法》、《行政诉讼法》及《行政复议法》的相关规定,对于刑事法律援助案件,申请人被拒绝后提起异议的时间最好在收到不予法律援助的决定之日起5日内;对于民事、行政法律援助案件,申请人提出异议的时间为收到不予法律援助决定书之日起10日内。

2. 申请人提出异议的对象

申请人提出异议应当向确定作出不予法律援助决定的法律援助机构的特定司法行政机关提出。《法律援助条例》第5条第1款规定:“直辖市、设区的市或者县级人民政府司法行政部门根据需要确定本行政区域的法律援助机构。”依据《法律援助条例》第19条的规定,我们可以看出,并非所有的司法行政机关都能直接受理申请人提出的对法律援助机构决定的异议,只能由确定该法律援助机构的直辖市、设区的市或者县级人民政府司法行政机关受理。

3. 司法行政机关的处理

有权处理异议的司法行政机关应当进行审查并作出处理。经过审查,如果认为申请人的异议成立,申请人符合法定的法律援助条件,应当以书面形式责令该法律援助机构及时对该申请人提供法律援助。法律援助机构应当按照司法行政机关的要求及时为申请人提供法律援助。如果认为申请人的异议不成立的,《法律援助条例》虽未明确规定,一般情况下,司法行政机关应当将审查结果书面通知申请人。

4. 司法行政机关审查异议的时间

司法行政机关应当在收到申请人的异议之日起5个工作日内进行审查,并将法定节假日排除在审查期限之外。也就是说,司法行政机关在收到异议申请后应当在5个工作日内而非5日内审查完毕。

---

① 国务院法制办政法司、司法部法律援助中心、司法部法规教育司编著:《法律援助条例通释》,中国法制出版社2003年版,第68~71页。

第五章　法律援助实施

第一节　法律援助实施概述

一、法律援助实施的概念

法律援助实施，是指法律援助机构为符合法律援助条件的公民提供各种形式的法律援助服务的行为过程。法律援助实施有广义和狭义之分。广义的法律援助实施包括法律援助机构指派或者安排律师等法律援助服务人员、法律援助案件的承办、援助过程中可能出现的诸如终止援助的现象、案件办结后的案卷归档和验收、办案费用的核算与支付等各项活动和行为过程。狭义的法律援助实施仅指法律援助案件或者事项的承办活动。本章所采用的是法律援助实施的广义上的概念，即法律援助机构根据《法律援助条例》或者相关规范性文件的规定，指派律师、基层法律服务工作者等法律援助服务人员，为符合法律援助条件的公民提供法律咨询、代理、刑事辩护等无偿法律服务，并对办案结果进行验收、支付办案费用等的行为过程。①

二、法律援助实施的作用

法律援助实施是法律援助机构或人民法院完成对法律援助申请或指定辩护决定之后的阶段，是指法律援助机构为符合法律援助条件的公民提供法律援助的过程。它主要是由法律援助机构及法律援助人员在遵守一系列法定程序的前提下所进行的一些活动构成的。法律援助实施是实现法律援助制度的主要环节，是法律援助制度的重要组成部分，对于真正平等实现经济困难的公民的法定权益，确保法律援助服务质量和提高法律援助资源使用效益，促进法律

① 蒲皆祐："法律援助的实施与管理"，载《中国法律援助》2005年第3期。

援助工作健康发展具有重要意义。①

三、实施法律援助应当遵守的基本原则

(一)由法律援助机构统一组织实施原则

由法律援助机构统一实施原则,是法律援助制度在我国建立实施以来,各地法律援助机构在实践中不断探索和总结出来的,并被《法律援助条例》所确认的、体现我国法律援助制度特色的重要内容和必须遵守的基本原则之一。该原则的具体要求和内容主要包括以下几点:

1. 统一由法律援助中心受理法律援助申请。无论是刑事案件,还是民事案件,无论是诉讼案件,还是非诉讼事项,原则上都应该由法律援助机构统一受理。

2. 由法律援助机构按统一的标准审查申请人是否符合法律援助条件。在经济状况审查方面,除了法定不需要审查经济困难条件的部分特殊案件外,对其他申请人,都应按照根据当地规定的经济困难标准统一审查。

3. 由法律援助机构统一指派法律援助服务人员承办援助案件或者事项。对于经审查符合法律援助条件的受援人,或者按照规定不需要审查的受援人,都应当由法律援助机构根据法律援助案件或者事项的性质,决定案件承办人员。

4. 由法律援助机构统一监督检查法律援助案件或者事项的办理进展情况和质量。这既是确保法律援助质量和效率的需要,也是法律援助机构最终掌握援助案件的进展情况、社会效益、援助数量及进行研究分析的要求。②

5. 由法律援助机构统一发放办案补贴。《法律援助条例》第24条第2款规定,法律援助机构收到办案人员提交的结案材料后,应当向受指派办理法律援助案件的律师或者接受安排办理法律援助案件的社会组织人员支付法律援助办案补贴。由此可见,法律援助办案补贴的发放权限统一由法律援助机构行使。

(二)提供法律援助服务无偿性原则

《法律援助条例》及相关规范性文件规定,在法律援助的实施过程中,受援

---

① 国务院法制办政法司、司法部法律援助中心、司法部法规教育司编著:《法律援助条例通释》,中国法制出版社2003年版,第72页。

② 宫晓冰主编,高贞副主编:《中国法律援助制度培训教程》,中国检察出版社2002年版,第42页。

人获得的法律援助服务是无偿的,不需要交纳任何费用。法律援助服务无偿性原则是我国法律援助制度的特点和优点。法律援助服务无偿性原则具体体现在以下两点:一是法律援助机构及其工作人员在组织实施法律援助工作过程中,不得以任何名义向当事人收取财物,或者谋取当事人利益;二是无论是负有法定法律援助服务义务的律师、基层法律服务工作者,还是法律援助服务志愿人员等,也不得以任何名义向当事人收取财物,或者谋取当事人的利益。不过,根据《法律援助条例》及相关规范性文件规定,受指派办理法律援助案件的律师、基层法律服务工作者、法律援助志愿者等,在法律援助案件办结后,有获得由政府法律援助机构支付的办案补贴的权利。

(三)实施程序法定原则

法律援助实施程序法定原则是法律援助实施工作具有全局性、指导性意义的重要原则。实施程序法定原则包括以下两个方面的含义:一是立法方面的要求,即法律援助实施程序应当由法律援助法律法规事先明确规定;二是法律援助执行方面的要求,即包括法律援助实施在内的所有法律援助行为活动都应当依照《法律援助条例》及相关规范性文件等规定的程序进行。具体来说,法律援助的指派或者安排、法律援助案件或者事项的办理、终止法律援助服务、案件办结后的案卷归档和验收、办案费用的核算与支付等活动,都要遵守《法律援助条例》及相关规范性文件规定的程序要求。

第二节　法律援助实施程序

法律援助实施程序是指在法律援助实施过程中,法律援助机构、法律援助服务人员和受援人等必须遵守的方法和步骤。在法律援助实施工作中,严格遵守法律援助实施程序,对于确保法律援助机构、法律援助服务人员正确履行法律援助职责和义务,依法维护受援人的合法权益,实现法律援助制度的设立宗旨具有非常重要的意义。根据《法律援助条例》、司法部《办理法律援助案件程序规定》等规定,我国法律援助的实施程序主要包括以下几点。

一、法律援助服务人员的指派与安排

无论是人民法院指定辩护的法律援助案件,还是公民申请并经法律援助机构审查批准决定给予法律援助的法律援助案件,法律援助机构都应当及时指派或安排人员提供法律援助,具体包括以下四种情形:

1. 指派律师事务所安排律师办理法律援助案件。律师是依法取得律师执业证书,具有专业法律知识和办案经验,为社会提供法律服务的执业人员。从《律师法》、《法律援助条例》及相关规范性文件规定来看,律师是法律援助服务的主要提供主体。在律师资源丰富的地方,法律援助机构要尽量多发挥律师的作用,采取有效措施,督促律师依法履行法律援助义务,并探索律师履行法律援助义务的新方式和新途径,在所辖行政区域内科学合理地调配律师的资源,让所有的律师都普遍地履行义务。省级的司法行政部门一般根据当地情况,对本行政区域内的律师每年须义务办理法律援助案件的数量作出具体规定,但一般不要超过2件。比如,部分律师资源丰富的地方,还采取了"点援制"或者按照专业建立了律师资源库等做法,以更好地发挥律师在法律援助工作中的作用。

从《法律援助条例》规定的指派程序来看,法律援助机构不是直接指派律师办理法律援助案件,而是指派律师事务所安排律师办理法律援助案件,所以,法律援助机构的指派对象是律师事务所,指派的内容是要求某个律师事务所安排该所律师就某个具体案件提供法律援助。律师事务所接到指派通知后,要按照通知的规定及时安排本所的律师承担法律援助义务。之所以规定由法律援助机构指派律师事务所安排律师,一是因为律师事务所是律师的执业机构,律师事务所按照章程组织律师开展业务工作,律师有义务接受所在律师事务所的安排;二是律师事务所相对于法律援助机构更加了解律师的业务特长、职业道德水准和指派时的工作状况。

必须明确,法律援助机构按照《法律援助条例》的规定对律师的指派具有强制性,表现在以下两个方面:一是提供法律援助是律师的法定义务。律师必须按照《刑事诉讼法》、《律师法》、《法律援助条例》和其他有关规定履行法律援助义务。二是律师事务所和律师拒绝履行法律援助义务的要承担相应的法律责任。除法律援助机构外,其他任何机构无权指派或安排律师办理法律援助案件。①

2. 安排本机构工作人员办理法律援助案件。法律援助机构如果认为本机构的工作人员能够胜任办理具体的法律援助案件的,可以安排本机构的工作人员办理。例如,申请的法律援助事项是法律咨询类的问题和法律允许非律师人

① 国务院法制办政法司、司法部法律援助中心、司法部法规教育司编著:《法律援助条例通释》,中国法制出版社2003年版,第75~76页。

员代理的案件等，一般可以安排本机构的工作人员及时予以答复或办理。在律师资源有限的地方，法律援助机构要发挥本机构办案人员的作用，在满足社会的法律援助需求的同时，不断积累经验，促进法律援助案件办理向专业化方向发展。但是，有些案件并非法律援助机构中所有工作人员都有资格办理。对于有法律规定必须由律师办理的案件，不得安排本机构的非律师工作人员办理，也不得安排其他社会组织的所属人员办理。根据《刑事诉讼法》第 34 条的规定，人民法院通知法律援助机构为被告人提供辩护的，法律援助机构应当安排律师提供辩护。此外，根据《法律援助条例》第 11 条的规定，犯罪嫌疑人在被侦查机关第一次讯问后或者采取强制措施之日起，因经济困难没有聘请律师的，公民可以向法律援助机构申请法律援助。这时候，如果法律援助机构决定提供法律援助，就应该指派或者安排律师提供法律援助。这里的律师包括律师事务所的律师和法律援助机构中注册为律师的工作人员。如果法律援助机构的工作人员不是律师，就不能为这两种情况下的案件提供法律援助。至于其他类别的案件和法律事项，法律援助机构可以安排本机构中的其他非律师工作人员办理，但这些工作人员，也应当具有相应的专业法律知识和办案经验，并受制于一定的资格条件。

法律援助机构的工作人员办理案件是接受本单位的安排，实质上是单位内部管理行为，单位可以对其内部工作人员的违纪行为进行处分。《法律援助条例》第 26 条规定，如果法律援助机构的工作人员拒绝为符合条件的人员提供法律援助的或者办理法律援助案件收取财物的，要依法给予纪律处分。办理法律援助案件收取财物的，司法行政部门还要责令退还。①

3. 可以指派基层法律服务工作者办理法律援助案件。除了律师，司法行政系统还有基层法律服务工作者这支法律服务队伍。长期以来，基层法律服务工作者在弥补基层地方律师资源不足，为基层群众提供法律服务方面发挥着重要作用。虽然《法律援助条例》没有对基层法律服务工作者参与法律援助作出规定，但是，考虑到广大基层地区法律服务的实际需要，2004 年，司法部制定下发了《律师和基层法律服务工作者开展法律援助工作暂行管理办法》，要求基层法律服务工作者要根据该办法和有关基层法律服务业务的规定，接受当地法律援

① 国务院法制办政法司、司法部法律援助中心、司法部法规教育司编著：《法律援助条例通释》，中国法制出版社 2003 年版，第 77～78 页。

助机构的指派、业务指导和监督，积极开展与其业务范围相适应的法律援助服务；各省（区、市）司法厅（局）要根据本地情况，对基层法律服务工作者履行法律援助义务作出规定；各法律援助机构要积极组织、引导基层法律服务工作者开展与其工作领域和业务能力相适应的法律援助，以进一步扩大提供法律援助服务的队伍，更好地满足经济困难公民的法律援助需求。

当然，法律援助机构不是直接指派基层法律服务工作者办理法律援助案件，而是指派基层法律服务所安排基层法律服务工作者办理法律援助案件，所以，法律援助机构的指派对象是基层法律服务所，指派的内容是要求某个基层法律服务所安排该所基层法律服务工作者就某个具体案件提供法律援助。

4. 可以指派社会组织人员和法律援助志愿者等办理法律援助案件。《法律援助条例》第 8 条规定，国家鼓励和支持社会团体、事业单位等社会组织利用自身资源为经济困难的公民提供法律援助。这里的社会组织是指工会、共青团、妇联、残联等社会团体和法律院校等事业单位。这些社会组织开展法律援助主要是基于其自身的意愿和能力，法律对这些社会组织提供法律援助并未提出强制性的要求，即提供法律援助并非这些社会组织的法定义务。除利用自身资源提供法律援助外，这些社会组织也可以向法律援助机构提出要求，要求法律援助机构安排其所属人员提供法律援助，也就是说，法律援助机构安排这些社会组织的人员办理法律援助案件，应当以这些社会组织主动提出要求为前提，而不能像对待负有法律援助义务的律师那样作出强制性的安排；同时，法律援助机构在应要求作出安排时，还必须考虑具体案件是否适合由这些组织的人员办理，也就是说，这些社会组织推荐来办理案件的人员必须具备一定的资质条件。

另外，在中西部经济欠发达地区，法律援助志愿者也是法律援助服务的重要提供者之一。司法部和共青团中央《关于实施法律援助志愿者服务计划的通知》及其他规范性文件，明确了法律援助志愿者人员构成、主要任务和方式、组织管理（县和县级以上法律援助组织或者法律援助机构为法律援助志愿者注册机构）、政策保障、资金落实与管理等方面的要求，各地要按照相关规范性文件要求，积极开展法律援助志愿服务工作。

二、订立委托代理协议

委托代理协议，又被称为委托授权书，是律师等法律援助服务人员与受援人签订的确认双方权利义务关系的协议。

（一）订立委托代理协议

根据司法部《律师和基层法律服务者开展法律援助工作暂行管理办法》第6条的规定，律师和基层法律服务工作者应当在接受案件指派后的3个工作日内与受援人或者其法定监护人、法定代理人签订委托代理协议。委托代理协议由法律援助机构统一印制。《委托代理协议》主要包括以下内容：作出指派的法律援助机构名称、法律援助服务人员姓名及工作单位、受援人姓名；提供法律援助的理由；法律援助事项及法律援助人员的权限；在实施法律援助过程中受援人的权利、义务和法律责任等；法律援助服务人员、受援人签名盖章。

（二）变更和解除委托代理协议

1. 法律援助协议的变更

委托代理协议的变更是指在法律援助的有效期内，由于出现法定或约定事由，经双方当事人协商一致，对法律援助协议的有关内容进行更改的行为。比如，受援人有充分证据证明法律援助服务人员不履行援助义务或不能胜任法律援助工作，或有其他违反约定或法律规定的情况，法律援助机构经查证属实的，根据受援人的申请应当更换法律援助服务人员。

2. 委托代理协议的解除

实践中，发生委托代理协议解除的情况主要有以下几种：一是受援人经济条件发生重大变化，不再符合法律援助条件的，经法律援助机构审查批准，法律援助服务人员有权解除委托代理协议，终止法律援助；二是受援人无正当理拒绝经指派的法律援助服务人员提供法律援助服务，或严重违反委托代理协议的规定使工作无法正常进行的，经法律援助机构同意，法律援助服务人员有权解除委托代理协议，终止法律援助；三是在法律援助有效期内，法律援助事项由于法律援助工作之外的原因不复存在，法律援助失去意义，经法律援助机构同意，法律援助服务人员可以解除委托代理协议；四是受援人以欺诈手段获得法律援助的，法律援助服务人员应当将该情况及时上报法律援助机构，以终止委托代理协议。[①]

三、法律援助案件的承办

法律援助案件的承办，是法律援助机构、法律援助服务人员根据法律援助

① 宫晓冰主编，高贞副主编：《中国法律援助制度培训教程》，中国检察出版社2002年版，第214～217页。

指派通知书、法律援助委托代理协议的规定,各尽其责,实现法律援助目的的过程。

在法律援助案件承办过程中法律援助服务人员的职责主要包括:在接受法律援助机构指派后,应及时有效地开展法律援助工作,尽职尽责,根据事实和法律最大限度为受援人争取合法利益;在办理法律援助事项时,必须接受作出指派的法律援助机构的监督,未经法律援助机构批准,不得拖延、中止法律援助或委托他人代为办理法律援助事务,不得向受援人收取钱、物或牟取其他不正当利益;在为受援人提供法律援助服务过程中,应当保守国家秘密和有关的商业秘密,不得泄露受援人的隐私。

在法律援助事项承办过程中法律援助机构的职责主要有:应当积极协助法律援助人员开展援助工作,及时提供所需的证明文件,为法律援助人员顺利完成法律援助创造良好条件;法律援助机构还应切实负起监督、指导的职责,采取各种行之有效的方式对法律援助案件的办理进行监督指导,保证受援人获得合格的法律援助。①

四、法律援助实施的主要形式

(一)法律咨询

法律咨询,是指律师等法律援助服务人员接受当事人的询问,就有关的涉法问题作出解释、说明,以及提供法律方面的意见、建议的行为。法律咨询具有咨询事项范围的广泛性和所提供的咨询建议的针对性等特点。解答法律咨询的方式,有口头解答和书面解答两种方法,其中口头解答是一种主要的方法,而书面解答属特殊情况,当遇有疑难复杂问题需查阅资料时,一般可随后以书面形式答复咨询人。

法律援助机构的法律咨询主要有以下三种方式:(1)日常接待咨询。每个法律援助机构都设立接待室,向来访的公民提供咨询服务。内容包括:解答法律咨询;初步审查法律援助的申请的有关材料;指导填写法律援助申请表。不少地方专门制定法律援助接待工作制度,对接待工作的任务、接待问题的处理、人员的专业知识和职业道德、接待纪律都有明确的要求。(2)电话咨询。这主要是通过12348法律援助咨询专线电话,公民遇到法律问题,拨通电话就能得

① 宫晓冰主编,高贞副主编:《中国法律援助制度培训教程》,中国检察出版社2002年版,第217页。

到解答。(3)大型法律援助咨询活动。从范围上来讲，有全国性的咨询活动、全省范围内的咨询活动，更多的是某个地市或者县域范围内的咨询活动。从方式上来讲，主要有以下两种：第一种是由法律援助机构组织包括本机构专业人员在内的所辖区域的律师、基层法律服务工作者、法律援助志愿者等，在某个对法律援助有重要意义的日子、同一天一起走向街头，向公众提供法律咨询，同时散发法律援助知识的宣传品和便民手册等。这种咨询活动主要是为了向公众宣传法律援助制度，提高法律援助制度的社会影响。第二种是司法行政机关或法律援助机构组织律师等法律服务人员深入农村的乡镇和城市的社区，直接向最基层的老百姓提供法律咨询，向他们赠送有关法律援助知识以及与公民日常生活密切相关的一些公共法律教育宣传品。这种方式既是为了宣传法律援助制度，同时也是为了实实在在为老百姓提供直接的法律服务。法律援助服务人员在提供法律咨询时要做到：树立全心全意为人民服务的观念，为群众排忧解难，对于群众因合法权益受到侵犯而提出正当要求的，要尽力为其指明解决问题的最完善的方法，使其知道如何运用法律维护自己的权益；要根据当事人陈述的事实进行解答，一般不需要调查核实有关情况，如果当事人的陈述是虚假的，则法律援助服务人员对其解答不负任何责任；解答时语言要通俗易懂，在引用法律条文时应准确无误，对于不能公开引用的文件规定，要注意不公开引用；对于不合理、不合法的要求，应当耐心向当事人解释法律、政策的规定，使其心服口服地放弃违法或无理的要求；对于不属于解答范围的问题，应向当事人说明情况，并告知当事人向有关部门求助。[①] 一直以来，法律援助机构组织提供的法律咨询数量远远超过法律援助机构办理的法律援助诉讼案件量。

(二)民事和行政诉讼及劳动仲裁法律援助代理

民事诉讼法律援助代理是指律师等法律援助服务人员接受法律援助机构指派后，接受受援人的委托，以受援人的名义，在代理权限范围内代理受援人进行民事诉讼活动，对受援人直接产生权利义务的民事诉讼行为。根据《民法通则》、《民事诉讼法》的相关规定，律师、基层法律服务工作者、法律援助志愿者、社会组织人员等几乎所有的法律援助服务人员都可以为受援人提供民事诉讼法律援助代理服务。法律援助服务人员担任受援人的民事诉讼代理人，应充分

① 国务院法制办政法司、司法部法律援助中心、司法部法规教育司编著：《法律援助条例通释》，中国法制出版社2003年版，第87～88页。

行使法律赋予的调查取证的权利、告知并帮助受援人获得司法救助的权利、申请财产保全和先予执行的权利等。比如,实践中,受援人由于受自身文化程度和法律素质不高的限制和种种外界因素的影响,经常因证据不充分而使自己处于不利地位。根据我国有关法律的规定,代理人有调查收集证据和查阅案卷材料的权利。因此,担任受援人的法律援助代理人,应切实履行职责,积极调查取证,必要时依法代受援人请求人民法院取证,充分维护受援人的合法权益,确保法律的公正性。①

行政诉讼法律援助代理是指在行政争议纠纷中,法律援助机构接受行政管理相对人的申请,经审查合格,指派法律援助人员担任其诉讼代理人,参与行政诉讼活动的行为。在行政争议纠纷中,对行政管理相对人提供法律援助,是法律援助工作的一项特殊的重要任务。行政管理法律关系的主体是行政机关和行政管理相对人,其中行政机关是掌握一定权力的管理者,代表政府行使某一方面的行政管理权力,而行政管理相对人是被管理者,双方实际处于不平等的地位。行政机关具有明显的优势,而行政管理相对人处于弱势。现实生活中,部分行政管理相对人不了解行政机关作出具体行政行为的法律依据和法律程序,在合法权益受到侵害时,不知道采取哪些措施,以保护自己的合法权益。为处于弱势地位的行政相对人提供法律援助,由法律援助人员担任他们的代理人,代理参加行政诉讼,提供专业的法律援助服务,不仅可以维护行政相对人的合法权益,体现法律的公平、公正,也有利于促使行政机关的具体行政活动进一步规范化,实现依法行政。② 此外,行政诉讼法律援助代理的办案程序及时限要求、各方权利义务等可以参照民事诉讼法律援助工作的有关规定执行。

劳动争议仲裁法律援助代理,是指法律援助机构接受劳动争议纠纷案件中员工提交的法律援助申请,经审查合格决定给予法律援助的,指派律师等法律援助服务人员担任员工的仲裁代理人,参加仲裁活动,并对受援人直接产生权利义务的行为。律师等法律援助服务人员参加劳动争议仲裁活动的代理工作与其他法律代理一样,适用代理的一般原理和规定。在提供劳动仲裁法律援助

① 宫晓冰主编,高贞副主编:《中国法律援助制度培训教程》,中国检察出版社 2002 年版,第 208 页。

② 宫晓冰主编,高贞副主编:《中国法律援助制度培训教程》,中国检察出版社 2002 年版,第 209 页。

代理时，法律援助服务人员一定要熟悉掌握相关劳动仲裁程序，积极同当事人沟通，避免矛盾激化，并要注意劳动争议仲裁的效力、期限和其他事项，做好劳动争议仲裁后的工作。

（三）刑事法律援助

根据《法律援助条例》的规定，刑事法律援助主要是指律师接受法律援助机构的指派后，担任犯罪嫌疑人、被告人的辩护人，参与刑事诉讼，根据事实和法律，提出证明犯罪嫌疑人、被告人无罪、罪轻或减轻、免除其刑事责任的材料和意见，维护犯罪嫌疑人、被告人的合法权益的诉讼活动。

根据法律援助实践经验，法律援助机构在组织法律援助人员为犯罪嫌疑人、被告人提供刑事法律援助时，应当正确把握以下几个事项：一是对指派或安排的法律援助人员的资质要求。根据《刑事诉讼法》、《律师法》、《法律援助条例》及最高人民法院、最高人民检察院、公安部、司法部《关于刑事诉讼法律援助工作的规定》等规定的要求，为犯罪嫌疑人、被告人提供刑事辩护的法律援助人员应当具有律师资格或有法律执业资格证书。对于死刑二审案件或一些疑难复杂有重大影响的刑事案件，法律援助机构在指派律师时，还应当考虑律师的专业特长、执业年限、刑事辩护经验等。比如，2010 年被媒体曝光的“赵作海”刑讯逼供案，其当年的刑事法律援助辩护人只是一名实习生，因不具备律师资格而遭到了社会对当地刑事法律援助工作的质疑。二是律师等法律援助服务人员介入刑事诉讼的时间及义务。根据《法律援助条例》第 11 条的规定，犯罪嫌疑人在被侦查机关第一次讯问后或者采取强制措施之日起，因经济困难没有聘请律师的，可以向法律援助机构申请法律援助。据此，法律援助人员在侦查阶段就应当介入刑事诉讼活动，为犯罪嫌疑人提供法律帮助。三是指定辩护案件由人民法院所在地或案件审判地的法律援助机构统一接收并组织实施。《法律援助条例》第 20 条规定，由人民法院指定辩护的案件，人民法院在开庭 10 日前将指定辩护通知书和起诉书副本或判决书副本送交其所在地的法律援助机构；人民法院不在其所在地审判的，可以将指定辩护通知书和起诉书副本或判决书副本送交其审判地的法律援助机构。

（四）非诉讼法律援助代理

非诉讼法律援助代理，是指律师等法律援助服务人员接受法律援助机构指派后，根据受援人的委托，在授权范围内，处理受援人的非诉讼法律事务的行为。在法律援助实践中，律师等法律援助服务人员为受援人提供的非诉讼法律援助代理服务，主要是接受受援人的委托，担任代理人，代理受援人请求法院以外的调解机构或者第三方调解纠纷的活动。其也包括以代理人的身份，代理受援人直接与案件的对方当事人协商，为解决纠纷达成协议所进行的和解活动。代理受援人参加法院主持的调解属于诉讼代理的范畴。在法律援助工作中，要提倡律师等法律援助服务人员注重运用调解、和解等非诉讼方式解决纠纷，以达到预防纠纷、减少诉讼、维护当事人的合法权益和促进社会和谐稳定的目的。[①] 近年来，非诉讼案件和诉讼调解案件数呈现出较高的增长趋势。

五、法律援助服务的终止

与一般法律援助案件的正常结案不同，法律援助的终止是指法律援助案件的非正常结束，即在法律援助案件尚未办理完毕之前，由于特殊法定事由的出现而提前结束。《法律援助条例》第23条具体规定了以下四种终止法律援助的法定情形：[②]

1. 受援人的经济收入状况发生变化，不再符合法律援助条件的。受援人的经济收入状况发生变化，不再符合法律援助条件这一情形主要是针对法院指定辩护案件以外的法律援助案件而言的。目前，法律援助资源非常有限，供需矛盾突出，国家只能把有限的法律援助资源用于最需要法律帮助的受援人，因此《法律援助条例》规定了严格的经济困难审查标准，当受援人的经济收入状况发生变化，比如，得到了一笔数量可观的遗产，重新获得就业收入提高等，不再符合法律援助经济困难条件时，当然应当终止对其提供法律援助。

2. 案件终止审理或者已被撤销的。根据《法律援助条例》的规定，对受援人提供法律援助的形式，除了法律咨询以外，就是刑事辩护和诉讼代理服务，包括参与刑事诉讼活动、民事代理活动以及劳动争议仲裁的代理等。这些法律援助案件均是以有关司法机关的立案以及审理活动为前提的，当司法机关或有关部门终止审理这类案件时，提供法律援助服务也就失去了依据和意义。

3. 受援人又自行委托律师或者其他代理人的。法律援助的主要目的是为了使那些因经济困难无力聘请律师又找不到合适代理人的当事人，能够通过法律援助机构指派或安排法律援助人员为其提供免费的法律服务，以维护其合法

① 贾午光、郑自文："关于法律援助体制改革的几点思考"，载《中国司法》2006年第5期。

② 国务院法制办政法司、司法部法律援助中心、司法部法规教育司编著：《法律援助条例通释》，中国法制出版社2003年版，第82～83页。

权益。一旦受援人又自行委托律师或者其他代理人时，要么证明该受援人获得法律援助的经济困难状况已经发生变化，要么是他自己自愿放弃其法律援助权利，由政府法律援助机构为其提供法律援助的前提已经不复存在，法律援助机构自然应当终止为其提供法律援助。

4. 受援人要求终止法律援助的。在办理法律援助案件的过程中，受援人由于种种原因，要求终止法律援助的，是受援人对自己权利的处分行为，法律上应当允许，这也是出于对受援人意思自治的尊重。当出现这种情况时，承办案件的法律援助服务人员应当及时向法律援助机构报告，以便及时终止提供法律援助，避免法律援助资源的浪费。

此外，《办理法律援助案件程序规定》第 33 条还规定受援人利用法律援助从事违法活动、受援人故意隐瞒与案件有关的重要事实或提供虚假证据和法律法规规定应当终止的其他情形等 3 种情况下也可以终止法律援助。

同时，对于如何终止法律援助，《法律援助条例》第 23 条还明确规定，办理法律援助案件的人员遇有上述情形之一的，应当向法律援助机构报告，经法律援助机构审查核实的，才能终止该项法律援助；如果经法律援助机构审查，不存在上述终止法律援助的法定情形，法律援助机构将督促案件承办人员继续提供法律援助。不向法律援助机构报告，不经法律援助机构审查核实，办理法律援助案件的人员是不能擅自终止该项法律援助的。因此，向法律援助机构报告，是法律援助案件承办人员的法定义务。在办理法律援助案件的过程中，法律援助服务人员必须随时注意受援人的情况变化，包括经济状况是否改善，案情是否有新发展等，并随时向法律援助机构报告，因为他们与受援人的联系密切，在案件的办理过程中，通过调查取证等诉讼代理活动，对案件及受援人的真实情况最了解，及时地发现不需要提供法律援助的情形并终止该项法律援助，可以保证有限的法律援助资金不被浪费。承办法律援助案件的人员履行向法律援助机构报告的义务，也把法律援助办案人员终止提供法律援助的权利，置于法律援助机构的有效监督之下，从而有效地防止权利被滥用。

六、法律援助案件结案和支付办案补贴

（一）法律援助案件的结案材料和时效要求

《法律援助条例》第 24 条第 1 款规定："受指派办理法律援助案件的律师或者接受安排办理法律援助案件的社会组织人员在案件结案时，应当向法律援助机构提交有关的法律文书副本或者复印件以及结案报告等材料。"该规定明确

了法律援助的结案手续，即法律援助案件结案时，承办案件的律师和社会组织人员应当向法律援助机构提交有关的法律文书副本或者复印件以及结案报告等材料。这是法律援助人员获得法律援助机构支付的办案补贴的前提条件和应该履行的法定义务。法律援助是法律服务的特殊形式，法律援助案件材料在一定程度上反映了法律援助人员办案的过程和办案质量的优劣。提交结案材料，是法律援助机构监督检查办案质量和效果的重要内容之一，也是增强办案人员责任心、保证和提高办案质量的有效措施。

根据司法部《律师和基层法律服务工作者开展法律援助工作暂行管理办法》、《办理法律援助案件程序规定》的规定，律师和基层法律服务工作者应当向指派案件的法律援助机构提交的案件材料主要包括：法律援助指派函和律师事务所（基层法律服务所）批办单；委托代理协议及其他委托手续；起诉书、上诉书、申诉书或者行政复议（申诉）申请书、国家赔偿申请书等法律文书副本；会见委托人、当事人、证人谈话笔录及其他有关调查材料；答辩书、辩护词或者代理词等法律文书；判决（裁定）书、仲裁裁决书、调解协议或者行政处理（复议）决定等法律文书副本；结案报告；其他与承办案件有关的材料等。另外，该条还规定，律师和基层法律服务工作者应当自法律援助案件办结后15日内，向指派案件的法律援助机构提交相关案件材料。

（二）支付办案补贴及时限要求

《法律援助条例》第24条第2款规定："法律援助机构收到前款规定的结案材料后，应当向受指派办理法律援助案件的律师或者接受安排办理法律援助案件的社会组织人员支付法律援助办案补贴。"司法部《律师和基层法律服务工作者开展法律援助工作暂行管理办法》第11条也明确规定，法律援助机构应当按照当地人民政府制定的法律援助办案补贴标准，自收到结案材料之日起30日内，向承办法律援助案件的律师或者基层法律服务工作者支付办案补贴。这些规定表明，受指派办理法律援助案件的律师等，在法律援助案件办结后，有获得由政府法律援助机构支付的办案补贴的权利。法律援助对受援人是来说无偿的，但对于办案律师来说不是无偿的，更不能理解为需要律师自己贴钱承担办案成本费。政府承担法律援助责任的主要形式之一就是为开展法律援助提供必要的经费保障，并根据经济发展的不同水平和状况以及案件办理难易程度等实际情况向法律援助案件承办人员支付适当的办案补贴等。律师等法律援助服务人员履行法律援助义务，主要体现在接受法律援助机构的指派和利用专业知识和技能为受援人提供符合标准的法律服务方面。[①] 根据我国法律服务收费管理的有关规定，法律援助人员结案后获得的办案补贴主要应包括成本费、服务费两项。所谓成本费，是指法律援助人员办理法律援助案件所必需的实际开支，包括差旅费（含住宿费、出差补贴）、市内交通费、文印费、通讯费、调查取证费、误餐补贴等。由于这部分费用主要用于诉讼活动中保证贫困当事人获得法律保障所必需的开支，国家和政府应当通过法律援助机构支付这部分费用，不能让法律服务人员既出力又贴钱，代替政府承担其应尽的责任和义务。所谓服务费，是指社会法律服务人员在办理法律援助机构指派的法律援助案件之后，由法律援助机构向其支付的劳务报酬。《法律援助条例》没有对服务费和成本费加以区分，统称法律援助办案补贴，可以理解为包含了成本费和服务费。

第三节　相关部门的协调配合与异地协作

一、相关部门的协调配合

在法律援助实施工作中，离不开法院、检察院、公安机关及相关部门的支持、协调与配合。从法律援助的宏观意义上来说，为符合法律援助条件的公民提供法律援助，是国家对公民应尽的责任和义务。因此，相关国家权力机关、司法机关和政府各部门，都有责任支持和配合法律援助机构，做好法律援助的实施工作，以保障经济困难公民和特殊案件的当事人享有的法律援助权利建立在可靠的机制和国家权力基础之上。只有得到有关部门的大力支持和协调配合，法律援助实施工作才能顺利进行。

（一）人民法院、人民检察院、公安机关在刑事法律援助案件中的配合责任

根据《法律援助条例》，最高人民法院、最高人民检察院、公安部、司法部联合下发的《关于刑事法律援助工作的规定》，最高人民法院、司法部《关于民事法律援助工作的规定》，最高人民法院《关于对经济确有困难的当事人予以司法救助的规定》，最高人民法院、最高人民检察院《关于死刑第二审案件开庭审理程序若干问题的规定》，最高人民法院、最高人民检察院、公安部、司法部《关于进一步严格依法办案确保办理死刑案件质量的意见的通知》等规定的要求，人民

① 国务院法制办政法司、司法部法律援助中心、司法部法规教育司编著：《法律援助条例通释》，中国法制出版社 2003 年版，第 85 页。

法院、人民检察院、公安机关在刑事法律援助案件中负有相应的协调配合义务，这些协调配合义务主要包括以下几个方面：

1. 负有告知犯罪嫌疑人、被告人等享有法律援助权利的义务。比如，公安机关、人民检察院在对犯罪嫌疑人依法进行第一次讯问后或者采取强制措施之日起，在告知犯罪嫌疑人有权聘请律师为其提供法律咨询、代理申诉、控告或者为其申请取保候审的同时，应当告知犯罪嫌疑人如果经济困难，可以向法律援助机构申请法律援助。对于涉及国家秘密的案件，应当告知犯罪嫌疑人在申请法律援助时，应当获得侦查机关的批准；人民检察院自收到移送审查起诉的案件材料之日起 3 日内，在告知犯罪嫌疑人有权委托辩护人的同时，应当告知其如果经济困难，可以向法律援助机构申请法律援助；人民法院对提起公诉的案件，自审查完毕之日起 3 日内，在告知被告人有权委托诉讼代理人的同时，应当告知其如果经济困难，可以向法律援助机构申请法律援助；人民法院自受理自诉案件之日起 3 日内，在告知自诉人及其法定代理人有权委托诉讼代理人的同时，应当告知其如果经济困难，可以向法律援助机构申请法律援助。

2. 负有转交法律援助申请的义务。公安机关、人民检察院、人民法院在收到被羁押的犯罪嫌疑人、被告人提出的法律援助申请后，应当在 24 小时内将其申请转交所在地的法律援助机构，并通知申请人的法定代理人、近亲属等协助提供相关申请证明文件及案件材料等。

3. 法院负有民事法律援助案件相关事项的互免审查义务。比如，受援人以法律援助机构给予法律援助的决定为依据，向人民法院申请司法救助的，人民法院无须再审查该受援人是否符合经济困难标准，而应当直接作出给予司法救助、同意受援人先行缓交诉讼费用的决定，待案件审结后再根据案件的具体情况，按照相关规定决定诉讼费用的负担。当事人以人民法院给予司法救助的决定为依据，向法律援助机构申请法律援助的，法律援助机构对符合《法律援助条例》第 10 条规定情形的，不再审查其是否符合经济困难标准，应当直接作出给予法律援助的决定。

4. 减免复印材料费用，为办案人员提供阅卷便利条件。对于承办法律援助案件的律师复制必要的相关材料的，公安机关、人民检察院和人民法院应当为其提供便利条件，并应当免收或减收复印费用。

（二）民政等部门在法律援助实施中的配合责任

2004 年，司法部与民政部、劳动与社会保障部、财政部、国土资源部、建设部、卫生部、国家工商行政管理总局、国家档案局等九部门联合下发了《关于贯彻落实〈法律援助条例〉切实解决困难群众打官司难问题的意见》(以下简称《意见》)。《意见》明确规定,为做好国务院《法律援助条例》的贯彻落实工作,各级人民政府有关职能部门应当积极支持和配合法律援助工作。《意见》明确要求要增加法律财政投入,保障法律援助事业与经济、社会协调发展,并完善法律援助机构与民政等部门的工作配合机制等,具体要求如下:

1. 各级财政部门的财政保障和支持责任。《意见》要求各级人民政府要根据本行政区域的经济发展水平及财力状况,将每年法律援助所需要的经费数额,逐步纳入年度财政预算。要随着当地经济发展及财政收入的增加,并根据法律援助的实际需要安排经费,保障法律援助事业与经济、社会协调发展。为保证法律援助工作在不同地区、不同区域的协调发展,省级财政部门应设立法律援助专项经费,对本行政区域内的贫困地区予以补助;中央财政根据财力可能积极支持贫困地区开展法律援助工作。自《法律援助条例》实施以来,各地财政部门逐步将法律援助经费纳入了财政年度预算;自 2005 年开始,中央和部分省级地方纷纷建立了法律援助办案专款等专项经费。在拨付法律援助经费、建立法律援助办案补贴标准等方面,各级财政部门给予了司法行政机关和法律援助机构大力支持。

2. 民政部门的配合责任。《意见》要求各地法律援助机构应当定期向当地民政部门了解困难群众的法律援助需求状况,各地民政部门应当将所掌握的本地区经济困难群众的情况,及时与当地法律援助机构进行沟通,并采取相应的便民措施,使困难群众得到及时的法律援助。法律援助机构审查法律援助申请人的经济状况时,应根据县级以上民政部门颁发的有关救济凭证或者出具的经济困难书面证明,及时为申请人办理有关法律援助手续,尽量简化程序,提高工作效率,对证明材料需要查证的,可向出具证明的部门查证。根据该《意见》要求,许多地方通过出台规范性文件,建立了法律援助与民政工作的协调配合机制。

3. 劳动仲裁机构的配合责任。《意见》要求,对法律援助机构决定提供法律援助的案件,劳动仲裁部门要先行缓收仲裁费。受援方胜诉的案件,由非受援的败诉一方承担;受援方败诉的案件,依法裁定受援方当事人承担部分或全部仲裁费,该方当事人确有困难的,由法律援助机构承担。根据《意见》要求,各地法律援助机构通过与劳动仲裁部门就劳动仲裁法律援助工作订立协议、联合制定规范性文件等,密切了相互之间的衔接配合机制。

4. 国土资源、档案管理等部门的配合责任。《意见》要求国土资源、建设、卫生、工商、档案管理等部门对法律援助案件办理中利用档案进行的调查取证工作应予支持,对于法院尚未立案的法律援助案件,法律援助人员可凭法律援助机构的证明查询,以免因缺乏有关证明资料,案件难以进入诉讼程序,但涉及国家机密等不公开资料的除外。相关部门对法律援助案件办理中查阅档案资料所涉及的相关费用应当予以减免,共同降低法律援助成本,减轻经费短缺给法律援助工作造成的压力。其主要是对档案资料查询费、咨询服务费、调阅档案(资料)保护费、证明费(包括学历、工龄证明、机构设置证明、房产地产证明、财产证明)予以免收;对相关材料复制费,包括原件复印、缩微胶片复印、翻拍、扫描费给予减、免,减收的标准按复制档案资料所需的原材料成本费计算。实践中,各地通过制定规范性文件等,加强了法律援助机构与相关部门之间的档案资料查阅机制。比如,广东省司法厅、省建设厅、省国土资源厅、省档案局联合下发的《关于对法律援助人员免收利用档案相关费用的通知》(粤司〔2004〕133号)明确规定,法律援助办案人员到全省各级综合档案馆查阅、复制与案件相关的档案材料时,各级综合档案馆免收咨询服务费、调阅档案(资料)保护费、档案资料复制费、证明费等。

5. 有关鉴定机构的配合责任。《意见》明确规定,为了解决法律援助案件的受援人因交不起鉴定费用而无法进入诉讼程序,从而无力维护自己合法权益的问题,各鉴定机构应当对法律援助案件所涉及事项的鉴定给予减免的优惠。司法行政部门管理的面向社会服务的司法鉴定机构,对法律援助案件受援人申请司法鉴定的,应缓收或免收鉴定费。受援人胜诉后,应向鉴定部门补交实际需交纳的费用;受援人败诉,交纳鉴定费用确有困难,鉴定部门给予减免。其他非财政拨款的鉴定机构对法律援助案件受援人申请人身伤残鉴定、亲子鉴定、笔迹鉴定以及财产评估等,实行缓收相关费用。受援人胜诉后,应向鉴定部门补交实际需交纳的费用。受援人败诉,交纳鉴定费用确有困难,由法律援助机构承担相关费用。

二、异地协作

(一)异地协作概述

所谓法律援助异地协作,是指受理法律援助案件的法律援助机构,为降低办案成本和提高工作效率,根据办理案件的需要,将案件办理过程中的某一项或几项具体法律援助事项,委托异地法律援助机构代为完成,而被委托的法律援助机构应当及时予以协助,并将有关情况及时反馈,保证法律援助顺利实施的一项工作机制。从实践来看,关于“异地协作”的名称问题目前尚无统一的规定,因“异地协作”所办理的农民工案件较多,故有的称之为“省际间农民工法律援助协作”,仅局限于跨省的、农民工的法律援助案件,有的称为“异地办理法律援助案件”,有的称为“法律援助异地协助”,还有的称为“法律援助协作”。在此为了讲述方便,统一称之为“法律援助异地协作”。[①]

法律援助异地协作是随着法律援助业务的不断开展而逐步产生形成的。在20世纪90年代末,随着法律援助机构的大量建立和业务范围的扩大,法律援助案件数量激增,异地调查取证成为法律援助工作的一项重要内容。各地法律援助机构通过实践认识到:到异地调查取证耗资过大、费时较长,不利于节约有限的法律援助经费,也不利于尽快实现受援人的合法权益;通过委托异地的法律援助机构进行调查取证,可以节约大量的人力物力和财力。基于此,各地有意识地探索建立法律援助异地协作机制。[②] 1999年,天津等12省市在安徽省合肥市召开了首次法律援助异地协作会议,共同签署了《法律援助协作公约》,规定缔约省所辖范围内的法律援助机构,需要外省的法律援助机构提供异地协作的,可以通过省级地方的法律援助机构具体协调协作事宜。《法律援助协作公约》按照自愿、对等、互利、协商、效率原则,要求缔约方就有关法律援助案件或事项的受援条件审查、调查取证、非诉讼调解、文书送达、执行等事务协作;受托方接到委托函后,应在要求的时间内尽快办理委托事宜;受托事项无法办理或不能在要求的时间内完成的,应及时通知委托方,但不得以受援人不符合法律援助条件为由拒绝提供协作。《法律援助协作公约》作为开放性公约,各省级地方的法律援助机构均可申请加入,承担协作义务,享受协作权利。2000年,在湖南长沙召开了第二届法律援助省际协作会议,全国省际法律援助协作成员发展到23个省份。2001年,第三次全国法律援助省际协作会议在新疆召开,会议对《法律援助协作公约》进行了修改和补充,对省际协作会议的“协作”主题进行了拓展,由针对某一法律援助事项的异地协作扩大到法律援助工作发展的协

① 刘南征:“办理法律援助案件异地协作问题的几点思考”,载《中国法律援助》2006年第10期。

② 司法部法律援助中心:“建立农民工法律援助异地协作机制研究”,载《中国法律援助》2007年第10期。

作，如东西部对口支援和协作。2002 年在四川省召开了第四届法律援助省际协作会议。2006 年，在河南省郑州市召开了第五届全国法律援助省际协作会议，缔约省份已达到 32 个。2012 年 4 月，司法部《办理法律援助案件程序规定》第 28 条对这一问题做出了规范：“法律援助人员认为需要异地调查取证的，可以向作出指派或者安排的法律援助机构报告。作出指派或者安排的法律援助机构可以请求调查取证事项所在地的法律援助机构协作。法律援助机构请求协作的，应当向被请求的法律援助机构发生协作函件，说明案件基本情况、需要调查取证的事项、办理时限等。被请求的法律援助机构应当予以协作。因客观原因无法协作的，应当向请求协作的法律援助机构书面说明理由。”

（二）异地协作形式

从全国范围内异地协作的工作经验来看，异地协作主要采取以下三种形式进行：

1. 省际间协作

由上述内容来可以看出，从 1999 年天津等 12 省市在安徽省合肥市召开首次法律援助异地协作会议开始，法律援助省际间协作得到了快速发展。省际间《法律援助协作公约》作为开放性公约，各省级地方的法律援助机构均可申请加入公约，承担协作义务，享有协作权利。目前，省际间《法律援助协作公约》已扩展到我国除台湾、香港和澳门之外的所有地区。

2. 城际间协作

2000 年 8 月，第一届全国城际间法律援助研讨会在大连举行，广州、郑州、福州、南京、杭州、深圳、大连、珠海 8 个城市参加。2003 年 8 月，一项由北京、上海、天津、郑州、长沙、南京等 31 个城市参加的《城际间法律援助协作协议》在石家庄市正式签署；2010 年 9 月，全国第八届城际间法律援助协作会在太原召开，来自北京、上海、重庆等 33 个城市的法律援助机构负责人经过共同协商，联合签署了《全国城际间法律援助工作协作太原协议》，明确约定各协作城市法律援助机构之间可以相互委托、共同协作办理跨省市的法律援助工作事项，以便进一步加强和促进城际间的法律援助工作交流与协作，及时有效保障公民合法权益，提高办案效率，降低办案成本。根据协议，协作城市在办理异地法律援助案件时，相互间需积极协助并提供方便，如受理异地法律援助申请的法律援助机构对申请人的状况有疑问或需要补充材料，可直接向委托申请人所在地法律援助机构调查取证，所在地法律援助机构要无偿提供协助。

3. 农民工/外来务工人员专项协作

该项协作包括省际间农民工/外来务工人员法律援助异地协作和城际间农民工/外来务工人员法律援助异地协作。2005 年 4 月 26 日,21 个城市法律援助机构负责人在南京签署了《城际间外来务工人员法律援助工作协作协议》,指出将进一步加强城市间合作,促使法律援助在为农民工维权工作中发挥更大作用。一些城市通过城际间的协作,尤其是东西部城市间法律援助机构的协作,在维护农民工合法权益中发挥了不可替代的作用。2007 年 5 月 21 日,江西、河南等 10 个省级法律援助机构共同签署了《省际农民工法律援助合作协议》,建立了农民工省际法律援助异地协作机制,协议各方就法律援助案件转委托程序、费用支付、档案管理等协作达成了基本共识。2007 年 7 月 3 日,由北京、上海等 36 个城市司法局长在重庆签署了《城际间农民工法律援助协作重庆协议》,承诺联动为联盟城市的农民工提供法律援助。重庆协议规定了协作申请、协作办理法律援助的程序,明确了办案经费由委托方承担,标准按委托方所在地的规范或者约定执行。①

(三)异地协作的主要做法

目前各地开展法律援助异地协作的主要做法有以下几点:

1. 为当事人转交法律援助申请

《法律援助条例》规定公民就请求支付劳动报酬等申请法律援助,应当向义务人所在地的法律援助机构提出。异地协作可以使得农民工在家乡地提交申请材料,再由家乡地法律援助机构移送申请材料到受理地的法律援助机构,从而实现了在任何地方都能申请法律援助的目的。例如,四川各地常年在外省、外市打工农民工较多,他们在劳务输入地务工过程中因工伤、工资拖欠、受到交通事故等人身伤害后,往往无法坚持在务工地生活。农民工大多数是先回户籍所在地,到家乡所在地法律援助机构申请法律援助,当地法律援助机构受理申请后,把身份证、经济困难证明及案件相关的材料准备齐备,转寄劳务输入地(赔偿义务人所在地)法律援助机构正式受理并指派或安排律师办理。

2. 接受异地法律援助机构委托为当事人调取经济困难证明材料

受理地法律援助机构往往难以查明户籍远在他乡的农民工的家庭经济状况。对于农民工的工资和工伤纠纷,由于国务院文件规定免予审查经济困难条

① 许勇:“法律援助异地协作问题初探”,载《中国司法》2008 年第 7 期。

件，部分解决了这方面的问题。对于农民工其他方面的案件，一些地方开通了针对农民工的“绿色通道”，也免除了外来农民工提供经济困难证明的义务，虽然不一定符合现有的法律规定，但从实践来说有利于农民工及时获得法律援助。对于农民工工资和工伤之外的法律援助案件，还存在大量的经济困难条件审查任务，通过异地协作可以在一定程度上解决这些问题。

3. 协助异地法律援助机构进行调查取证和代理执行

在办理涉及外来农民工的案件中，需要异地协助的情况主要是调查取证，如对方当事人的身份证明、车辆情况、工商登记情况，等等。例如，广东省梅州市法律援助处2006年年初受理一宗交通事故赔偿案件，一位在梅州市务工的江西籍农民工不幸发生交通事故致死，其年迈的父母来到梅州市法律援助处申请法律援助，梅州市法律援助处受理后查阅相关材料，得知事故车辆登记地属湖南省永州市，查清车辆及所有人信息是办理交通事故案件的必经程序，如果由梅州市派人到湖南永州调查，这无疑在很大程度上会延长办案时间及增加办案成本。梅州市法律援助处决定向湖南省永州市法律援助中心联系并发出“请求协助调查的函”，得到了当地法律援助中心大力支持，顺利地调取了有关证据材料，确保了案件的顺利进行，也使农民工的合法权益得到了及时保障。在法律援助案件办理过程中，查询被告人（被执行人）在外地的可供保全（执行）财产等单项事务，通常由案件承办法律援助机构将案情、需要调查的事项以及相关线索提供给异地法律援助机构委托其代为办理。

4. 为异地法律援助机构的案件承办人员提供咨询

我国的立法既包括法律、行政法规，同时也有地方性法规和规章。在适用法律的时候也包括后者，而当地律师对异地法规的具体内容并不了解，律师到外地办案，有必要从当地法律援助机构获得咨询等帮助。

第六章　法律援助法律文书

第一节　法律援助法律文书概述

一、法律援助法律文书的概念

法律援助法律文书，是我国法律援助机构、当事人及其代理人等依法制作的处理各类诉讼案件和非诉讼案件的、具有法律效力或法律意义的文书的总称。法律援助法律文书有广义和狭义之分。广义上的法律援助法律文书，是指一切用文字表述的、与法律援助法律法规有关的文书，包括法律援助规范性文件与非规范性文件两大类。法律援助规范性文件仅指用法律条文表述的与法律援助有关的法律、法规和部门规章。这些法律援助规范性文件具有普遍的法律约束力。法律援助非规范性文件则是指法律援助申请表、法律援助申请人及其家庭经济状况证明、法律援助审批表、给予法律援助决定书、指派通知书、法律援助公函等。这些法律援助非规范性文件只对特定对象具有约束力。狭义的法律援助法律文书，就是指这些法律援助非规范性文件所包括的法律文书。

根据2013年司法部制作下发的《法律援助文书格式》的内容，法律援助法律文书的概念包括以下五个方面的要素：

1.法律援助机构及其工作人员是法律援助法律文书的制作主体。作为法律援助法律关系主体的当事人及其代理人、辩护人，为了顺利开展法律援助诉讼活动和非诉讼活动，也享有依照相关法律援助法律文书格式要求，制作法律援助授权委托书等部分法律援助法律文书的权利，但是所有法律援助工作文书及绝大多数法律援助办案文书都是由法律援助机构及其工作人员依法制作。所以，法律援助机构及其工作人员是制作各类法律援助法律文书的主体。

2.《刑事诉讼法》、《法律援助条例》等法律法规及其他相关规范性文件是法律援助法律文书的制作依据。法律援助法律文书的制作，必须由法律援助机构等依据各自职能、权力，严格根据法定程序进行。任何违背《刑事诉讼法》、《法律援助条例》等法律法规及其他相关规范性文件规定制作的文书，都是无效的，不具有法律援助法律文书的效力。

3.法律援助案件事实及其适用的法律、法规是法律援助法律文书的制作内容。法律援助法律文书是其内容与形式的完整统一表现。具体来说，一定法律援助案件事实及其适用的法律法规是构成法律援助法律文书的内容，而作为载体的法律援助法律文书结构则是表达该内容的有效形式。

4.法律援助法律文书是具有法律效力或者法律意义的司法公文。在法律援助机构、法律援助人员等依法处理法律援助事务或者案件过程中，法律援助法律文书是一种必要的工具，是法律援助活动的文字载体和具体实施法律援助法律法规、实现相关各方权利和义务的结果。法律援助法律文书具有特定的法律效力或者法律意义。例如，法律援助机构制作的给予法律援助决定书等，一经依法作出即发生法律效力，法律援助机构就需要指派律师事务所安排律师或者安排本机构的工作人员为受援人提供法律援助服务，否则，法律援助机构要承担相应的法律后果。

5.法律援助法律文书只发生于法律援助诉讼活动或者非诉讼法律援助活动中。所谓法律援助诉讼活动，是指在法律援助诉讼案件中，由各级国家司法机关主持，查明案件事实，分清是非曲直，解决诉辩双方当事人法律争议的活动。其具体包括立案、侦查、起诉、审判和执行的刑事法律援助诉讼活动和解决各类民事争议案件的民事法律援助诉讼活动，以及解决行政争议案件的行政法律援助诉讼活动。非诉讼法律援助活动，则是指法律援助咨询和法律援助代书等活动。

从法律援助法律文书的五要素来看，法律援助法律文书是反映法律援助活动的专业文书。从法律援助法律文书的内容来看，法律援助法律文书是一个法学概念，它所调整和研究的对象是法律援助事项或者法律援助案件中，有关法律事实的确认与法律的具体适用。在制作法律援助法律文书的时候，必须根据与法律援助当事人及其所涉法律援助事项或者案件有关的事实，综合运用法律援助法律知识和法律援助实践经验等，具体解决法律援助活动中的实体和程序问题。

二、法律援助法律文书的特征

法律援助法律文书作为具有中国特色社会主义法律援助工作的重要组成

部分，它具有如下五个方面的特征。

（一）鲜明的群众性

法律援助法律文书反映的是处理法律援助诉讼或者非诉讼活动的结果。每一种法律援助法律文书所要解决的问题、实现的目的可能有所不同，但是，究其本质，所有法律援助法律文书都是以依法保护经济困难或者特殊案件中的受援群众的合法权益，实现社会公平正义，构建社会主义和谐社会为最终目的的。《法律援助条例》明确规定，其立法的根本目的和任务是“为了保障经济困难的公民获得必要的法律服务”，即为了保障公民获得平等公正的法律保护，实现“公民在法律面前一律平等”的宪法原则。为此，无论是法律援助申请书、法律援助审批书，还是给予法律援助决定书、指派通知书等，它们的制作和适用，都是为了实现法律援助立法明确的“为了保障经济困难的公民获得必要的法律服务”的根本目的和任务，为了充分体现对经济困难当事人合法权益的保护，以及对社会、经济秩序的公平维护。与其他法律文书相比，法律援助法律文书的群众性更强。

（二）法定的强制性

法律法规是由国家立法机关制定，并以国家强制力为后盾，要求人人必须遵守的行为规范。虽然，通过国家立法形式制定和颁布，法律法规具有了普遍的约束力，但其效力还只是观念上的，有待于通过执法活动等实现其立法价值和意义，即通过包括法律援助机构在内的执法机关的执法活动等，促使法律法规由静态立法向动态司法转化，实现法律法规的实际意义。只有这样，立法的目的和任务才能实现，真正发挥法律法规的作用。

与其他法律文书的制作一样，法律援助法律文书也是执法机关履行其职能、实施法律法规的具体表现和结果。制作法律援助法律文书，同样是以国家强制力为后盾，对于特定对象具有约束力。其强制性表现在：法律援助法律文书的执行性。法律援助法律文书一经制定，相关机构和个人必须认可和执行，否则，要承担相应的法律后果。比如，律师事务所、律师拒绝指派通知书的指派，无正当理由拒绝接受法律援助案件的，由司法行政机关给予警告、责令改正等。

（三）制作的合法性

法律援助法律文书是根据法定的法律援助诉讼活动和非诉讼活动而制作的法律文书，其制作必须遵守法律法规要求。法律援助法律文书制作的合法性主要体现在以下两点：

1. 制作主体由法律规定，有其特定制作主体范围。例如，给予法律援助决定书、指派通知书、法律援助公函等只能由各级法律援助机构制作，由法律援助机构负责人签名并加盖法律援助机构印章后，才能生效。从这些法律援助法律文书的格式不难看出，这类法律援助法律文书的制作主体只能是各级法律援助机构的负责人及相关工作人员，非法定的制作主体无权制作这些法律援助法律文书。

2. 依法制作。这是法律援助法律文书合法存在的前提和基础，是法律援助法律文书生命力之所在。依法制作主要表现在两个方面：一是要正确适用法律法规；二是要符合程序。

（四）形式的规范性

与其他法律文书一样，法律援助法律文书也是内容合法与形式规范有机结合的统一体。法律援助法律文书形式的规范性主要体现以下三个方面：

1. 样式格式化。简便、易行、实用是制作法律援助法律文书的一项重要原则。目前，基本上所有法律援助法律文书都采用了格式化的形式。格式化法律援助法律文书的特点和优点在于：格式固定，内容要素简明，层次清楚、标准统一，便于法律援助机构、法律援助人员制作和使用，符合法律援助工作高效便捷、经济实用的要求。

2. 结构程序化。这表现在，法律援助法律文书框架结构规范化，具有一般法律文书的格式特征。其具体表现在以下两个方面：一是法律援助法律文书的结构规范化。不同的法律援助法律文书段落层次各有不同，但一般都由首部、正文和尾部三部分组成。至于法律援助法律文书结构三大组成部分的具体内容是什么，则因法律援助法律文书性质不同而不尽相同。二是法律援助法律文书的写作事项要素化。各类法律援助法律文书的内容均由若干个要素组成。以《法律援助审批表》为例，其要素包括申请人姓名、申请事项、受理申请时间、申请人及其家庭经济状况、案件来源、法律援助事项类别、受援人分类、提供法律援助方式、案情摘要、审查意见、主任审批意见等。这些必备的要素，在相应的法律援助法律文书中相对固定，需要详细列明，缺一不可，否则，会影响到法律援助申请人、法律援助受援人正当权利的行使。例如，《法律援助条例》第18条第1款规定："法律援助机构收到法律援助申请后，应当进行审查；认为申请人提交的证件、证明材料不齐全的，可以要求申请人作出必要的补充或者说明，申请人未按要求作出补充或者说明的，视为撤销申请；认为申请人提交的证件、证明材料需要查证的，由法律援助机构向有关机关、单位查证。”

3. 用语规范化。所有的法律援助法律文书都是由语言文字组成的，除了法律专业术语要符合法律援助法律法规的规定以外，结构要素用语也要规范化、标准化。例如，在开展法律援助活动的不同阶段，对法律援助申请人和法律援助受援人的称谓、法律援助法律文书结构之间的逻辑连接、内容的表述等，在性质相同的法律援助法律文书中，都有固定的用语，必须按照规范化的要求正确把握使用。

（五）制作的时效性

所有的法律援助都有时间限制，反映在法律援助法律文书上也具有时效问题。制作相应的法律援助法律文书，必须严格遵守法律援助法律法规、规范性文件规定的时效要求。

应当指出，关于各类法律援助法律文书的时效问题，还没有引起立法部门的足够重视，法律援助法律法规、规范性文件中关于法律援助法律文书的制作还没有明确的时效规定，但这并不等于这些法律援助法律文书不存在时效问题。高效快捷是开展法律援助工作基本要求之一，办理法律援助案件一定要快捷及时，迟到的公正等于不公正，所以在法律援助工作中，一定要高度重视法律援助的时效问题。例如，《法律援助条例》第19条规定：“申请人对法律援助机构作出的不符合法律援助条件的通知有异议的，可以向确定该法律援助机构的司法行政部门提出，司法行政部门应当在收到异议之日起5个工作日内进行审查，经审查认为申请人符合法律援助条件的，应当以书面形式责令法律援助机构及时对该申请人提供法律援助。”由此可见，关于法律援助申请人提出异议的时效，法律援助立法并没有作出明确的规定。但是，鉴于法律援助制度与诉讼制度之间的紧密联系，所在，在实践当中，对法律援助机构所作不予法律援助决定的异议的提出应当充分考虑与诉讼或者其他解决纠纷的程序和活动的衔接，以便及时有效地维护当事人的合法权益和司法公正。

《刑事诉讼法》第219条规定：“不服判决的上诉和抗诉的期限为十日，不服裁定的上诉和抗诉期限为五日，从接到判决书、裁定书的第二日起算。”《民事诉讼法》第164条规定：“当事人不服地方人民法院第一审判决的，有权在判决书送达之日起十五日内向上一级人民法院提起上诉。当事人不地方人民法院第一审裁定的，有权在裁定书送达之日起十日内向上一级人民法院提起上诉。”

《行政复议法》第9条第1款规定:“公民、法人或者其他组织认为具体行政行为侵犯其合法权益的,可以自知道该具体行政行为之日起六十日内提出行政复议申请;但是法律规定的申请期限超过六十日的除外。”综合这些法律规定,并结合法律援助实践中的做法,有人提出建议,“对于刑事法律援助案件,申请人被拒绝申请后,申请人的异议最好在接到不予援助的决定之日起5日内提出;对于民事行政法律援助案件,申请人被拒绝后,异议最好在接到不予援助决定书之日起10日内提出”。[①]

三、法律援助法律文书的作用

法律援助法律文书是司法行政机关、法律援助机构代表国家和政府,行使法律援助权利、履行法律援助责任的重要表现形式,也是法律援助人员办理法律援助事务或者案件的专业化文书。法律援助法律文书的科学使用,对于保证法律援助法律法规规范性文件的正确实施,督促相关机构及法律援助人员及时履行法律援助义务,确保法律援助受援人合法权益的维护,加强法律援助宣传教育起着非常重要的作用。

(一)保证法律援助法律法规的正确实施

法律援助法律法规规范性文件的制定,旨在得到贯彻实施,只有这样,才能真正体现法律援助法律法规规范性文件的实际价值和效用。通过制作法律援助法律文书,规范各种法律援助行为,正是贯彻落实法律援助法律法规规范性文件的具体表现。例如,在刑事法律援助案件中,法律援助机构通过制作《法律援助公函(转交申请)》、《法律援助公函(通知辩护)》、《法律援助公函(强制医疗通知代理)》等[②],才能真正将《刑事诉讼法》、《法律援助条例》等法律援助法律法规规范性文件规定的,犯罪嫌疑人、公诉案件的被害人及其法定代理人、自诉案件的自诉人及其法定代理人的法律援助权和人民法院的指定辩护权等落到实处,规范正常的刑事法律援助法律关系,确保刑事法律援助法律法规规范性文件的规定得到正确实施;在民事、行政、仲裁及刑事附带民事等法律援助工作中,法律援助机构通过认真填写使用与法律援助有关的格式文书,才能真正

① 国务院法制办政法司、司法部法律援助中心、司法部法规教育司编著:《法律援助条例通释》,中国法制出版社2003年版,第68~69页。

② 关于法律援助格式文书的具体种类,请参见司法部网站:http://www.moj.gov.cn/index/content/2013-06/08/content_4544100.htm。

将经济困难的公民依法享有的请求国家赔偿、请求给予社会保险或者最低生活保障待遇，以及请求发给抚恤金、救济金等的民事法律援助权利落到实处，规范正常的民事法律援助关系，确保相关民事、行政等法律援助规定得到贯彻执行。这充分说明，法律援助法律文书的适用对于确保国家法律法规的正确实施、实现司法公正发挥着非常重要的作用。

（二）保证法律援助工作的依法进行

依照法律援助法律法规规定的程序，开展法律援助工作，是公正执法、确保法律援助案件质量的前提和基础。法律援助法律文书是依据法律援助法律法规制作的。法律援助活动的每个阶段和每个环节如何开展工作，《法律援助条例》都作出了明确规定。法律援助机构和法律援助人员开展法律援助工作，都必须严格按照法定程序进行。每个法律援助程序的发生又必须辅之以相应的法律援助法律文书的制作活动。没有相应的法律援助法律文书的制作，相应的法律援助程序是不具有法律效力的。例如，《法律援助条例》第 17 条规定："公民申请代理、刑事辩护的法律援助应当提交以下证件、证明材料：（一）身份证或者其他有效的身份证明，代理申请人还应当提交有代理权的证明；（二）经济困难的证明；（三）与所申请法律援助事项有关的案件材料。申请应当采用书面形式，填写申请表；以书面形式提出申请确有困难的，可以口头申请，由法律援助机构工作人员或者代为转交申请人的有关机构工作人员作书面记录。"由此可见，经济困难的公民申请法律援助的，必须要向法律援助机构提交详细的法律援助申请书及相关证明材料，这是法律援助机构审批申请人提出的法律援助申请的基础和依据。如果没有法律援助申请书，法律援助机构就不会启动法律援助受理和审查程序。所以，法律援助法律文书是法律援助机构、法律援助人员依法开展法律援助活动，法律援助申请人、受援人等依法参与法律援助活动的书面凭证，是保证法律援助活动依法进行的重要工具。

（三）法律援助工作的真实记录

根据《法律援助条例》的规定，从法律援助申请人提出法律援助申请，法律援助机构受理审查申请、指派或者安排法律援助人员办案，到法律援助案件结案归档的每个法律援助程序和活动环节，都有相应的法律援助法律文书的制作和使用，并最终形成完整的法律援助案卷。这些法律援助案卷真实记载了法律援助办案的全过程，是法律援助活动的真实产物。一方面，通过查看法律援助法律文书记载的内容，可以清晰地了解法律援助办案工作每一个阶段的详细情况,如了解申请人申请的案件类型及其经济困难情况、案件来源及其类型、法律援助机构的审批情况、是否给予法律援助、指派或者安排什么人办理案件、办案过程中与相关部门之间的往来事宜、是否会见犯罪嫌疑人、是否收集调取了相应的证据等。另一方面,在法律援助监督管理工作中,通过查看相应法律援助法律文书,还可以检查法律援助办案活动是否符合法律法规规定的程序、法律援助手续是否齐全以及法律援助办案人员的办案能力和水平如何。由此可见,已经结案归档的法律援助法律文书,不仅是对已办法律援助案件进行申请复查的重要依据,更是检验法律援助办案质量的有效尺度。

另外,从档案管理的意义来看,特定时期的法律援助法律文书,往往是从某个角度反映了某个历史时期的社会、政治、经济、法律及文化发展的真实状况和特点。随着历史的进程,这些法律援助法律文书档案材料将是考察一个国家和地区法律援助工作的重要历史资料,具有非常重要的历史价值和意义。

(四)考核法律援助人员的有效尺度

法律援助法律文书主要是由法律援助人员制作使用的。这就需要法律援助人员具备一定的写作能力和水平。一是要具备一定的法律专业能力和水平、公文写作能力和技巧;二是要具备相应的社会知识和必要的社会经验。法律援助法律文书的制作是知识、经验和工作能力综合运用的外在成果,也是一名法律援助人员工作责任心、工作作风等的真实反映。只有扎实的法律理论、实务知识与写作能力的有效结合,才能制作出符合质量标准的法律援助法律文书。这从以往的实地法律援助管理监督工作中得到了充分反映。所以,法律援助法律文书质量的高低,是考核法律援助人员工作能力和办案能力的有效尺度之一。

(五)进行法律援助宣传教育的重要材料

开展法律援助宣传教育活动,提高法律援助的知晓率,教会困难群众遇到法律问题时,自觉寻求法律援助,以维护自己的合法权益,是法律援助机构的一项重要工作任务。依据事实和法律法规制作的各类法律援助法律文书,是处理各种法律援助案件的真实反映,是正确适用法律的结果。通过法律援助法律文书的制作与宣传使用,可以详细向人们展示各类法律援助案件中各种法律关系的发生、发展过程和结果,因为其包含丰富的法律援助信息。通过制作和宣传法律援助法律文书,一方面可以真实地告诉人们,向法律援助机构寻求帮助时,如何填写法律援助申请书,向哪个法律援助机构申请法律援助,由谁为其提供法律援助服务等;另一方面可以生动地告诫人们,什么是违法,什么是犯罪,什么是依法行政,不同的行为应当承担什么样的法律责任等,使法律援助当事人和其他公民知道什么可以做、什么不可以做。实践证明,以办结的法律援助法律文书内容为法律援助宣传教育材料,开展法律援助宣传教育,不仅可以增长广大公民,特别是困难群众的法律意识,学法用法,自觉遵守法律法规,规范个人行为,学会预防和减少法律矛盾和纠纷,预防和减少犯罪,而且有利于提高人们同各种违法行为作斗争的积极性和主动性。所以,以法律援助法律文书为素材开展法律援助宣传教育,是法制宣传教育的一个重要组成部分。

四、法律援助法律文书的发展

随着法律援助制度在我国的建立,结合法律援助实践中的做法,并参考其他法律文书的制作经验,经广泛征求意见和建议,2001 年,司法部印发了《法律援助格式文书》一套共 26 种,供各地参考使用。这套格式文书对各地做好法律援助管理和办案工作起到了积极的推动作用。但是,随着法律援助工作规范化、深入化发展,特别是 2003 年国务院《法律援助条例》及配套规范性文件的实施,格式文书中的有些内容与相关立法规定不一致难以适应业务发展的需要,且有的格式文书随着立法的完善亟待加以补充。为此,为了使格式文书与现有的法律援助法律法规规范性文件相一致,进一步做好法律援助管理和办案工作,2005 年 12 月,司法部法律援助中心在征集部分地区法律援助机构、法律援助人员意见和建议的基础上,对 2001 年司法部印发的法律援助格式文书进行了部分修改。修改后的格式文书共 25 种,其中新增加了格式文书三《法律援助申请人及其家庭经济状况证明》,删去了原格式文书四《法律援助协议》、格式文书十四《为犯罪嫌疑人提供帮助的委托协议》和格式文书二十六《法律援助工作征询意见表》,对原格式文书的其他部分或在名称或在内容上有些相应的改动。当然,结合国务院《法律援助条例》的规定及法律援助实践工作来看,这 25 种格式文书还不足以处理所有的法律援助法律关系。例如,根据《法律援助条例》第 19 条的规定,《法律援助格式文书》中还应当包括法律援助申请人提出异议的格式文书,以及司法行政部门责令法律援助机构给予法律援助的格式文书等。为了做好 2012 年《刑事诉讼法》、《办理法律援助案件程序规定》的贯彻实施工作,2013 年,司法部又对 2005 年的法律援助格式文书进行了修改,并宣布停止使用 2005 年的《法律援助格式文书(示范文本)》。

随着法律援助工作规范化发展,法律援助法律文书日益受到重视。今后,在适当时候,还会对法律援助法律文书作出及时修改完善,确保法律援助法律文书的质量不断得到提高。

第二节 法律援助法律文书的种类、结构和制作技巧

一、法律援助法律文书的种类

法律援助法律文书的种类,是指依据不同的标准,对各种法律援助法律文书进行的分类。这也是法律援助法律文书规范化管理的重要标志。所以,科学地对法律援助法律文书进行归类,对于正确认识法律援助法律文书的性质、正确适用和研究法律援助法律文书,均具有非常重要的意义。

1. 按照制作主体来分类。可以分为:法律援助申请人/受援人填写的法律文书、法律援助机构负责制作的法律文书、律师等法律援助办案人员负责填写的法律文书等。其中有的类别的法律援助法律文书中又包括若干个法律文书。例如,法律援助申请人/受援人填写的法律文书包括法律援助申请表、法律援助申请人及其家庭经济状况证明、授权委托书;法律援助机构制作的法律文书包括法律援助审批表、给予法律援助决定书、不予法律援助通知书、终止法律援助通知书、法律援助公函类文书[包括指派通知书、民事法律援助公函、刑事法律援助公函、刑事指定辩护公函、法律援助中心(处)介绍信、律师会见在押犯罪嫌疑人/被告人专用介绍信、律师会见在押犯罪嫌疑人的函]、案件归档类法律文书;律师等法律援助办案人员负责填写的法律文书包括法律援助来访/电/信登记表、会见在押犯罪嫌疑人申请书、提请收集、调取证据申请书、调查取证申请书、通知证人出庭申请书、解除强制措施申请书、延期审理申请书、重新鉴定申请书、重新勘验申请书。

2. 按照法律援助法律文书的性质和用途并结合法律援助程序分类。可以分为:法律援助申请类文书、法律援助审批类文书、公函类文书、法律援助人员办案类文书、案件归档类法律文书等。其中有的类别的法律援助法律文书中又包括若干个法律文书。例如,法律援助申请类文书包括法律援助申请表、法律援助申请人及其家庭经济经济状况证明;法律援助审批类文书包括法律援助审批表、给予法律援助决定书、不予法律援助通知书、终止法律援助通知书;法律援助公函类文书包括指派通知书、法律援助公函、法律援助公函(转交申请)、法律援助公函(通知辩护)、法律援助公函(强制医疗通知代理)、法律援助中心

(处)介绍信、终止法律援助公函等。

3. 按照法律援助诉讼案件的性质分类。可以分为:刑事法律援助文书、民事法律援助文书、行政法律援助文书。

4. 按照文书格式的体制分类。可以分为:制作类法律文书(即用文字直接叙述)、表格类法律文书、填空类法律文书、笔录类法律文书等。例如,表格类文书主要包括法律援助申请表、法律援助申请人及其家庭经济状况证明、法律援助审批表、法律援助来访/电/信登记表;填空类法律文书主要包括法律援助审批表、给予法律援助决定书、不予法律援助通知书、终止法律援助通知书、指派通知书、法律援助公函、法律援助公函(转交申请)、法律援助公函(通知辩护)、法律援助公函(强制医疗通知代理)、法律援助中心(处)介绍信、终止法律援助公函、律师会见在押犯罪嫌疑人/被告人专用介绍信、律师会见在押犯罪嫌疑人的函、会见在押犯罪嫌疑人申请书、提请收集、调取证据申请书、调查取证申请书、通知证人出庭申请书、解除强制措施申请书、延期审理申请书、重新鉴定申请书、重新勘验申请书。

在本章第三节,主要是根据法律援助法律文书制作主体不同划分的不同类别,对法律援助法律文书作详细介绍。

二、法律援助法律文书的结构

法律援助法律文书的结构,是指构成法律援助法律文书的基本组成部分。法律援助法律文书结构的主要特点是:结构相对固定。法律援助法律文书的结构固定化,也就是制作文书的模式程序化。无论是制作类文书,还是填空类文书,就结构而言,基本上都是由文书的首部、正文和尾部三部分组成。其中,与填空类文书相比,制作类文书的结构更加严谨、分明。

(一)首部

首部是法律援助法律文书的开头部分。其内容要素一般包括:文书名称、文书编号、法律援助活动主体的基本情况、发往单位、事项等。不过,因文书制作主体、性质、用途等不同,文书的首部也有不同。例如,法律援助公函类文书的首部比较简单,包括文书名称、文书编号、发往单位;法律援助申请类文书的首部内容比较多,包括申请人、通信地址或者联系方式、执业证号、申请事项等。

1. 文书名称。文书名称一般由事由和文书种类两个要素组成,如《民事法律援助公函》、《律师会见在押犯罪嫌疑人的函》。

2. 文书编号。文书编号主要包括三项内容:制作机关、文书性质代字、年度和顺序代号,如“××援刑拒函字[××××]第×号”。上述括号里的年度,都要写全称。通常应将文书编号置于文书名称下一行右端。

3. 法律援助活动主体的基本情况。该要素因文书种类不同而由不同的内容组成。例如,由法律援助申请人/受援人填写的法律文书,一般要填写清楚申请人/受援人基本情况;律师等法律援助办案人员负责填写的法律文书,要包括申请人情况、通讯地址/联系方式、执业证号等。

4. 事项。这也就是提起该事项的由头是什么。例如,律师会见在押犯罪嫌疑人申请书的申请事项为“会见在押犯罪嫌疑人×××”;提请收集、调取证据申请书为申请事项为“许可调查取证”;解除强制措施申请书的申请事项为“解除对犯罪嫌疑人/被告人×××采取的×××强制措施”。

(二)正文

正文,是法律文书的核心部分,提出问题、分析问题和解决问题是构成正文的主体内容。具体包括事实、证据和处理结果等。

1. 事实和证据。事实和证据是处理和认定法律事项的客观依据。不同的法律文书,事实和证据的内容及其结构形式也不相同。至于事实和证据的结构,没有统一的安排模式。比如,可以一事一证,分项举证,逐事论定;可以边叙事边举证,事证结合,据实而断;也可以先叙事后举证,集中采证,前后连贯,清楚明了。

2. 在正文结构上,理由部分起着承上启下的作用,上面连接着事实部分,下面连接着处理结果。说理必须以事实为基础,以事说理,以法律为准绳,以法论理。据此,才能从理论和事实上为最后的处理结果奠定坚实的基础。

具体来说,理由部分的结构一般包括以下两个层次:一是据实论理,也就是根据认定的事实、情节、证据和有关法学原理、法律规定,阐述定性及其处理结果。二是以法律为据,也就是正确引用处理决定所依据的法律条款的具体规定。

3. 处理结果。处理结果是法律援助法律文书制作主体根据已查明的事实、证据和有关的法律规定,对法律事项所作出的处理决定或者结论,对全文的终结部分,有着非常重要的作用。不同的法律援助法律文书,其处理结果的表述形式也有不同。例如,会见在押犯罪嫌疑人申请书的正文结论为“特提出申请,请予批准”;提请收集、调查取证据申请书的正文结论为“特请贵院予以收集、调取”。所有正文处理结果的表述,共同的结构特点是文字简洁、用语肯定明确,一目了然。

不过,现有的司法部印发的《法律援助文书格式》(24 种)大都是表格类和填空类法律文书,其结构相对简单,这主要表现在其正文中的事实和理由部分。例如,法律援助申请表中关于正文小标题的描述为“申请法律援助的案情及理由概述”;法律援助审批表中关于正文小标题的描述为“案情摘要”。

(三)尾部

尾部是法律援助法律文书的结束部分。其特点是程式严格,用语简短、固定。其主要包括以下几个要素:

1. 交代有关事项。主要是表明行文结束。不同的法律援助法律文书,交代有关事项的方式及用语有所不同。例如,法律援助审批表交代的事项为“审查意见和主任审批意见”;刑事指定辩护公函交代的事项为“特此函告”;不予法律援助通知书交代的事项为“如对本通知为异议,可于收到本通知之日起×日内申请×××司法局审查”;会见在押犯罪嫌疑人申请书交代的事项为“此致×××,申请人×××”;通知证人出庭申请书交代的事项为“此致×××人民法院,申请人×××”。

2. 签署。主要由文书制作机关或者申请人、负责人、承办人员署名或者注名×××法律援助机构。

3. 日期。一般是制作文书或者发出文书的日期。日期包括年月日,要依次写明。

4. 公章。在法律援助法律文书中,主要是加盖法律援助机构的公章。

5. 附项。主要是要写清楚需要附随相关法律援助法律文书上交的有关卷宗、材料,或者需要注明的相关事项。例如,提请收集、调取证据申请书的附项为:证人姓名;有关单位名称;住址或者通信方法;收集、调取证据范围和内容。法律援助案件事项结案报告表中的附项:本表后应附上判决书、裁定书等的原件或者复印件,终止法律援助的应写明理由。

三、制作法律援助法律文书的原则

制作法律援助法律文书的原则,是指在制作法律援助法律文书中,应当遵守的准则。

(一)尊重客观事实原则

事实是开展法律援助活动的基础,也是制作法律援助法律文书的基础。制作法律援助法律文书必须尊重客观事实,忠于事实真相。这是开展各项法律援助活动的准则,同样是制作法律援助法律文书的准则。例如,法律援助申请表填表说明中要求,“申请人应如实填写本人的实际情况”。又如,《法律援助条例》第 26 条规定,法律援助机构及其工作人员不尊重当事人的法律援助条件事实,为不符合法律援助条件的人员提供法律援助,或者拒绝为符合法律援助条件的人员提供法律援助的,要承担相应的法律援助责任。

所以,制作法律援助法律文书,一定要实事求是,尊重客观事实,不能为了适应某种需要或者说是迎合某些私利而置客观事实于不顾,影响法律援助工作的声誉和形象。比如,法律援助申请书上填写的事实材料,必须经过法律援助机构认真审查,才能决定是否批准申请人提出的法律援助申请。

(二)严格依法制作

法律援助法律文书是具有法律效力的专用文书,是开展法律援助管理和办案工作的重要依据。所以,法律援助法律文书必须严格依法制作。这也是制作法律援助法律文书的重要原则之一。

1. 要严格按照法定程序制作

在制作法律援助法律文书时,一般不能超越《法律援助条例》等相关法律法规、规范性文件规定的程序,而是要先制作法律援助法律文书,然后才能开展相应的法律援助事项。比如,经济困难的公民遇到法律问题时,要想获得法律援助服务,一般必须要先认真填写上交法律援助申请表、法律援助申请人及其家庭经济状况证明,然后经过法律援助机构认真审查,并制作法律援助审批表,才能决定是否同意该申请人提出的法律援助申请,并由同一个法律援助机构制作给予法律援助决定书或者不予法律援助通知书。

2. 所有法律援助法律文书的制作,都要有相应的法律依据

所有法律援助法律文书的制作,都要有相应的法律依据。例如,法律援助案件/事项结案报告表的制作依据是,《法律援助条例》第 24 条第 1 款规定:“受指派办理法律援助案件的律师或者接受安排办理法律援助案件的社会组织人员在案件结案时,应当向法律援助机构提交有关的法律文书副本或者复印件以及结案报告等材料。”律师等法律援助人员在制作结案报告表时必须依照该规定进行。

3. 正确引用相关法律法规规定

法律援助法律文书要解决的是法律实体问题和程序问题,所以必要时,要在法律援助法律文书中适用相关的法律法规作为处理问题的法律依据。例如,

调查取证申请书、通知证人出庭申请书中有关《刑事诉讼法》相关条款的适用。所以，在填写、制作法律援助法律文书时要准确适用有关的实体法和程序法。

四、制作法律援助法律文书的基本要求

法律援助法律文书是法律文书的一种，所以制作法律援助法律文书，也要符合严肃认真、标准化、规范化、准确无误、制作及时等制作法律文书的基本要求。

（一）制作严格认真

法律援助法律文书体现了法律援助机构等相关机构和人员开展法律援助管理和办案工作的结果，具有特定的法律意义，关系法律援助机构及法律援助人员的责任心和工作态度，关系法律援助法律法规规范性文件的正确实施与否，关系受援人合法权益的维护与实现，关系法律援助工作的整体声誉和形象。所以，制作法律援助法律文件一定要做到严肃、认真。

法律援助机构和法律援助人员要提高对法律援助工作重要性的认识，增强责任意识。要按照每一种法律援助法律文书的格式要求，结合具体法律援助案件或者事项情况，认真制作。虽然在法律援助法律文书中，表格类文书数量比较多，但也要严格按照表格填写要求，认真阅读表格栏目的含义，逐项认真填写，做到字体工整干净，内容清楚，使各种表格的内容能够真实反映法律援助案件和事项工作的开展情况。

针对重大、疑难法律援助案件和事项制作的法律文书，要在认真了解、准确把握案件和事项情况的基础上，先写出文书制作提纲，经过研究后写出初稿，并反复进行修改，再进行最后定稿。

认真校对，严格把关。需要深入叙述说理的法律援助法律文书，在撰写的过程中，一定要认真校对，严格把关。特别是针对处理结果的表述，在将定稿交付印刷之前，制作人员一定要认真细致地进行阅读校对，及时发现并改正问题，不要出现笔误差错等。

（二）格式标准化、规范化

随着科学技术日益进行，电脑等现代化办公手段在法律援助工作中不断得到推广普及。所以，包括法律援助法律文书在内的法律文书的制作，也要跟上科学技术发展的步伐。

在法律文书的制作上，由于相关机构的具体职能和所处的诉讼程序等阶段各不相同，因此各类法律文书的样式、要求不尽相同。但是，作为行使国家权力的具体结果,各类法律文书都是具有法律效力的文书,在一些基本要素上,要符合格式标准化、规范化的要求。所以,各地法律援助机构和法律援助人员制作的法律援助法律文书,同样要做到:格式合法、实用、规范;结构严谨,层次分明;内容要素齐全,语意明确无误,结论明确、完整;文字通顺,用语准确;讲理、讲法、讲证据;适应电脑的运用、储存和检索;还要做到与相关机构的法律文书之间的协调与配合,前后照应。

(三)制作要准确无误

法律援助法律文书从内容到形式都要做到准确无误,这是检验文书质量、制作人员能力和水平的重要标准。

一是文书内容要准确无误。比如,制作类的文书,首部各项内容,包括相关当事人的基本情况等都要准确填写。正文叙述、认定的事实、采信的证据、阐明处理的理由和法律依据以及个体处理结果,同样要做到准确无误;填空类的文书,各项栏目内容要填写恰当,不错填,不漏填。

二是适用样式要准确无误。样式包括文书种类形式、行文格式等。一定的内容决定一定的表达形式,必须按照文书内容正确使用相应的法律文书样式或者格式。比如,该使用公函类法律援助法律文书的,就不能使用申请类的法律援助法律文书。

三是使用语言要正确恰当。语意要清楚,不能模棱两可。用词用句要精确,不得产生歧义。各种称谓用语要符合法律规定,不能随意造句。数字和标点的使用要准确,符合规定。

(四)要及时制作文书

办理法律援助工作一定要及时,反映法律援助工作程序和结果的文书,当然要做到及时制作。如果不及时制作,则会影响到法律援助工作的进程,影响到法律援助工作的质量和效率,最终影响到法律援助受援人的合法权益,影响到法律援助工作的声誉和形象。

第三节　常用法律援助法律文书

常用的法律援助法律文书,按照法律援助法律文书的性质和用途并结合法律援助程序,可以分为:法律援助申请类文书,法律援助审批类文书、公函类文书、法律援助人员办案类文书、案件归档类法律文书等。其中有的类别的法律援助法律文书中又包括若干个法律文书。

一、法律援助申请类法律文书

法律援助申请类法律文书主要包括法律援助申请表和法律援助申请人及其家庭经济状况证明。

（一）法律援助申请表

法律援助申请表是指在公民申请法律援助时，需要填写的上交相关法律援助机构审查的文书。根据《法律援助条例》第17条的规定，法律援助的申请方式有两种：填写申请表和口头申请。这两种申请方式中以书面申请为原则，口头申请为例外，而且，口头申请的，也要由相关人员记录在案。《法律援助条例》之所以要求申请人以书面形式提出法律援助申请，是因为用书面形式提出申请有利于保护申请人的合法权益，便于规范和管理法律援助工作，便于法律援助机构进行审查，并及时为符合法律援助条件的申请人提供法律援助。

法律援助申请表为表格式，根据需要填写的内容的多少，表格可长可短。其包括申请人的基本情况、人群类别、申请法律援助事项的类别、申请人在申请事项中的法律地位、申请事项法律状态、申请法律援助的援助方式、申请人及家庭经济状况、申请人家庭现有价值千元以上财产状况、申请人家庭自有房产建筑面积及使用状况、申请法律援助的案情及理由概述、申请人或者其法定代理人签字并注明日期。法律援助申请表应在经法律援助机构及相关单位和部门初步审查后，认为申请人有合法权益需要维护和需要提供法律援助时填写。在填写申请表之前，申请人要仔细阅读法律援助机构提供的有关资料，应当如实填写本人的实际情况。

（二）法律援助申请人及其家庭经济状况证明

法律援助申请人及其家庭经济状况证明是指法律援助申请人在申请法律援助时，由相关机构出具的，表明该申请人经济状况困难的证明文件。是否经济困难是法律援助申请能否获得批准的关键因素。根据《法律援助条例》第17条的规定，公民申请代理、刑事辩护的法律援助时，除了提交身份证或者其他有效身份证明等以外，还要提供本人经济困难的证明。

为了便于使用，法律援助申请人及其家庭经济状况证明一般也是表格式，内容主要包括申请人的基本情况、申请人及其家庭经济状况、申请人家庭现有价值千元以上财产状况、申请人家庭每月基本经济开支、申请人家庭自有房产情况、出证单位联系电话等。出证单位应当根据掌握的申请人及其家庭经济情况,如实填写申请人及其家庭的经济状况,以确保法律援助机构更全面地了解掌握申请人的实际经济状况,避免申请和审批的随意性,并且要将该证明与法律援助申请表合并使用。出证单位联系电话要写清楚,以便法律援助机构根据《法律援助条例》第18条的规定,开展法律援助申请的审批工作时及时与出证单位联系,做好查证工作,提高审批效率。根据《法律援助条例》第13条的规定,出证单位为各省、自治区、直辖市的法律援助规范性文件中规定的有权出具经济困难证明的单位。

二、法律援助审批类法律文书

法律援助审批类法律文书主要包括法律援助审批表、给予法律援助决定书、不予法律援助通知书。

（一）法律援助审批表

法律援助审批表是指法律援助机构审批法律援助申请人提出的法律援助申请是否属实时所要填写的表格。法律援助审批表的内容至少要包括文书名称、文书编号、申请人基本情况、申请事项、受理申请时间、申请人及其家庭经济状况、案件来源、法律援助事项类别、受援人分类、提供法律援助方式、案件摘要、审查意见、主任审批意见等。法律援助机构负责审查工作的人员要按照栏目要求认真填写。比如,“案情摘要”栏目,由法律援助机构负责审查工作的人员结合相关案件材料等,认真填写清楚,便于领导查看批示。“审查意见”栏目一般有以下两种情况:一是经审查,审查人员认为申请人不符合法律援助条件,不应给予法律援助的,应当写明“不符合法律援助条件,不应当给予法律援助。妥否,请批示”;二是经审查,审查人员认为申请人符合法律援助条件,应当给予法律援助的,应当写明“符合法律援助条件,应当给予法律援助。妥否,请批示”。“主任审查意见”栏目,也就是领导批示,由县级以上法律援助机构负责人对本机构审查人员的审查意见审核后,作出是否同意的批示。

在制作法律援助审批表之前,法律援助机构要认真审查申请人的身份证明材料(包括代理权证明)、经济困难证明材料、与所申请法律援助事项有关的案件材料、申请事项是否属于法律援助的范围、申请事项是否属应由本法律援助机构受理等。关于审批时限,《法律援助条例》没有作出明确规定,但根据实践做法,法律援助机构最迟应当自收到申请之日起20日内进行审批,填写审批表,并作出是否给予法律援助的决定。

（二）给予法律援助决定书

给予法律援助决定书是指针对申请人提出的法律援助申请及相关证明材料，法律援助机构审查人员和法律援助机构负责人经认真审查和审核，认为法律援助申请人符合法律援助条件时，向其下发的同意为其提供法律援助服务的文书。接到该文书之后，法律援助申请人的身份和称谓立即发生了变化，从法律援助申请人转变为法律援助受援人，从而真正享有了获得法律援助服务的权利。

给予法律援助决定书与法律援助审批表之间的区别在于：法律援助审批表是法律援助机构审批法律援助申请时制作并内部掌握的程序性文书，不需要向法律援助申请人提供审批表原件或者复印件，而给予法律援助决定书则是根据法律援助审批表正面的审批结果，向法律援助申请人下发的同意为其提供法律援助服务的文书。

给予法律援助决定书的内容至少要包括文书名称、文书编号、申请人/受援人姓名、向法律援助机构提出申请的日期、经审查符合法律援助条件、给予法律援助的表述、提供法律援助的方式、发放给予法律援助决定书的法律援助机构的名称以及制作年、月、日。给予法律援助决定书要按要求填写并要加盖法律援助机构的公章。

给予法律援助决定书制作完毕后，应当及时将决定书送达法律援助申请人，以便法律援助申请人尽早知悉本人是否能够通过法律援助维护自己的权利。

（三）不予法律援助通知书

不予法律援助通知书是指针对申请人提出的法律援助申请及相关证明材料，法律援助机构审查人员和法律援助机构负责人经认真审查和审核，认为法律援助申请人不符合法律援助条件时，向其下发的不同意为其提供法律援助服务的文书。

不予法律援助通知书的内容和制作方法与给予法律援助决定书的区别在于：因为不予法律援助通知书拒绝了法律援助申请人提出的法律援助申请人，所以其内容比给予法律决定书要详细，不仅要指明不予法律援助的理由是什么，还要告知申请人对不予法律援助通知书有异议的，可以向作出不予法律援助通知书所属的司法行政机关提出异议。

不予法律援助通知书的内容至少要包括文书名称、文书编号、申请人/受援人姓名、向法律援助机构提出申请的日期、经审查不符合法律援助条件、拒绝给予法律援助、拒绝的理由是什么及申请人有享有异议权的表述、发放不予法律援助通知书的法律援助机构的名称以及制作年、月、日。不予法律援助通知书要按要求填写并要加盖法律援助机构的公章。

不予法律援助通知书制作完毕后,应当及时将决定书送达法律援助申请人,以便没有异议的法律援助申请人尽早采取其他措施维护本人的权利。

三、法律援助公函类法律文书

法律援助公函类法律文书主要包括指派通知书、法律援助公函(通知辩护)、刑事法律援助公函(转交申请)、法律援助中心(处)介绍信、律师会见在押犯罪嫌疑人/被告人专用介绍信等。

(一)指派通知书

指派通知书是指由法律援助机构制作并发送律师事务所,要求其安排律师办理法律援助案件的文书。

指派通知书的内容至少要包括文书名称、文书编号、律师事务所名称、受援人姓名及其所涉案件案由、具体指派要求、制作文书的法律援助机构的名称、制作通知书的年、月、日。指派通知书要按要求填写,并要加盖法律援助机构的公章,末端还要附有制作文书的法律援助机构的地址、联系人和联系方式。

在向法律援助申请人送达给予法律援助决定书的同时或者之后,要尽快制作指派通知书,以做好与诉讼时效的衔接,切实维护受援人的合法权益。另外,在制作指派通知书之前,要结合受援人所涉案件的性质,指派具有相关专业特长的律师事务所办理法律援助案件。

(二)法律援助公函(通知辩护)

法律援助公函(通知辩护)是指法律援助机构针对人民法院、人民检察院和公安机关的通知辩护书制作的,明确由谁作为辩护通知书中的犯罪嫌疑人、被告人的辩护人,并向人民法院、人民检察院和公安机关交付的公函。

法律援助公函(通知辩护)的内容至少要包括文书名称,文书编号,发往人民法院、人民检察院和公安机关的名称,案件名称,受援人姓名,接受指派的律师事务所或者法律援助中心(处)的名称,担任辩护人的律师的姓名,受援人在案件中的地位等,制作文书的法律援助机构的名称,制作公函的年、月、日。要按要求填写,并要加盖法律援助机构的公章。另外,末端还附有律师通讯地址、联系方式及执业证号。

收到人民法院、人民检察院和公安机关的通知书以后,法律援助机构要尽快制作,并向人民法院、人民检察院和公安机关提交法律援助公函(通知辩护),以方便律师及早介入案件。

(三)刑事法律援助公函(转交申请)

刑事法律援助公函(转交申请)是指法律援助机构针对公安机关、检察机关和人民法院转交的刑事法律援助申请,经审查,决定提供法律援助或者不予提供法律援助,并交付公安机关、检察机关和人民法院的公函。

刑事法律援助公函(转交申请)的内容至少要包括文书名称,文书编号,发往单位的名称,收到转交申请的日期,案件名称,犯罪嫌疑人/被告人姓名,接受指派的律师事务所/或者法律援助中心(处)的名称,辩护律师的姓名,案件所处的诉讼阶段等;对于不予法律援助的刑事法律援助公函,其正文包括发往单位的名称、收到转交申请的日期、案件名称、犯罪嫌疑人/被告人姓名及其不符合法律援助条件的表述等,制作文书的法律援助机构的名称,制作公函的年、月、日。要按要求填写,并要加盖法律援助机构的公章。另外,末端还附有律师通讯地址、联系方式及执业证号。

收到公安机关、检察机关、人民法院转交的法律援助申请以后,法律援助机构要尽快开展审查工作,制作并向公安机关、检察机关、人民法院交付刑事法律援助公函,以便在可以为犯罪嫌疑人/被告人提供法律援助的情况下,律师及早介入案件,或者在拒绝为犯罪嫌疑人/被告人提供法律援助的情况下,使犯罪嫌疑人/被告人能够及早通过其他途径维护其合法权益。

(四)法律援助中心(处)介绍信

法律援助中心(处)介绍信是指由相关法律援助中心(处)制作的,法律援助人员在开展法律援助工作中到相关单位了解情况或者参与活动等时使用的文书。

法律援助中心(处)介绍信的内容至少要包括文书名称,文书编号,送往单位的名称,被介绍人姓名及人数,被介绍人将开展的具体活动,制作文书的法律援助机构的名称,制作公函的年、月、日。要按要求填写,并要加盖法律援助机构的公章。

(五)律师会见在押犯罪嫌疑人/被告人专用介绍信

律师会见在押犯罪嫌疑人/被告人专用介绍信是指由法律援助机构制作的,法律援助律师在立案侦查阶段或者法院审判阶段到侦查机关会见法律援助案件中的犯罪嫌疑人/被告人时使用的文书。

律师会见在押犯罪嫌疑人/被告人专用介绍信的内容至少要包括文书名称,文书编号,侦查机关的名称,被介绍律师姓名和人数及所属单位名称,案件名称,将会见的犯罪嫌疑人/被告人姓名,制作文书的法律援助机构的名称,制作公函的年、月、日。要按要求填写,并要加盖法律援助机构的公章。

四、案件结案归档类法律文书

根据《法律援助条例》的规定,案件结案归档类法律文书,主要是指法律援助服务人员在办结法律援助案件/事项时,应当向法律援助提交的法律援助案件/事项结案报告表及有关法律文书副本或者复印件、办案情况报告等材料。

法律援助案件/事项结案报告表的内容一般要包括承办单位名称、承办人名称、承办人分类、案由、审理单位、审级、指派日期、开庭日期、判决/裁决日期、援助形式、案情及承办情况报告、承办结果等。办案人员在办结法律案件/事项后,要及时向法律援助机构提交相关归案类法律文书,以便法律援助机构能够向办案人员发放办案补贴。

第七章　法律援助人员的职业道德和工作纪律

第一节　法律援助人员职业道德概述

一、法律援助职业道德的含义和特点

(一)法律援助职业道德的含义

在“法律援助职业道德”一词中,法律援助是限定词,职业道德是中心词。在论述法律援助职业道德之前,首先要弄清楚职业道德的含义、特点及其重要意义。职业道德是从事一定职业的人在特定的工作和劳动中所应遵循的特定的行为规范。恩格斯指出:“每一个阶级,甚至每一个行为,都各有各的道德。”①职业道德是一般社会道德的特殊形式。职业道德的出现,与社会分工的发展相联系。原始社会的大分工,是原始职业分工的雏形,包含了职业道德的萌芽。随着奴隶社会职业分工的日益发展,人们在职业活动中发生各种各样的联系,为了调整不同职业内部、不同行业之间,以及每个从业人员之间的关系,便产生了职业道德。

由于职业活动是人类最基本的实践活动,因而职业道德比婚姻家庭道德、社会公德更能反映一定社会、一定阶级的道德要求和道德面貌。马克思和恩格斯在《费尔巴哈》一文中指出,以一定的方式进行生产活动的一定的个人,发生一定的社会关系和政治关系,一定的生活活动方式,就形成一定的职业活动。职业的不同,也就形成不同的道德意识和道德行为。

职业道德作为一种社会意识,是社会的、阶级的道德在职业生活中的具体

---

① 《马克思恩格斯选集》(第4卷),第236页。

体现,反映着行为的道德调解的特殊方向,又带有具体职业或行业活动的特点,是一般道德原则和道德规范的重要补充。职业道德是在特定的职业生活中形成的,但在阶级对立的社会里,必然受阶级道德的制约,社会生产力的发展水平和生产方式,以及占统治地位的阶级的制约,决定了职业道德的时代性。职业道德包含对整个人类都有利的一些起码的公共生活准则,即社会公德。

结合职业道德的含义,我们可以把法律援助人员的职业道德定义为:法律援助职业道德是广大法律援助人员在从事法律援助工作中应遵循的法律援助行为规范和应当具备的职业道德品质的总和。与其他职业道德一样,法律援助职业道德也是社会道德的重要组成部分,是社会道德在法律援助工作中的具体体现,是一种更为具体化的、职业化的、个性的社会道德。

中国法律援助徽章“援助之手、慈爱之心、保护之盾”是对我国广大法律援助人员职业道德要求的形象描述和集中体现。在法律援助工作中,法律援助职业道德修养没有旁观者。也就是说,无论是法律援助管理人员,或者是法律援助服务人员,人人都是法律援助职业道德修养的身体力行者和实践者。特别是近年来,随着法律援助制度在我国的深入发展,人们逐渐意识到,如何采取切实措施,在广大法律援助人员中间大力倡导和推行爱岗敬业、忠于职守、依法办事的职业道德和习惯,严格法律援助的执业纪律,是健全和完善我国法律援助制度,提高法律援助工作质量和水平的前提和保障,是各级司法行政机关、法律援助机构长期面临的一项迫切任务。

(二)法律援助职业道德的主要特点

与其他职业所具有的职业道德相比,法律援助人员的职业道德具有以下特点:

1. 法律援助职业道德主体的多样性

法律援助职业道德主体的多样性也即法律援助人员的多样性。本书所指法律援助人员是指在法律援助工作中直接和间接地为当事人提供法律援助服务的人员。根据《法律援助条例》的规定,法律援助人员由以下五类人员组成:一是法律援助机构负责受理申请、审查、指派或者安排等工作的人员。虽然这些人员不直接办理法律援助案件,但是他们的工作与受援人能否通过法律援助维护自己的合法权益密切相关,所以是法律援助职业道德的主体之一。二是接受指派办理法律援助案件的社会律师。根据《刑事诉讼法》、《律师法》和《法律援助条例》的相关规定,社会律师负有接受指派承担法律援助的义务,是法律援助服务的主要提供者，特别是在社会律师资源相对丰富的地方，法律援助机构要尽量多发挥社会律师的作用；法律援助机构要采取有效措施，督促社会律师依法履行法律援助义务，探索社会律师履行法律援助义务的新方式和新途径，在所辖行政区域内科学合理化调配社会律师资源，让所有的律师都普遍履行法律援助义务。[①] 三是法律援助机构的专职办案人员。根据《法律援助条例》第21条的规定，法律援助机构可以安排本机构中的工作人员办理法律援助案件。如果法律援助机构认为本机构的工作人员能够胜任办理具体的法律援助案件的，可以安排本机构的工作人员办理法律援助案件。例如，申请的法律援助事项是法律咨询类的问题和法律允许非律师人员代理的案件等，一般可以安排本机构的工作人员及时予以答复或者办理。特别是在律师资源有限的地方，法律援助机构要发挥本机构办案人员的作用，在满足受援人法律援助需求的同时，不断积累经验，提高工作能力和水平，促进法律援助案件办理向专业化方向发展。四是接受指派办理法律援助案件的基层法律服务工作者。尽管法律法规并没有对基层法律服务工作者设定法律援助义务，但是考虑到我国律师资源的不足、分布不均和社会法律援助需求大，以及基层法律服务工作者人员众多、在基层分布广泛的特点，司法部《律师和基层法律服务工作者开展法律援助工作暂行管理办法》等明确要求基层法律服务工作者要结合自身业务工作特点，承担相应的法律援助义务，并将此作为基层法律服务工作者遵守职业道德和执业纪律的重要表现之一。五是接受指派办理法律援助案件的社会组织人员。法律援助机构可以根据社会组织的要求，安排其所属人员办理法律援助案件。《法律援助条例》第8条规定，国家鼓励和支持社会团体、事业单位等社会组织利用自身资源为经济困难的公民提供法律援助。这里的社会组织是指工会、共青团、妇联、残联等社会团体和法律院校、科研机构等事业单位。这些社会组织开展法律援助主要是基于其自身的意愿和能力，但也须遵守法律援助的一般职业道德和工作纪律。

综上所述，法律援助职业道德应当包括法律援助机构负责受理审查和指派或者安排工作的人员、律师、法律援助机构专职服务人员、基层法律服务工作者、社会组织人员从事法律援助工作或者办理法律援助案件时，应当遵守的行

---

① 国务院法制办政法司、司法部法律援助中心、司法部法规教育司编著：《法律援助条例通释》，中国法制出版社2003年版，第76页。

为规范和应当具备的道德品质的总和。

2. 法律援助职业道德层次的多样性

我国法律援助制度的实施模式包括专职律师模式和社会律师模式，以社会律师模式为主。前者专职从事法律援助工作，而后者是基于法定的义务或者职业责任心从事一定量的法律援助工作，具有临时性。因此，对法律援助专职律师和法律援助机构工作人员的职业道德要求，应当高于对社会律师的要求。另外，我国是以政府主导、社会参与的方式建立和实施法律援助制度的，提供法律援助有义务和非义务之分，在实施法律援助的五类主体中，基层法律服务工作者和社会组织人员并不负有法律上的义务，因此对其从事法律援助工作的职业道德要求应当低于负有法定义务的人员。例如，对于法律援助机构专职律师和工作人员，则要热爱法律援助工作；对于社会律师，要自觉履行法律援助义务；对于基层法律服务工作者和社会组织人员，要努力维护受援人的合法权益。可见，对于从事法律援助工作的不同职业主体，有不同层次的法律援助职业道德要求。

3. 法律援助职业道德层次上的共通性

尽管律师、法律援助机构工作人员等五类法律援助人员有各自不同的职业道德和执业纪律，但是在从事法律援助工作时，他们的职业道德和执业纪律是表现出一定的共同性的。也就是说，法律援助人员的职业道德表现在上述五类人的职业活动，但并不是五类人职业活动的全部，而只是五类人在从事法律援助职业活动时相通的内容，是在五类人职业活动基础上构建起来形成的一种新的责任、义务，既包含了五类人职业活动原有的部分行业特点，又形成了自己的一些新的规范。所以在法律援助人员职业道德的认识、情感、意志、信念、行为规范方面，表现出了多种职业活动的共同性，即法律援助人员都要自觉履行法律援助义务，全心全意为维护受援人的合法权益服务；法律援助人员应当坚持以事实为依据，以法律援助为准绳，严格依法办事；法律援助人员应当坚持原则，刚正不阿，维护国家法律与社会正义；法律援助人员应当品行高尚、廉洁清正、不谋私利，保证自己的行为无损于法律援助的职业形象；法律援助应当忠于职守，敬业勤业，诚实守信，谨慎求实，努力提高业务素质和服务能力水平；法律援助应当尊重和维护受援人的人格尊严和法律赋予的各项权利，为受援人提供优质高效的法律援助服务；法律援助人员应当坚持法律援助服务的无偿原则，在办理法律援助案件时不得向当事人谋取财物。

4. 法律援助职业道德内容上的引导性

一般情况下，职业道德内容的结构体系都体现着职业活动者权利义务的平衡，在规范上既有强制性的命令、要求，又有方向性的提倡和引导，道德规范和道德培养教育并重。法律援助人员职业道德则是要求法律援助人员在从事法律援助工作时，不要以谋求个人权利和报酬为重，而要以崇高的思想境界和工作态度履行法律援助的职业责任和义务。例如，《法律援助条例》第 8 条、第 9 条规定，国家支持和鼓励社会团体、事业单位等社会组织利用自身资源为经济困难的公民提供法律援助；对在法律援助工作中作出突出贡献的组织和个人，有关的人民政府、司法行政部门应当给予表彰和奖励。这些都体现了法律援助职业道德内容上的引导性或者说是指引性。由此可见，在目前情况下，我国法律援助立法规定中有关法律援助人员职业道德规范中与职业责任、纪律结合的要求相对比较少，更多的是提倡、培养、引导性的内容。

二、法律援助职业道德的基本原则

法律援助人员在法律援助工作中应当承担的主要法律责任和义务，是法律援助人员职业道德的核心内容，也是构成法律援助人员职业道德的最基本原则。法律援助职业道德基本原则的内容应当包括以下几个方面：

（一）法律援助人员应忠于宪法和法律

法律援助人员是实现依法治国，建设社会主义法治国家方略的职业建设者，其主要职责就是完善国家的司法保障机制，推动国家的法制建设。宪法和法律是法律援助人员开展职业活动的根据，也是法律援助人员手中的武器和工具。有人称宪法和法律是司法工作者的灵魂，离开了这个灵魂就寸步难行。

（二）法律援助人员应忠实于法律援助事业，全心全意为维护受援人的合法权益服务

法律援助事业是维护社会公平与正义，代表人类文明与进步要求的一项崇高的事业，它与我国社会主义制度的本质相一致，较集中地体现了“三个代表”的基本要求，因此它已经逐渐上升为一种国家的意志，并以法律的形式体现出来。法律援助人员作为职业的法律工作者，最根本的天职是必须无条件地忠实于国家的法律援助制度，以国家的意志为意志。特别是在法律服务日益市场化的今天，法律援助人员必须克服市场经济带来的一些负面影响，把个人利益统一到国家和社会的长远利益上来，做到全心全意为维护受援人的合法权益服务，否则法律援助人员就会失去了职业存在的根基。

（三）法律援助人员应坚持社会主义的人道主义

社会主义的人道主义，追求的是一种人人自由、平等，都应当过幸福生活、获得全面发展的社会理想。它要求每一个人都要关心集体和国家的利益，强调国家要关心人民的疾苦，维护人民群众的合法权益和人格尊严。在处理人际关系上，它要求建立团结友爱、互利互惠、平等竞争、互助合作的同志关系。社会主义的人道主义最直接地体现了法律援助制度的社会目标和价值追求。在法律服务业不断市场化、市场经济带来的负面影响逐渐增多的今天，要求法律援助人员把维护社会的公正、平等作为自己的道德义务，暂时放弃谋求个人的权利和报酬，全心全意地维护受援人的合法权益是十分必要的，也是法律援助事业兴旺发达的重要基础。

（四）法律援助人员应具有法律援助事业心和对社会贫弱者的同情心、责任感

作为一名法律援助工作者，对法律援助的事业心和献身精神，对社会贫弱者的同情心，以及由此升华的责任感，在某种意义上比所掌握的法律服务知识和技能水平更加重要。这样说并非是法律援助人员不需要重视提高法律知识和提供法律援助的技能，而是因为法律援助的实践告诉我们，绝大多数法律援助案件发生在社会贫弱者之间，其争议事项涉及的法律关系大多比较简单，往往不涉及国际经济贸易法律知识、科技知识和外语水平等高精尖知识。实践表明，具备一名普通律师应有的基本法律知识、功底、素质和技能，对受援人具有发自内心的同情心和奉献精神，愿意尽心尽力地办好法律援助案件，争取对受援人合法权益的最佳援助效果，就能够成为一名优秀的法律援助工作者。做到这一点，是法律援助人员职业道德的核心所在，也是法律援助职业道德与社会法律服务人员的职业道德的明显区别。社会法律服务人员的职业道德具有明显的市场机制特点，讲求的是等价劳动相交换的诚信原则，但支撑诚信的东西是作为法律服务等价的货币报酬。如果说对社会法律服务人员的职业道德要求，是拿了客户的钱就要提供最好的法律服务，那么对中国法律援助人员的职业道德要求，就是没有报酬也要提供最好的法律援助服务。

（五）法律援助人员要通过努力学习和工作，加强自身职业道德修养

从法律援助工作实践来看，法律援助涉及司法行政机关、法律援助机构、法律服务机构、五类法律援助人员和受援人等多方面的关系，从而使法律援助机构和人员管理、法律援助工作程序、法律援助经费拨付使用、法律援助质量管理

等各个工作环节表现出特殊性和复杂性，因此法律援助人员不仅要遵守一般的法律服务规范，还要执行法律援助法律法规及规范性要求。为此，法律援助人员只有具备了扎实的业务功底和高度的职业素质，才能顺利完成法律援助工作任务。所以，法律援助人员不仅要学习业务知识，还要学习国家的法律援助法规、政策和制度，树立正确的服务观念，不断提高从事法律援助工作的职业道德素养和习惯。

三、法律援助职业道德的主要内容

职业道德规范是在职业道德原则指导下形成的判断职业行为好坏的具体标准，因此，法律援助人员职业道德规范则是在法律援助职业道德原则指导下形成的判断法律援助职业行为好坏的具体标准。《律师法》、《法律援助条例》及各地法律援助立法、司法部《律师和基层法律服务工作者开展法律援助工作暂行管理办法》等规范性文件对法律援助人员职业道德规范作出了简明、实用的规定，具有明确的针对性和指导性，便于法律援助人员在实际工作中理解和执行。例如，司法部《律师和基层法律服务工作者开展法律援助工作暂行管理办法》要求："承办法律援助案件律师和基层法律服务工作者，应当根据承办案件的需要，依照司法部、律师协会有关律师和基层法律服务工作执业规范的要求，尽职尽责地履行法律服务职责，遵守职业道德和执业纪律。"司法部和共青团中央《关于实施西部基层法律援助志愿者服务行动的通知》（中青联发〔2005〕23 号）也明确要求，要选拔政治素质高、品学兼优、业务能力强，具有奉献精神和责任意识的优秀大学毕业生到西部基层司法行政机关从事法律援助志愿服务工作。具体来说，法律援助人员职业道德的主要内容包括以下几点：

（一）忠于宪法和法律，坚持原则，以事实为依据，以法律为准绳，严格依法办事，维护社会公平正义

宪法是国家的根本大法，是《刑事诉讼法》、《律师法》、《法律援助条例》等法律法规产生的依据。法律是衡量事实的标准和尺度，没有法律的准绳，事实的善恶曲直就无法衡量。法律援助人员的五类主体都是我国社会主义法制的实践者，必须忠于宪法和法律，坚持宪法和法律的基本原则。在法律援助工作中，法律援助人员如果背离了宪法和法律，则失去了工作的依据。事实是运用和实施法律的对象，离开了事实，法律就失去了作用的对象。因此以事实为依据，以法律为准绳是法律援助人员必须遵守的一项最基本的司法职业准则。在

法律援助工作中,以事实为依据,以法律为准绳,也是法律援助人员忠于宪法和法律的最具体的体现。法律援助人员如果在职业活动中不坚持以事实为依据,以法律为准绳,严格依法办事,就变成一种典型的违反职业道德的行为,法律援助人员的职业责任和义务就会成为一句空话。

坚持原则是法律工作者传统的职业道德,也是法律援助人员应当具备的意志品质。它的内容主要有:严格贯彻“法律面前人人平等”的原则,秉公执法,不徇私情,坚持真理,等等。法律援助人员只有具备了这种为法律的尊严和社会的正义而战的基本素质,才能更好地履行法律援助人员应尽的职业责任和义务。①

(二)热爱法律援助事业,自觉履行法律援助责任和义务,全心全意维护受援人的合法权益

热爱法律援助事业,是法律援助人员职业道德的核心内容,在法律援助人员职业道德规范体系中居于主导地位。法律援助制度反映着人类对文明、进步的不断追求,对实现社会平等、公正的祈盼和渴望。职业道德规范一般要反映现实社会经济关系的要求,在目前我国社会多种经济成分并存的情况下,所表达出的各种职业道德规范要求水平也是高低不同的。法律援助制度的价值取向,毫无疑问反映着一种最先进的生产关系,代表着人类社会期望的最美好的理想,所以法律援助人员职业道德规范的核心,应当高于现实生活中多数职业道德行为的水平,高于其他职业规范对从业人员的要求。在这一规范中,热爱法律援助事业,全心全意为维护受援人合法权益服务的要求,有着共产主义道德的某些基本特征,是对法律援助人员职业责任和义务的高水平的要求,也是在现实社会中法律援助制度赖以发展的精神动力。

(三)法律援助人员应当品行高尚、廉洁清正、不谋私利,保证自己的行为无损于法律援助的职业形象

法律援助人员在从事法律援助活动的过程中,应当暂时放弃谋求个人的权利和报酬,这是法律援助职业活动不同于其他职业活动的一项特殊的义务要求。这是由社会主义制度的权利义务观所决定的。职业道德规范的任务,就是要调节国家、集体、个人三者的利益关系,以期达到一种平衡、有序。社会主义的利义观强调在国家、集体、个人的利益关系上,个人利益要服从集体和国家的

① 宫晓冰主编,郑自文副主编:《中国法律援助制度研究》,中国方正出版社2004年版,第304页。

长远利益，以国家的利益为重，提倡集体主义、爱国主义的精神和价值观念。对贫、弱者实施司法救济的法律援助制度，代表着人民的意志，是社会主义制度的最本质的要求。建立法律援助制度体现的是一种国家的最高利益。我们正处在社会主义制度的初级阶段，根据我国的国情，在相当长的一段时间内，必须把不谋私利作为对法律援助人员的一项特殊的义务要求，把道德高尚、廉洁清正、不谋私利作为法律援助的职业形象。例如，《法律援助条例》第 22 条规定："办理法律援助案件的人员，应当遵守职业道德和执业纪律，提供法律援助不得收取任何财物。"法律援助是无偿的法律服务，受援人一般都是贫困群体，因此，特别需要法律援助人员遵守职业道德，尊重受援人，不得向受援人收取任何财物，切实维护受援人的合法权益。当然，这并不意味着法律援助这一职业活动中完全没有个人的利益，而是要求法律援助人员的个人利益在统一于国家、集体利益，服从于国家利益的前提下，通过一定的规范和法律、制度许可的形式来实现自己的利益。因为，法律援助职业活动不同于律师、公证、基层法律工作者一般的执业活动，在服务主体与对象之间不产生任何经济上的权利义务关系，而且从世界上多数国家所实施的法律援助制度来分析，通过国家义务来保障的法律援助人员经济权利，一般都不能与按市场规律、等价交换原则自由形成的法律服务利益相比，其或多或少带有一定的义务性质。①

（四）法律援助人员应当忠于职守、敬业勤业、诚实守信、谨慎求实，努力提高业务素质和服务技能

诚实守信、谨慎求实、忠于职守、敬业勤业是中华民族职业道德的优良传统，是包括法律援助职业道德在内的所有职业道德规范的核心内容。法律援助人员职业道德规范体系选择这些职业道德传统作为自己的主要规范，是由法律援助特殊的职业责任和义务所决定的。法律援助不同于一般的服务行业，其服务态度、服务质量的高低直接影响着人的生命财产安全和一生的幸福，责任重于泰山。就像医生与病人的关系一样，必须把病人放在第一位，一切为了病人的需要是一道至高无上的命令。维护受援人的合法权益就是对法律援助人员的一道命令，法律援助人员必须把自己的一切都服从和服务于这一命令的需要，把自己的职业义务、职业良心、职业荣誉、职业幸福等思想、意志、感情、能力全部融入为维护受援人合法权益的职业活动当中去，尽职尽责。

① 宫晓冰主编，郑自文副主编：《中国法律援助制度研究》，中国方正出版社 2004 年版，第 304 页。

法律援助工作不仅涉及司法行政机关、法律援助机构和相关职能部门、法律服务机构、法律援助人员、受援人等多方面的法律援助关系，使得法律援助在程序衔接、人员管理、经费拨付管理使用、办案质量管理上表现出独特性，而且法律援助人员在办案过程中要涉及方方面面的立法规定，因此，法律援助人员不仅要掌握一般的法律规范，还要熟悉法律援助工作的相关规定。这就要求法律援助人员要通过不断的理论和实务知识的学习，才能具备扎实的理论水平和业务素质，才能切实履行法律援助的责任和使命。所以法律援助人员既要学习业务知识，又要学习国家的法律援助政策和制度，树立正确的执业观，努力提高业务能力和办案技巧。

（五）法律援助人员应当尊重和维护受援人的人格尊严和法律赋予的各项平等权利，一视同仁，为受援人提供优质的服务

法律援助的对象是社会贫困和弱势群体；法律援助的主体是律师、法律援助机构专职人员和基层法律工作者等五种职业人员在一种共同的社会责任和义务的基础上契合成的新的职业活动主体；法律援助活动在形式上与有偿法律服务职业活动密不可分地交织在一起。职业活动对象的不同，职责和义务的不同，职业角色的变化，都要求法律援助人员必须对此有一个清楚的认识和把握，必须克服在市场机制制约下形成的一些职业习惯和作风。法律援助人员不能因为与受援人有着不同于有偿法律服务对象那样对应的权利义务关系，不能因为援助对象的弱小和贫穷，而对受援人采取歧视、敷衍的态度，把自己的职业义务当作对受援人的一种恩赐，不尊重受援人的人格，漠视受援人应当享有的各项平等权利，特别是当法律援助职业活动可能或已经影响到法律援助人员的个人利益的时候，以牺牲受援人的利益作为代价。这些都是绝对不能允许的。

法律援助人员在职业活动中应当做什么、不能做什么，仅靠几条原则的道德规范是远远不够的，但通过这些主要规范，可以基本表达出法律援助最基本的职业责任、义务。在法律援助具体的职业实践活动中，人们还应当根据广泛的实践活动，进一步总结、归纳出更加简明、具体，便于理解和操作的职业道德标准体系，以保证法律援助职业责任和义务的全面履行。另外，还需进一步强调的是，法律援助职业道德规范的选择与要求，仅仅是反映了这一职业活动的特殊要求。由于法律援助职业活动在层面上与律师、公证、基层法律服务相互交织的复合性，法律援助职业道德主要规范并没有把法律援助职业活动与律师、公证、基层法律服务职业活动一般的执业准则、标准涵盖进来，而且由于职

业形成的差异，要把法律援助所涉及的律师、公证、基层法律服务职业行为规范都以法律援助行为规范的形式加以表达也是不可能的。所以，法律援助人员在职业活动中，仍要遵循和坚持与法律援助职业道德主要规范要求相一致的律师、公证、基层法律服务职业道德和执业纪律，做到并行不悖、有机结合。

四、法律援助职业道德教育与监督

（一）开展法律援助职业道德教育与监督的背景

为了加强职业道德教育，促进职业道德规范建设，早在1986年，十二届六中全会通过的《中共中央关于社会主义精神文明建设指导方针的决议》中，对社会主义职业道德建设就作了明确的规定："在我们社会的各行各业，都要大力加强职业道德建设。首先是党和国家机关的干部，要公正廉洁，忠诚积极，全心全意为人民服务，反对官僚主义、弄虚作假、利用职权谋取私利。还要加强那些直接为广大群众日常生活服务的部门的职业道德建设，反对和纠正带有行业特点的不正之风。"1996年，十四届六中全会通过的《中共中央关于加强社会主义精神文明建设若干重要问题的决议》中，又对职业道德的建设和发展作了进一步明确的规定："要以服务人民、奉献社会为宗旨，开展创建文明行业活动。各行各业特别是与群众生活关系密切的'窗口行业'，都要根据自身特点，对职工普遍进行职业责任、职业道德、职业纪律的教育，加强岗位培训，规范行业行为，树立行业新风。"同时，该决议还指出：要"大力倡导爱岗敬业、诚实守信、办事公道、服务群众、奉献社会的职业道德"。党的十六大指出"坚持物质文明和精神文明两手抓，实行依法治国和以德治国相结合"，建设社会主义文明，不断提高全民族的思想道德素质和科学文化素质，为现代化建设提供强大的精神动力和智力支持。党的十六大强调"切实加强思想道德建设"，认真贯彻《公民道德建设实施纲要》，弘扬爱国主义精神，以为人民服务为核心，以集体主义为原则，以诚实守信为重点，加强社会公德、职业道德、家庭美德教育。将职业道德写入十六大报告，足见其重要性，不学习怎么能提高，怎么能武装头脑。正是在党和政府的大力倡导下，近年来，全国各行各业，从上到下，从内地到边疆，广泛开展了职业道德教育。

法律援助制度作为服务广大群众的"窗口行业"之一，自1996年在我国建立以来，各级司法行政机关和法律援助机构一直重视法律援助人员的职业道德教育工作，并通过建章立制，逐步建立健全法律援助人员职业道德规范。法律援助人员职业道德规范，仅仅表明有了法律援助职业责任、义务和活动方式的道德行为标准。在法律援助职业活动中，法律援助人员表现出来的职业道德水平的高低，不仅取决于法律援助职业道德体系的系统、完整与否，更重要的是取决于法律援助人员的职业道德品质高低，也即法律援助人员对职业道德的认识、职业道德的情感、职业道德的意志与信念以及职业道德的行为。职业道德品质不是与生俱来的，而是靠职业人员在职业活动中不断进行职业道德修养而获得的，是通过经常不断的教育和训练，才能将职业道德的行为准则普遍升华为职业人员的行为习惯和内在品质。

（二）法律援助职业道德教育的任务和内容

法律援助人员的职业道德教育，是指有计划、有组织地对法律援助人员进行职业道德教育和训练，从外部对法律援助人员职业道德品质的形成施以系统而又积极的影响。其根本任务就是要启发和培养法律援助人员与履行法律援助职业责任和义务要求相适应的职业道德品质。因而，法律援助职业道德教育和训练的内容主要包括：提高法律援助职业道德认识；陶冶真诚的法律援助职业道德情感；磨炼坚强的法律援助职业道德意志；树立坚定的法律援助职业道德信念；形成良好的法律援助职业道德行为习惯。①

提高职业道德认识，前提是提高对法律援助制度所承担的社会责任和义务的认识。这是法律援助人员正确认识和把握法律援助职业道德原则、规范，形成法律援助职业道德观念和职业行为判断能力的思想基础。提高职业道德认识，重要的是把握以下两个方面内容：一是对法律援助职业道德原则规范的学习和掌握；二是结合工作实践，对这些原则、规范加以理解和认同，以达到职业道德认识水平的提高和职业道德评价、选择能力的提高。

陶冶真诚的职业道德情感。法律援助人员职业道德情感的核心内容应当是：维护社会平等与公正的职业正义感；完善司法机制，推动社会文明、进步的职业责任感；扶弱济困、见危救助的职业义务感；诚实守信、尽职尽责的职业良心感；清正廉洁、不谋私利、优质服务的职业荣誉感和全心全意维护受援人合法权益的职业幸福感。

磨炼坚强的职业道德意志，关键是要具有为法律援助事业无私奉献的坚强意志，在履行法律援助责任、义务过程中，如果遇到各种困难或障碍，甚至需要牺牲个人利益的时候，能够毫不犹豫、坚定不移地履行自己的职责和义务。

① 宫晓冰主编，郑自文副主编：《中国法律援助制度研究》，中国方正出版社2004年版，第307页。

树立坚定的职业道德信念，就是要求法律援助人员在对法律援助职业道德认识水平提高的基础上，对法律援助职业所代表的正义性，所体现的人类文明、进步程度予以充分地理解和认同，对法律援助事业的远大前途充满信心，以更加真诚的信念去履行自己的职责和义务。

养成良好的职业道德习惯，要求法律援助人员在日常的职业活动中，自觉地把法律援助的职业道德规范落实到道德行为中去，做到言行一致、知行统一、脚踏实地，一步一个脚印去履行职业责任和义务的要求，把履行职业责任和义务，遵守职业道德规范，升华为一种本能式的自觉行动。

（三）法律援助职业道德教育的方法

开展对法律援助人员的职业道德教育，可以采取灵活多样的方法和手段，但要注意符合法律援助人员职业道德的特点和受教育者的实际情况。在开展法律援助人员职业道德教育的实践中，各地探索、总结出许多成熟的经验和做法。比如，开展灵活多样的法律援助职业道德知识教育活动，并注重法律援助职业道德知识在实践工作中的具体运用；对法律援助人员进行正面教育和批评疏导及处罚相结合的做法；注重榜样引导和舆论监督相结合，认真开展法律援助先进单位和先进个人表彰活动，加强对法律援助工作的监督和管理；法律援助职业道德集体教育与个人自我教育相结合；注重法律援助职业道德教育与其他教育相结合，全方位提供法律援助人员职业道德和素质等。

（四）法律援助职业道德评价与监督

法律援助人员职业道德评价，是指法律援助机构、人民群众以及法律援助人员自己，根据法律法规规定的法律援助人员职业道德准则，对法律援助人员的职业行为作出的善恶价值判断，表明肯定与否的看法。对法律援助人员进行职业道德评价的意义在于，可以督促法律援助人员自觉履行职业道德义务，有助于法律援助人员职业道德素质的形成和不断提高。

另外，各级司法行政机关和法律援助机构要切实监督法律援助人员履行法律援助义务的行为，预防法律援助人员背离职业道德规范的要求，做出违反法律援助职业道德规范要求的事情。通过监督，促使法律援助人员自觉遵守职业道德责任，认真履行法律援助义务。

法律援助人员职业道德评价与监督，是通过他律和自律相结合的方式，对法律援助人员职业道德行为进行约束的。这种评价与监督方法的作用主要表现在以下三个方面：一是对法律援助人员职业道德行为的好坏作出相应的正面或者负面评价;二是促进法律援助人员职业道德品质的逐渐形成,职业道德素质的不断提高;三是切实引导和规范法律援助人员职业道德行为。

从本质上讲,法律援助人员遵守职业道德,应当是自律和他律的统一。法律援助人员职业道德体系健全完善之后,其功能、作用的发挥,就要充分借助法律援助人员的自律和社会他律来完成,各级法律援助管理机构应当重视和切实担负起对法律援助人员职业道德品质形成的自律和他律任务,二者都不可偏废。

我国法律援助职业道德规范化、系统化,是当前建立健全我国法律援助制度的一个重要课题。特别是在目前法律援助制度还处在初期发展阶段的情况,很多职业活动行为尚处在一个探索的过程中,律师等法律援助服务人员在履行法律援助职责义务活动中,主要是靠本职业的规范自发地调节着自己的行为,对法律援助职责义务的认识、道德选择多半还处初期发展的状态之中。因此,如何发现、总结、概括和提炼法律援助实践活动中的道德规范,使法律援助职业道德得到科学的表达,逐步形成具有中国特色的社会主义法律援助职业道德体系已成为时代发展的一项重要任务。

为了提高法律援助人员职业道德素质,并规范法律援助人员职业活动行为,有必要加强对法律援助人员制度化、规范化的约束。伴随着法律援助工作的深入发展,法律援助知晓率不断提高,人们对法律援助的需求大量增加,法律援助人员的行为对法律援助职业声誉和形象的影响越来越大,所以更要重视法律援助人员职业活动行为规范化的发展。在实践工作中,各级司法行政机关和法律援助机构要高度重视法律援助工作的制度化、规范化发展,确保将法律援助人员职业行为的管理和监督工作做到实处。

第二节　法律援助工作纪律

法律援助人员的工作纪律与法律援助人员的职业道德之间既有联系,又有区别,二者相辅相成,关系密切,对于加强法律援助制度建设,提高法律援助工作质量和效率,都发挥着非常重要的作用。其中,职业道德属于思想意识范畴,工作纪律属于法律关系范畴。法律援助工作纪律的直接目的是保证法律援助人员履行法律援助责任和义务,而法律援助职业道德的直接目的是为了确保法律援助工作质量,实现法律援助工作效率的最大化。法律援助工作纪律的执行是以惩罚和激励相结合为手段，而法律援助职业道德的实现主要依靠社会舆论，凭借法律援助人员的自觉和反省。

由此可见，法律援助工作纪律，是指法律援助人员在从事法律援助工作时必须遵守的行为规范。它具有一定的强制性，违反了法律援助工作纪律将会受到相应的制裁，而法律援助人员的职业道德不具有强制性，它主是依靠社会舆论、传统习惯和法律援助人员的内心信念来维系。二者的联系则表现在：法律援助工作纪律与法律援助职业道德的主体是相同的，即五类法律援助人员，调整的对象均为五类人员的法律援助行为，终极目标都是为了保证法律援助工作的顺利开展，保障法律援助受援人合法权益的实现，促进社会公平正义。为此，《法律援助条例》和各地法律援助立法都明确规定，办理法律援助案件的人员，应当同时遵守职业道德和执业纪律。

此外，《律师职业道德和执业纪律规范》、《基层法律服务工作者管理办法》等分别针对律师、基层法律服务工作者的工作纪律作出了明确规定。这些规定在法律援助工作中同样适用，是法律援助人员开展法律援助工作的重要依据。

一、法律援助机构工作人员应当遵守的工作纪律

目前，各地法律援助机构主要是行政性质的机构或者参公管理事业单位或者财政全额拨款事业单位。法律援助机构工作人员主要是国家公务员或者接受政府委托，从事公务、依照公务员管理的人员，其日常工作职业主要是负责受理、审查法律援助申请、指派或者安排人员为符合法律援助条件的公民提供法律援助服务、管理和使用法律援助经费、监督管理法律援助质量、为承办案件的法律援助人员支付办案补贴以及为公民提供简单法律援助咨询等。

（一）必须遵守《公务员法》有关工作纪律的规定

作为国家公职人员，法律援助机构工作人员必须遵守《公务员法》关于公职人员工作纪律的规定。例如，不得玩忽职守，贻误工作；不得拒绝执行上级依法作出的决定和命令；不得弄虚作假，误导、欺骗领导和公众；不得贪污、行贿、受贿，利用职务之便为自己或者他人谋取私利；不得违反财经纪律，浪费国家资财；不得滥用职权，侵害公民的合法权益；不得违反职业道德、社会公德；不得违反工作纪律的其他行为。

（二）必须遵守《法律援助条例》有关法律援助工作纪律的规定

《法律援助条例》有关的法律援助工作纪律规定主要表现在：禁止为不符合法律援助条件的人员提供法律援助服务，也不得拒绝为符合法律援助条件的人

员提供法律援助服务。法律援助是政府对公民应尽的责任,而对于符合法律援助条件的公民来说,则享有获得免费法律服务的权利。法律援助机构工作人员在组织实施法律援助工作时,代表的是各级政府,而非个人。法律援助机构工作人员在行使法律援助行政权力时,必须履行相应的义务。审查公民提出的法律援助申请,决定申请人是否符合法律援助条件,是法律援助机构工作人员的权力,但如果法律援助机构工作人员玩忽职守,不认真履行审查职责,而批准为不符合法律援助条件的人员提供了法律援助服务,或者拒绝为符合法律援助的人员提供法律援助的,则背离了法律援助制度的宗旨,这都是法律援助工作纪律所禁止的。

在办理法律援助案件时不得收取当事人财物。《法律援助条例》明确规定,法律援助是无偿法律服务。法律援助的无偿性是我国法律援助制度的特点和优点,是我国法律援助与世界上其他国家和地区法律援助的区别之一。所以,法律援助机构工作人员在办理法律援助案件的过程中,如果向当事人收取财物,是与我国法律援助的无偿性背道而驰的,也是国家公职人员的工作纪律所不允许的。为此,《法律援助条例》明确规定,法律援助机构工作人员在办理法律援助案件时收取当事人财物的,由司法行政部门责令退还财物。

法律援助机构工作人员不得从事有偿法律服务。这是由我国法律援助的性质所决定的。我国法律援助与市场法律服务的最大区别也在于,法律援助是无偿的。如果法律援助机构工作人员从事有偿法律服务,就容易混淆法律援助与市场法律服务之间的界限,使法律援助工作违反其初衷,广大困难群众的合法权益无法得到保护和实现,从而使法律援助失信于群众和政府。禁止法律援助工作人员向当事人收取任何费用,不得搞自收自支,尤其是不能以机构经费不足为名,通过向社会提供有偿法律服务,办理有偿案件。这也是法律援助机构工作人员必须严格遵守的一条基本原则和工作纪律。针对过去曾有法律援助机构工作人员从事有偿办案的行为,《法律援助条例》明确规定,法律援助机构工作人员从事有偿法律服务的违法所得,由司法行政部门予以没收。

不得侵占、私分、挪用法律援助经费。法律援助制度的本义在于,通过政府的帮助,保障经济困难当事人平等地实现其合法权益。从这个意义上来说,法律援助发挥着与扶贫救济款同样的作用。国家对扶贫救济款的管理和使用一直非常严格。所以根据《法律援助条例》关于"法律援助经费应当专款专用、接受财政和审计部门的监督的”的规定，为了向法律援助工作提供充实的资金和物质保障，保证受援人获得及时、高效、优质的法律援助服务，所以无论是各级财政拨付的，还是各界捐助的法律援助经费，都要依法做到专款专用，不得改变法律援助经费的用途和性质。特别是在我国贫困人口众多、经济发展还比较落后、财政保障能力不足的情况下，更应当加强对法律援助经费的管理和监督，由政府设立的法律援助机构依法进行管理和使用。所以，侵占、私分、挪用法律援助经费，情节较轻，尚不构成犯罪的，有关人员应当受到相应的纪律处分，侵占、私分、挪用法律援助经费，由司法行政部门责令追回。[①]

二、律师等办理法律援助案件时应当遵守的工作纪律

（一）必须遵守《法律援助条例》及其他法律援助规范性文件中有关工作纪律的规定

律师等应当积极承担法律援助义务。根据《法律援助条例》的规定，“法律援助机构可以指派律师事务所安排律师办理法律援助案件”，“律师应当依照律师法和本条件的规定履行法律援助义务，为受援人提供符合标准的法律服务，依法维护受援人的合法权益”。在我国，法律援助不仅是政府的责任，同时又是律师的义务。律师是法律援助办案工作的主力军。律师履行法律援助义务，主要表现是律师接受法律援助机构的指派，利用法律专业知识和办案技能为受援人提供法律援助服务。《律师和基层法律服务工作者开展法律援助工作暂行管理办法》也规定，律师和基层法律服务工作者应当按照相关规定，积极参与法律援助办案工作。例如，该办法明确指出，基层法律服务工作者应当根据司法部规范性文件规定，积极开展与其业务范围相适应的法律援助工作；律师和基层法律服务工作者每年都应当接受法律援助机构的指派，办理一定数量的法律援助案件；承办法律援助案件的律师和基层法律服务工作者应当根据承担案件的需要，依照司法部、律师协会有关律师和基层法律服务工作者执业规范的要求，尽职尽责地履行法律援助服务职责，遵守相关执业纪律。所以，律师、基层法律服务工作者应当积极承担法律援助义务，接受法律援助机构的指派，为受援人提供符合标准的法律援助服务。

律师等无正当理由，不得拒绝法律援助机构的统一指派。统一指派原则是我国法律援助工作的基本原则之一，对于保证法律援助制度开展的统一开展起

① 宫晓冰主编，郑自文副主编：《中国法律援助制度研究》，中国方正出版社2004年版，第309页。

着非常重要的作用。坚持法律援助机构统一指派原则，能够保证律师、基层法律服务工作者平等地承担法律援助义务。由法律援助机构根据本地区律师数量、专业特长统一指派法律援助义务，有利于保证律师、基层法律服务工作者履行义务的普遍性、平等性和最大限度地发挥律师、基层法律服务工作者在法律援助工作中的作用；坚持法律援助机构统一指派原则，还有利于法律援助办案质量管理工作的顺利开展。根据《法律援助条例》的规定，法律援助机构负责组织实施法律援助工作，同时有权对律师、基层法律服务工作者参与办理法律援助案件情况进行监督管理。由此可见，律师、基层法律服务工作者办理法律援助案件时，必须遵守接受法律援助机构统一指派的规定。

接受法律援助机构指派后，律师等无正当理由不得擅自终止办案工作。律师、基层法律服务工作者接受法律援助机构指派后，其办理法律援助案件的行为就与受援人的合法权益紧密联系起来，为受援人提供及时、符合标准的法律援助服务便成为了律师、基层法律服务工作者的法定义务，获得合格、无偿的法律援助服务就成为受援人的法定权利。这不仅是受法律援助制度的宗旨所决定的，同样是律师、基层法律服务工作者的职业道德和执业纪律所要求的。在办理法律援助案件时，如果律师、基层法律服务工作者无正当理由擅自终止法律援助案件，必然损害到受援人的合法权益。所以，律师、基层法律服务工作者必须依法维护受援人的合法权益，无正当理由，不得终止法律援助案件的办理工作。

律师等办理法律援助案件时不得向当事人收取任何财物。关于办理法律援助案件收取费用的情形，主要包括：私自向委托人收取费用、收取委托人财物，谋取当事人争议的权益，或者接受对方的财物等。如果律师、基层法律服务工作者在办理法律援助案件时，向当事人收取财物的，必然会侵犯到受援人的合法权益，损害法律援助制度的形象。①

此外，律师、基层法律服务工作者在办理法律援助案件时，必须接受法律援助机构和司法行政机关的监督。

(二)必须遵守《律师法》等有关执业纪律的规定

法律援助是法律服务的一种特殊形式。律师、基层法律服务工作者等法律援助人员在从事法律援助工作时，同样必须遵守宪法和法律，恪守职业道德和

---

① 宫晓冰主编，郑自文副主编：《中国法律援助制度研究》，中国方正出版社 2004 年版，第 310 页。

执业纪律；在提供法律援助服务时必须以事实为根据，以法律为准绳；参与法律援助案件或者事项时也应当接受国家、社会和当事人的监督。比如，律师在提供法律援助服务时，要严格遵守《律师法》、《法律援助条例》、《律师和律师事务所违法行为处罚办法》、《律师执业行为规范》的相关规定。即律师提供法律援助服务时，应当进行独立的职业思考与判断，认真、负责；律师不得向委托人就某一法律援助案件的判决结果作出承诺；律师提供法律援助服务时，不仅应当考虑法律，还可以以适当方式考虑道德、经济、社会、政治以及其他与委托人的状况相关的因素；律师提供法律服务时，应当庄重、耐心、有礼貌地对待委托人、证人、司法人员和相关人员；不得向受援人收取任何费用、报酬或者财物；不得泄露法律援助案件涉及的国家机密和当事人的隐私；不得利用法律援助名义进行有损法律援助声誉的活动；不得因提供法律援助服务而降低或者违反执业准则和有关业务标准，损害受援人利益；律师在办理法律援助案件或者事项时不得从事或者协助、诱使他人从事具有恶劣社会影响的行为，欺骗、欺诈的行为，妨碍国家司法、行政机关依法行使权力的行为，明示或暗示具有某种能力，可能不恰当地影响国家司法、行政机关改变既定意见的行为等。

司法行政部门要依照《律师法》、《法律援助条例》、《律师和律师事务所违法行为处罚办法》、《律师执业行为规范》、《基层法律服务工作者管理办法》等对律师、基层法律服务工作者等提供法律援助服务的行为进行监督、指导。律师事务所、基层法律服务所等应当对律师、基层法律服务者等法律援助人员在办理法律援助案件和事项活动中遵守职业道德、执业纪律的情况进行监督。律师协会要主动联系相关法律援助机构，组织律师开展法律援助业务培训和职业道德、执业纪律教育，对律师从事法律援助工作的活动进行考核等。

三、法律援助人员不遵守工作纪律时的投诉处理办法

为规范法律援助投诉处理工作，加强对法律援助活动的监督，维护投诉人和被投诉人合法权益，根据《律师法》、《法律援助条例》，2014 年年初，在总结各地法律援助投诉处理经验的基础上，司法部制作公布了《法律援助投诉处理办法》（以下简称《办法》）。《办法》界定了法律援助投诉的概念，明确了投诉人、被投诉人资格及其权利义务，投诉处理工作应当遵循的原则，投诉应具备的条件和投诉事项范围；规范了投诉行为和司法行政机关办理程序、被投诉人违法违规行为应当承担的责任形式，以及对处理不服的救济途径等；明确了处理投诉的时限，及时保障投诉人的权利等；规定了办理投诉事项的流程等。一是要

求必须经过调查核实。进行全面、客观、公正的调查,杜绝办理机关对投诉事项只进行简单的书面审查就草率作出决定的现象,有利于督促办理机关实事求是、负责任地查清事实,维护投诉人的合法权益。其中,要求被投诉人说明情况、提交有关材料,不仅是一种调查方式,也是一种为被投诉人提供主张其权利和保护其合法权益的机会的程序规定。二是必须根据调查结果作出处理。明确了对被投诉人的违法违规行为,应当按照行为性质、情节和危害程度,依职权由相关部门给予不同处理的责任形式。三是要求必须将处理决定书面答复投诉人。这样规定,有利于投诉人对办理机关行为的监督,减少投诉事项处理的随意性;有利于维护投诉人的合法权益,便于投诉人及时确定下一步寻求救济的途径。四是明确了投诉人权利救济途径。规定投诉人对处理答复不服的,可以依法申请行政复议或提起行政诉讼。① 所以,在今后的法律援助服务中,当事人如果遇到了法律援助人员不遵守工作纪律的问题,就可以依据该《办法》进行投诉了。

① 参见"畅通投诉渠道规范法律援助服务行为 司法部副部长解读《法律援助投诉处理办法》",载 http://www.moj.gov.cn/flyzs/content/2014-01/07/content_5179525.htm? node=7673。

第八章　法律援助信息、统计与档案管理

第一节　法律援助信息概述

一、法律援助信息的概念及作用

（一）法律援助信息的概念

法律援助信息是指与法律援助工作有关，以适合于通信、存储等形式来表示的法律援助知识和消息。法律援助信息是法律援助知识和消息中有意义的部分。

（二）法律援助信息的作用

法律援助信息是法律援助工作可持续开展的基础。比如，从大量的法律援助信息中收集有价值的信息资料，是法律援助决策者成功决策的基础，否则，如果没有合理的信息数据，决策比猜想好不到哪儿去，并且很容易出错。概括说来，法律援助信息的作用主要表现在以下几个方面：（1）认识作用；（2）决策作用；（3）控制作用；（4）组织作用；（5）管理作用；（6）实践作用等。

二、法律援助信息处理流程

法律援助信息的处理流程是指对处于自然状态的、与法律援助工作有关的信息资料进行挖掘、收集、分类管理等的过程。具体来说，是指在整个法律援助工作过程中，法律援助机构及其工作人员、法律服务机构和法律援助服务人员等对法律援助信息资料进行的采集、评估和取舍、分类加工等活动。

（一）法律援助信息的采集

1. 做好法律援助采集准备工作

要想达到采集法律援助信息的目的和效果，首先要做好有关准备工作，包

括:明确采集目的,采集目的要与工作实际需要相切合;明确采集对象,确定信息采集的来源和渠道,争取采集对象的配合与支持;组织和配备人员,根据采集工作轻重缓急的不同要求,安排人员,组织力量,如组成调研组、派遣信息员等;根据采集目的和采集对象的不同,选择恰当有效的采集方法,以科学的工作方法保证信息采集工作的实际效果。在以上几项工作确定以后,应制订合理可行的法律援助信息采集方案。①

2. 法律援助信息的采集

法律援助信息的采集渠道包括以下几个:一是从各地上报的法律援助信息资料中采集。随着法律援助工作的深入发展,各地撰写、上报的法律援助信息资料越来越多,可以直接从中获得各类法律援助信息。例如,各地法律援助机构上报的法律援助工作简报、信息、报告、情况反映等,为全国法律援助工作决策提供了大量的信息资料。在通过这些信息资料采集有价值的法律援助信息的同时,要特别注意对信息资料进行精心的筛选和严格的审核,避免信息失实、失误。二是通过专项调查研究活动有针对性地采集相关法律援助信息。例如,近年来,结合全国人大、政协提出的法律援助重点建议案,围绕法律援助机构建设、人员配备、经费保障等问题开展的法律援助专项调查研究活动。通过专项调查研究活动获得的是第一手的信息资料,信息的准确度、可信度比较高,这是开展法律援助信息采集的有效方法之一。三是从网络、报纸、杂志、书籍等媒介上采集有关信息。网络、报纸杂志等媒介上含有大量的法律援助信息,有些信息与法律援助工作有着直接或间接的联系,这是一条丰富的信息渠道。做好报刊信息采集工作要求我们多看报,勤积累,可以采取报刊剪辑、报刊信息摘录、制作报刊信息要目索引等方法采集报刊信息。四是通过与有关部门进行经常的信息交换,以采集法律援助信息。比如,通过与法院、公安、检察院、劳动仲裁、社团组织等部门开展日常法律援助沟通交流活动,以获取有价值的法律援助信息。此外,还可以利用各种有利条件随机采集有关法律援助信息。这是一种灵活的信息采集方式,比如向领导进行有关的信息咨询,在工作中随时发现信息线索、积累信息资料,在各类会议上采集所需的信息,等等。这要求法律援助信息采集人员要在工作中提高信息意识,增强信息工作的主动性。

① 宫晓冰主编,高贞副主编:《中国法律援助制度培训教程》,中国检察出版社 2002 年版,第 323 页。

以上都是信息采集的有效途径。在法律援助工作实践中，不少地方还开展有益探索，建立了灵活的法律援助信息采集方法和制度。例如，各地建立的法律援助联络员制度、法律援助联络点制度等，指定专人负责法律援助信息采集、上报工作。这样做，能够督促采集人员增强工作责任意识，建立明确的信息采集目的，关注法律援助热点难点问题，便于及时开展针对性的法律援助信息采集工作。

（二）法律援助信息的评估和取舍

就采集到的相关法律援助信息进行价值评估和取舍是法律援助信息处理流程中的关键环节。对法律援助信息的评估是指针对采集到的法律援助信息与法律援助工作之间的关联性、潜在使用价值进行合理判断。法律援助信息评估，一是对法律援助原始信息与法律援助工作范畴的关联性判断，即范畴判断；二是从相关范畴信息中筛选出有使用价值的法律援助信息，即对原始法律援助信息进行价值判断。

对法律援助信息进行价值评估判断以后，才能进行法律援助信息的取舍，即确定哪些法律援助信息是有价值的而需要保留的，哪些法律援助信息没有价值而不需要存留。

对采集到的法律援助信息进行价值评估和取舍的依据是：党和政府、司法行政机关以及法律援助机构的中心工作和发展方向；领导决策的需要；各项法律援助业务工作的实际需要等。依据这些要素，选择出普遍性、典型性强，对促进领导决策和推动法律援助工作发展具有明显潜在价值和积极作用的法律援助信息资料。

（三）法律援助信息的加工

法律援助信息的加工是指对经过评估和取舍后存留下来的有价值的法律援助信息去粗取精、去伪存真，使其价值进一步优化的过程。通过加工环节，要对法律援助信息的内容，如有关事实、数据等进行严格核对，力求准确翔实，并在此基础上挖掘法律援助信息的深层价值，包括对法律援助信息进行精细的文字加工等。

法律援助信息加工的主要方法包括以下几个：(1)分类法。在对法律援助信息进行评估和取舍后，有必要根据信息的不同来源、不同性质、信息所涉及的不同工作领域，对信息进行分类管理，使之条理化。(2)比较法。通过不同类别的信息资料之间、同类别信息资料之间进行比较，从中找出更具典型性、普遍性和说服力的信息,这是优化法律援助信息的一种有效方法。(3)综合法。根据某个主题或某个特定目的,汇集有关信息资料,使情况更为充实、全面,材料更具有说服力。信息综合应做到言简意赅,加强信息的宏观概括性。(4)分析法。根据信息所提供的材料进行内容上的综合分析或理论分析,从中发现规律性的东西,提高信息的使用价值。信息的分析还包括真伪辨析、潜在效用估价等。(5)论证法。针对具有重要意义的法律援助信息,要通过理论论证,深化其内涵;通过数据论证,增强其说服力;通过事例论证,加强其事实基础,提高信息的可靠性。最后通过这些论证,得出科学而正确的论断。[①]

三、法律援助信息传输共享

法律援助信息传输共享是指经过加工处理的法律援助信息在有关机构和人员之间的交流使用,并在交流使用过程中实现法律援助信息的价值。按照法律援助信息流向的不同,法律援助信息传输共享可以分为垂直传输共享和横向传输共享。

(一)法律援助信息垂直传输共享

垂直传输是指司法行政机关和法律援助系统内部上下级机构之间法律援助信息的传输,即日常工作中的下情上报和上情下达。下情上报,为相关领导或上级法律援助机构提供所需法律援助信息,是法律援助信息传输工作的一个重要任务。做好下情上报应当坚持实事求是、主动灵活、高效实用、及时适时的基本原则。法律援助信息多样,必须有围绕法律援助中心工作,围绕领导关心的法律援助热点难点问题,有选择地做法律援助信息上报工作,提高上报的法律援助信息的质量。为领导提供法律援助信息,应特别强调信息质量,要准确、翔实,有情况、有分析、有措施。向领导上报的法律援助信息要切合领导决策和指挥需要,并结合领导的实际工作情况,分清轻重缓急,控制信息量的大小和信息传递的速度。做好贯彻落实信息的反馈工作是下情上报的又一项重要任务。反馈工作应紧紧围绕法律援助的中心工作展开,通过信息工作有力地促进各项法律援助部署和指示的落实。反馈信息一般应反映在上级司法行政机关和法律援助机构作出部署和指示以后。下级司法行政机关和法律援助机构的贯彻落实情况,包括采取了哪些措施,取得了哪些效果,各方面有些什么反响、反映,

① 宫晓冰主编,高贞副主编:《中国法律援助制度培训教程》,中国检察出版社 2002 年版,第 326 页。

积累了哪些经验，出现了哪些好的典型，贯彻落实中出现了哪些问题，存在哪些困难和阻力，根据实施情况有什么新的思路、设想和建设性意见等，以利于上级机构全面把握落实情况，正确检验和评估决策效果，及时作出宏观和微观的调整。上情下达，指上级司法行政机关和法律援助机构利用法律援助信息传达政令、指导部署工作、通报情况的过程。在法律援助实际工作中，主要是上级司法行政机关和法律援助机构的指导性工作刊物要切合和体现党和政府关于法律援助工作的基本要求，要切合和体现法律援助工作发展的自身规律，要切合和体现法律援助工作发展的需要。

目前，以《法律援助工作简报》、《中国法律援助》内刊杂志和“中国法律援助网”为核心，以各省（区、市）法律援助网和法律援助刊物为补充的全国法律援助工作信息体系已基本形成。作为法律援助系统上下级之间沟通的渠道和桥梁，该信息体系在传达法律援助政令、反映法律援助工作动态情况、加强联系、促进合作、争取领导和社会各界对法律援助工作的了解和支持、优化外部环境等方面都发挥着十分重要的作用；对于领导及时准确地了解各地法律援助工作发展的新动向、新问题、新举措，进行科学化、民主化的决策具有重要的参考价值。

（二）法律援助信息横向传输共享

法律援助信息横向传输是指法律援助系统内的同级司法行政机关和法律援助机构之间、同级相关部门之间，在法律援助信息的传输共享方面，建立横向联系、资源共享的信息流通机制。法律援助信息的横向传输为各地、各部门了解外部法律援助工作动态、进行法律援助工作经验交流、开展法律援助合作以及推动本地、本部门工作发展提供了有价值的信息依据。比如，许多地方法律援助工作刊物上大多开辟了“外埠传真”、“外埠动态”、“外埠信息”等专栏，介绍其他地方法律援助工作经验和做法。[1]

在法律援助登记处横向传输共享方面，特别需要注意的是，要做好法律援助信息的系统外交流工作。为争取相关部门的支持和配合，与同级编制、财政、法院等相关部门开展有针对性的横向法律援助信息传输交流工作十分必要。

---

① 宫晓冰主编，高贞副主编：《中国法律援助制度培训教程》，中国检察出版社 2002 年版，第 326 页。

四、法律援助宣传

法律援助宣传也是法律援助信息传输共享的一个重要形式。但法律援助宣传又有自身的特点，即面向社会不特定多数人开展法律援助信息宣传工作。法律援助宣传的目的是为了提高社会和公众对法律援助的知晓程度，争取社会各界对法律援助事业的支持和方便公众在需要时能够获得法律援助服务。十多年来，各地在开展法律援助宣传工作时，坚持服务大局、体现职责、面向基层、教育公众，以改革创新精神，改进宣传形式，完善宣传方法，开展了形式多样的法律援助宣传活动，为法律援助工作提供了宣传服务保障。

法律援助宣传的主要方式有以下几个：

1. 发挥媒体优势，提高宣传工作的影响力。各地按照“电视有影、报上有字、广播有声、墙上有图”的宣传思路，注重加强与媒体的合作，不断扩大了法律援助的社会影响。比如，围绕第五次全国法援工作会议的召开和贯彻落实，司法部组织策划了一系列法律援助新闻宣传，商请中央电视台“社会与法”频道，以全国“百优”案例为基础，精选了部分案例，连续制作播出了 12 期法律援助专题节目；创制了主题为“法律援助便民服务促进社会和谐稳定”的宣传画下发各地广泛张贴；积极围绕推进“法律援助便民服务”主题活动，在法制日报刊出两个整版报道各地活动，在农民日报开设专栏面向农村农民宣传法律援助制度，取得良好社会效益。又如，宁夏法律援助处多次在中央电视台、宁夏电视台和宁夏人民广播电台制作播出法律援助宣传节目，在各大报刊、网站撰写法律援助专题文章、开设专栏对法律援助制度的基本内容、典型案例作通俗易懂的宣传和介绍，正面宣传和报道宁夏法律援助工作取得的新成就，并受到了自治区领导的充分肯定。

2. 借助普法平台，扩大法律援助宣传。考虑到对社会各界和困难群众进行法律援助宣传是一个长期的过程，要不间断地、反复地进行宣传，因此，各地纷纷把法律援助宣传列入当地普法规划之中，借助普法平台和影响力把法律援助的宣传活动延伸到社会的各个角落。

3. 利用节假日，开展法律援助宣传。各地利用春节、劳动节、重阳节、农交会等有纪念意义的日子，组织开展较大规模的法律援助宣传活动，积极开展法律援助咨询，为困难群众提供帮助；制作法律援助联系卡及各类宣传彩页，通过公交车车载电视循环播放法律援助宣传片，在村、居、街道路旁设置“维权温馨提示牌”；组织“法律援助大篷车”、“法律援助乡村宣传月”、“巡回文艺演出会”

等宣传活动，利用舞蹈、戏曲、快板等群众喜闻乐见的形式开展宣传工作，增强宣传效果，让更多的群众了解法律援助，学会运用法律援助维护自身的合法权益。

此外，司法部还通过经常性地组织召开全国法律援助宣传工作经验交流座谈会形式，总结、交流各地宣传工作经验，探索建立法律援助宣传工作长效机制，探索完善新形势下提高法律援助知晓率的有效途径和方法，进一步推动各地做好法律援助宣传工作。

五、法律援助信息化建设

近年来，伴随着政府电子政务信息建设的深入发展，我国法律援助信息化建设工作也逐步开展起来。通过开发和推广使用法律援助信息管理系统，采用规范的法律援助信息管理使用格式，为各地法律援助信息交换和数据传输搭建统一的技术平台，促进各地法律援助信息之间的互联互通，实现资源共享，有利于高效规范地履行法律援助指导、管理和监督职责，促进法律援助管理指导工作的规范有序发展，有利于提高法法律援助人员素质，更加便捷地开展法律援助组织实施工作，更好地满足困难群众的法律援助需求，有利于全面提升法律援助服务能力和服务质量，促进法律援助事业又好又快发展。比如，通过开展法律援助信息化管理建设工作，不仅可以增强法律援助案件申请的透明度，增强法律援助申请审批程序的规范化，而且提供了法律援助机构及其工作人员、法律服务机构和法律援助服务人员等之间联系沟通的平台，方便了法律援助机构对法律援助办案工作进程的及时了解；不仅规范了法律援助办案人员的办案活动，加强了法律援助机构对法律援助案件承办过程的指导和监督力度，而且进一步严格了案件归档制度，保存了案件质量信息的评估过程和评估结果，为将来指派案件提供了可资借鉴的依据等。为此，司法部通过下发工作通知、举办培训班、研讨会等多种形式，要求各地要采取切实措施，推广使用法律援助信息化管理系统。这些举措使得法律援助信息化管理建设工作取得了很大进展。据统计，截止到 2010 年 9 月底，全国所有的省级法律援助机构、77% 的地市和 74% 的县区法律援助机构试运行法律援助信息化管理系统。

第二节　法律援助统计

一、法律援助统计的含义及作用

（一）法律援助统计的含义

根据国务院《统计法实施细则》第2条规定，统计是指运用各种统计方法对国民经济和社会发展情况进行统计调查、统计分析，提供统计资料和统计咨询意见，实行统计监督等活动的总称。开展统计的目的和基本任务是对国民经济和社会发展情况进行统计调查，提供统计资料和统计咨询意见，实行统计监督。由此可见，统计是人们认识社会的一种工具，是一种对社会现象的认识或调查研究活动。

具体到法律援助的统计，是指运用各种统计方法对各地法律援助工作发展情况进行统计调查和统计分析，提供法律援助统计资料和统计咨询意见，对法律援助工作实行统计监督等活动的总称。开展法律援助统计工作的目的和基本任务是对各地法律援助工作发展情况进行统计调查，提供法律援助统计资料和统计咨询意见，对法律援助工作实行统计监督，以揭示法律援助工作发展变化的规律和特点等。

（二）法律援助统计的作用

随着社会主义市场经济体制的逐步建立和完善，统计的作用将越来越重要。统计已由单纯的统计信息搜集整理作用扩大到信息、咨询、监督等作用。信息职能是指系统地搜集、整理、贮存和提供大量的以数量描述为基本特征的社会经济信息资源。咨询职能是利用已掌握的丰富的信息资源，运用科学方法进行综合分析，为科学决策和管理提供情况和咨询建议。监督职能是利用统计信息，对社会经济的运行状态进行定量检查、监测和预警，揭示社会经济运行中出现的偏差，提出矫正意见，预警可能出现的问题，提出对策，以促使社会经济持续、健康的发展。统计所发挥的信息、咨询、监督三大作用是相互作用、相辅相成的，共同为科学管理决策提供依据。而法律援助统计作为社会统计工作的一个重要组成部分，则是从法律援助工作的角度来认识社会文明进步和发展的重要工具。法律援助统计管理工作是国家统计管理工作的有机组成部分，是司法机关及时掌握法律援助工作发展情况的有效方法之一。具体而言，法律援助统计管理工作主要发挥以下几个方面的作用：

1. 法律援助统计工作是制定法律援助法律法规和政策的重要依据

通过开展法律援助统计工作，可以准确、及时、客观、全面地反映法律援助的需求情况、提供的法律援助资源分布使用情况、法律援助机构建设及其人员配备情况、法律服务机构和法律援助服务人员发展分布状况、法律援助案件的分类情况、法律援助申请人和受援人的状况等及其发展规律、特点或发展趋势。比如，根据每年全国法律援助工作统计报表分析结果，就能够准备掌握全国法律援助机构建设、人员配备、经费收入与支出、法律援助申请审批与案件办理等情况。根据法律援助统计工作的各项指标数值，还可以分析出现相关统计结果的原因，相关统计结果与法律援助各项政策规定之间的关系，据此及时对法律援助法律法规、政策规定等作出动态调整，促进法律援助工作更加健康有效发展。①

2. 法律援助统计工作是法律援助机构进行科学管理指导的工具

要有目的地健全完善法律援助制度，就必须对法律援助的各项工作进行科学的分析管理；要实行科学分析管理就离不开法律援助统计工作。通过法律援助统计工作取得有关方面的数据信息，并通过法律援助统计资料信息显示的情况，可以了解特定时期、特定地区法律援助工作的重点和存在的问题等，以便更好地加强法律援助组织建设、业务管理和合理配置法律援助资源。可以根据统计数字分析各类法律援助案件的发展趋势和特点，对未来案件发展作出合理预测。通过法律援助统计提供的统计结果数据，有利于法律援助机构节省资源，集中力量，抓住重点。②

3. 法律援助统计工作可以对法律援助服务工作实行有效的检查和监督

法律援助制度在保护困难公民合法权益、促进经济社会协调发展和完善司法体制等方面起着十分重要的作用。各级法律援助机构是国家法律援助制度的具体组织实施者。法律援助统计通过反映法律援助案件受理率、胜诉率（采纳率）、律师办案时间等情况，可以对法律援助机构的工作进行有效的监督检查，对该地区法律援助工作在处理各种纠纷，增进人民团结，维护社会稳定，促

① 宫晓冰主编，高贞副主编：《中国法律援助制度培训教程》，中国检察出版社2002年版，第332页。

② 宫晓冰主编，高贞副主编：《中国法律援助制度培训教程》，中国检察出版社2002年版，第332页。

进经济发展等方面的作用作出正确评估等,推动工作发展。[①]

4. 法律援助统计工作可以为法律援助理论和实务研究提供重要参考资料和分析方法

法律援助的理论和实务研究不仅要进行定性分析,而且还要进行定量分析。定量分析可以使研究人员对法律援助理论与实务的分析研究有更深刻的说服力,而要定量分析,就离不开法律援助统计。因为一方面法律援助统计可以提供统计数字,供研究人员开展研究工作;另一方面法律援助统计又是很重要的定量分析手段。举一简单的例子,某县法律援助机构曾对法律援助宣传带来的需求扩大与本地提供法律援助的能力有限之间的矛盾进行了统计分析,该县共有社会注册律师 17 名,县法律援助机构专职律师 4 名。据某年度统计,全县全年共办理法律援助案件 20 件,其中,法律援助机构律师办理 10 件。按照社会律师每年应办理法律援助案件 1 ~ 3 件的标准,社会律师提供法律援助服务的能力还没有充分发挥出来,所以这一供需矛盾不能构成不认真开展对法律援助宣传的理由和依据。由此可见,法律援助统计不仅为研究法律援助供需矛盾提供了重要参考资料,而且也为研究法律援助供需矛盾提供了重要的分析方法。[②]

二、做好法律援助统计工作的基本原则

法律援助统计工作,通过统计调查,收集大量的统计资料,然后对这些资料进行科学的加工整理,使之系统化,再利用统计所特有的分析方法进行定性、定量等方面的分析研究,以揭示所研究的法律援助领域内社会现象的本质及其规律性。为了充分发挥法律援助统计的作用,必须在统计的调查搜集、加工整理、填报等环节做到准确、及时、完整,这也是统计工作的基本要求。

(一)准确性原则

所谓准确性原则,就是指搜集的法律援助数字资料必须真实反映法律援助工作实际情况,统计数字信息必须准确无误。这是开展法律援助统计调查工作必须坚持的最基本原则。为了保证统计资料的准确性,统计人员必须提高认

① 宫晓冰主编,高贞副主编:《中国法律援助制度培训教程》,中国检察出版社 2002 年版,第 332 页。

② 宫晓冰主编,高贞副主编:《中国法律援助制度培训教程》,中国检察出版社 2002 年版,第 333 页。

识,加强学习,掌握各个统计项目的准确含义和范围,与统计要求保持一致,根据法律援助工作的内在规律,运用科学的计算方法,填报数字资料。同时,根据《统计法》的要求,坚持原则,不虚报、瞒报、伪造、篡改统计资料。

(二)及时性原则

法律援助统计工作所要坚持的第二个原则就是保证提供统计资料的及时性。所谓及时性原则,就是要按规定的时间搜集信息资料,并准时汇总上报信息资料。该原则关系到统计资料的使用价值,因为法律援助统计所反映的是客观实际情况,如搜集上报不及时,就会影响资料的效用,延误决策时机,从而失去开展法律援助统计工作的实际价值和意义,因此,不得拒报或者迟报统计资料。

(三)完整性原则

开展法律援助统计工作需要坚持的第三个原则就是要保证统计资料信息的完整性。所谓完整性原则,是指统计调查提供的资料要完整,所有应该调查的项目都应当获得相应的信息资料。统计资料不能残缺不全,否则,法律援助统计就不能全面反映法律援助领域内社会现象总体的数量特征,将会影响法律援助统计任务的顺利完成,也就无从通过法律援助统计资料研究法律援助工作的本质及其规律性。

三、法律援助统计项目的设计

法律援助统计项目设计包括以下两层内容:一是单个统计项目的确定;二是法律援助总体统计项目体系的构建。

(一)法律援助单个统计项目的确定

统计项目是用来表明现象的数量概念,那么,从理论上来讲,凡是能够用数量表现出的概念和名称,都可以构成一个统计项目。但是具体到在法律援助统计中究竟采用哪些统计项目指标来反映法律援助工作事实,从几年来的法律援助统计实践来看,一个科学的法律援助统计项目的设计要符合以下几个要求:

1. 统计项目名称要有一个科学的概念。法律援助项目名称的科学概念包括其实质含义和所属范围。实质含义必须以有关规范明确的定义为基础,根据需要来确定。例如,要统计法律援助案件数目,必须明确“法律援助案件”这个统计指标的实质含义,律师事务所自行受理但未经过法律援助机构确认的援助案件则不应统计在内。另外,还要明确项目名称的范围,即按照统计项目名称的概念对现实生活中存在的有关现象加以细致的判断和区分,使项目范围尽可能最大限度地接近其实质含义。①

2. 项目选择必须根据法律援助实际工作的需要来确定。即统计项目选择要围绕法律援助中心工作的需要、解决问题的需要和研究的需要，使之尽量得到满足。为了动态、联系地反映法律援助工作的实际情况，我们除了采用数量指标外，如刑事法律援助案件数、民事和行政法律援助案件数、法律援助律师人数等，还应大量采用法律援助申请受理率、刑事法律援助辩护意见的采纳率、法律援助案件胜诉率等质量指标。

3. 要有一个科学的计算方法。只有科学的概念，没有科学的计算方法同样不能保证统计资料的质量，也不能达到研究的目的。科学的计算方法，一要正确反映计算对象的内容和特点，二要正确理解和反映社会现象之间的联系和关系。

（二）法律援助总体统计项目体系的构建

单个统计项目只能反映客观现象的某一个方面，而法律援助领域内的社会现象是比较复杂的，并且是相互联系的，因此，法律援助统计除了要用单个统计项目反映每一个别现象，还要用一系列相互联系的统计项目来反映客观现象之间的相互联系。法律援助统计就是运用这一完整科学的统计项目体系来调查、整理和分析研究法律援助领域社会现象的数量方面的。

以我国现行的法律援助统计报表为例，法律援助统计项目体系的设置，要符合一定的要求：一是必须使整个统计指标体系能全面地反映法律援助工作的各个方面，同时，还必须使统计项目体系适应各个时期法律援助的中心工作、符合我国社会的实际情况。就是要依据法律援助机构的任务、职能和法律来制定统计项目体系，使制定出的统计项目体系能够反映法律援助机构的活动情况。根据我国法律援助工作发展现状和现行法律援助统计报表，统计项目体系一般包括机构建设情况和业务开展情况两大部分。机构情况一般包括已建机构率、机构性质、编制、预算形式、人员结构、经费收入和支出情况，等等；法律援助业务统计一般按法律部门或援助服务方式进行分类，如分为刑事法律援助、民事法律援助、行政法律援助以及咨询等；还可以按法律援助承办主体分类，如法律援助机构律师承办、社会律师承办、基层法律服务者承办、社会组织人员承办和

① 宫晓冰主编，高贞副主编：《中国法律援助制度培训教程》，中国检察出版社 2002 年版，第 333 页。

法律援助志愿者承办；或按受援人情况分类，如残疾人、老年人、未成年人、妇女、一般贫困者，等等。二是法律援助统计项目体系的各个部分和各项指标之间，必须保持相互适应，相互衔接。举例来说，“法律援助事项承办情况”由刑事法律援助、民事法律援助、行政法律援助以及咨询情况等单个组成，将这些单个项目集合在一起，基本上能反映法律援助事项承办情况的全貌，而且这些单个项目之间界限清楚，相互衔接。在这些单个项目中，咨询项目往往占了绝大多数，如果不将这些单个项目加以区分的话，则难以反映出占有重要地位的刑事、民事、行政等法律援助的承办情况。三是对研究对象的特点进行深入分析，从中确定一般特征和主要特征来设置统计项目体系。首先要掌握研究对象的特点，因为统计项目体系是对象特点的数量化表现，只有分析清楚了对象的特点才能制定出合乎实际的统计项目体系。例如，刑事法律援助案件数按来源可分为当事人申请和法院指定两部分，而法院指定案件按被告人情形又分为：盲聋哑、未成年人、可能被判处死刑的和其他类。通常情况下，法院指定案件的指定原因是唯一的，即被告或为盲聋哑，或为未成年人，或者被告可能被判处死刑，这是一般特征，但是，在司法实践中，数个指定原因同时出现的可能性是存在的，如某被告为未满18岁的盲聋哑人。因此，现行统计报表说明中要求，“法院指定理由有两个和两个以上时，只能按一个案件进行统计，不得统计为两个和两个以上案件。”①

此外，随着法律援助工作的不断深入发展，应当对法律援助统计项目体系作出相应的变动，以适应法律援助工作发展的需要。

四、法律援助统计分析的内容和工作流程

（一）法律援助统计分析的主要内容

根据目前的使用法律援助统计报表，法律援助统计的内部分析一般应包括以下两个部分：

1. 法律援助基本情况统计分析

基本情况统计分析一般要反映出所在地区的机构建设情况、经费来源情况。机构建设情况除了应包括所在地区各级地方的应建机构数、实建机构数、已建机构性质、拨款方式外，通常还应包括与往年相比的实建机构增长率、已建

---

① 宫晓冰主编，高贞副主编：《中国法律援助制度培训教程》，中国检察出版社2002年版，第334～335页。

机构工作人员的总数、党员比例、拥有律师资格或基层法律工作者资格的人员比例、学历构成情况，等等。经费统计则应主要包含财政拨款、社会捐款、行业奉献三部分。

2. 各项法律援助业务统计分析

各项法律援助业务统计分析可由法律援助事项承办情况分析、法律服务人员承办法律援助案件情况分析、受援人情况分析三部分组成。法律援助事项承办情况分析主要内容包括所在地区办理法律援助案件总数、增长比例、增长原因。一般将法律援助事项细分为民事案件、刑事案件、行政案件、咨询及代书等类。民事案件统计分析主要内容有：办理民事法律援助案件总计、占总数比例、与往年相比增加比例、申请获准比例、上级机构指定比例、诉讼案件的胜诉率、败诉率、调解、撤诉比、诉讼案件与非诉案件比；刑事案件统计分析主要内容有：刑事案件总计、占总数比例、与往年相比变动情况、案件来源、案件类别中盲、聋、哑案件比例、未成年人比例、可能判死刑案件比例、刑事案件承办情况中全部采纳、部分采纳和未采纳的三项比例；行政案件统计分析主要内容有：行政法律援助案件总计、占总数比例、行政援助案件中诉讼案件比例、胜诉、败诉和撤诉情况；对于数量最多的咨询与代书的统计，则应侧重于社情分析。

法律服务人员承办法律援助案件情况分析，应主要反映各类法律援助实施主体的办案情况。统计分析内容一般应包括，法律援助机构专职人员承办的案件数量、社会律师办案数量、基层法律工作者、社会志愿者承办案件的数量、与往年相比的变动情况及原因分析。

受援人统计分析内容包括受援人总计、比往年相比增长比例以及受援人中，一般贫困者、残疾人、老年人、未成年人、妇女的数量、比例及原因。

（二）开展法律援助统计分析要遵守的工作流程

进行统计分析，一般要遵守以下几个工作流程：

1. 明确统计分析的具体目的，确定分析题目，拟定分析提纲

分析题目和提纲要在一些重要的问题上有较强的针对性，目的在于提高分析的自觉性，减少盲目性，节省时间。

2. 对统计资料进行审核和选择

为了确保统计资料的准确性，要对所掌握的统计资料加以审核，并根据分析题目，从中选择分析研究问题所需要的资料，作为所依据的基本事实。

3. 对统计资料进行分析研究

用分析的方法对所研究现象的各个方面进行定量分析，然后加以综合，争取由此及彼、由表及里，揭示现象的实质、规律。

4. 概括总结、提出建议

在全面分析的基础上，应根据分析研究的目的，对所研究问题进行概括总结，作出准确的判断和正确的结论，并针对存在的问题，提出切实可行的建议。

第三节　法律援助案件档案管理①

一、法律援助案件档案的概念和作用

（一）法律援助案件档案的概念

法律援助案件档案是申请人、法律援助机构以及承办法律援助案件的人员在办理法律援助案件活动过程中直接形成的对国家和社会有保存价值的各种文字、图表、声像等不同形式的真实记录，其反映了法律援助机构及承办人员维护国家法律正确实施，维护社会稳定，维护受援人合法权益的情况，体现了法律援助机构及承办人员的基本职能和社会作用。

（二）法律援助案件档案的作用

目前，各地法律援助案件档案基本上是依照司法部、国家档案局《律师业务档案立卷归档办法》、《律师业务档案管理办法》、《乡镇法律服务所业务档案管理办法》、司法部《律师和基层法律服务工作者开展法律援助工作暂行管理办法》以及各地《法律援助档案管理办法》等的相关规定执行。对法律援助案件独有的业务，如当事人法律援助申请、当事人身份证明、经济状况证明、审查审批及事后的监督和评价、案件档案的保存等，目前尚无统一明确的规定，各地根据当地的工作实际和工作习惯自行规定，存在内容不明确、管理不规范、保存机构不统一等问题。随着《法律援助条例》的深入贯彻实施，法律援助的办案数量不断扩大，各地法律援助机构在组织办理法律援助案件中所产生的法律援助案件档案数量也日益庞大。在这种情况下，加强法律援助案件档案管理具有特殊的意义。

---

① 刘趁华："关于规范法律援助案件档案管理工作的几点探讨"，载《中国法律援助》2006 年第 12 期。

1. 有利于提高法律援助办案质量

法律援助案件档案真实、全面地反映了法律援助机构及律师、基层法律服务工作者在承办法律援助案件过程中各个环节的工作情况及工作质量。从案件的受理、审查、指派、办理到结案,法律援助机构是否按法定的事项和范围受理案件,承办人员在调查取证、把握案情、法律适用、法律意见等方面是否尽职尽责,是否适当,从归档材料中可以一目了然地反映出来。案件档案是全面、客观地评价考核法律援助办案质量的重要依据。就法律援助工作的管理而言,要提高法律援助的办案质量,规范法律援助的案件档案管理是绕不过去的一环。

2. 有利于规范法律援助行为

规范法律援助案件档案,督促法律援助机构及其工作人员认真收集申请人经济困难证明材料、认真填写审批材料,在很大程度上可以减少或杜绝法律援助机构办理关系案、人情案及有偿服务现象的出现。

3. 有利于规范发放办案补贴工作

随着《法律援助条例》的深入贯彻和办案经费的增多,发放办案补贴已成为法律援助机构管理工作的重要内容之一。发放办案补贴的重要环节就是审查法律援助案件档案。规范的案件档案,是法律援助机构及时验收案件、及时发放办案补贴的一个重要考量因素。

二、法律援助案件档案的主要特点和内容

(一)法律援助案件档案的主要特点

法律援助案件档案具有一般性要求与特殊性要求相统一的特点。所谓一般性要求,是指律师等法律服务人员办理案件形成的档案材料按照司法部、国家档案局《律师业务档案立卷归档办法》的规定立卷归档的一般性、普遍性要求。所谓特殊性要求,是指法律援助机构依法受理当事人申请、审查受援人资格、指派办理、监督考评等内容在档案材料上的体现。与一般有偿法律服务不同,在法律援助案件中,基本的当事人除了律师事务所(律师)和受援人外,还有法律援助机构的参与,构成独特的三角关系,即法律援助机构与当事人形成申请与被申请、审查与被审查的关系;法律援助机构与承办人员之间形成指派与被指派的关系;受援人和承办人员之间的无偿的委托代理关系。此外,还有法院指定辩护的刑事案件,呈现为更复杂的关系和运作程序。因此,作为真实记载业务活动的档案,法律援助案件档案也必然要在体现法律援助活动基本规律的基础上,既体现律师业务档案立卷归档的一般性要求,又体现法律援助案件

档案的特殊性要求。

（二）法律援助案件档案的分类及主要内容

法律援助案件档案一般包括以下两类：一是法律援助申请审批档案；二是法律援助案件卷宗档案。

1. 法律援助申请审批档案

法律援助申请审批档案是法律援助案件中法律援助机构依法行使组织实施和监督管理职能，受理审查批准当事人申请、接受人民法院指定辩护通知、统一指派、监督管理承办人员办理案件活动中形成的档案材料，其反映了法律援助机构和法律援助申请人/受援人之间的申请、受理、审查关系，以及法律援助机构与案件承办人员之间的指派与被指派关系。其具体包括：法律援助申请表，身份证复印件或者其他有效的身份证明、代理申请人有代理权的证明，经济困难证明，法律援助审批表，给予法律援助决定书或不予法律援助通知书的复印件。

2. 法律援助案件卷宗档案

法律援助案件卷宗档案是指承办人员具体办理法律援助案件（事项）中形成的档案材料，是对法律援助服务人员办理案件全过程的记录。根据法律援助案件的不同性质来确定档案材料的具体内容是一种比较科学的做法，据此可将案件承办卷划分为刑事案件承办卷、民事（行政）诉讼案件承办卷、非诉讼案件承办卷。

刑事案件承办档案按照刑事诉讼的不同阶段归档立卷：侦查阶段包括指派通知书，授权委托书，拘留通知书，会见笔录，法律意见书，证据材料，结案报告表；审查起诉阶段包括指派通知书，授权委托书，逮捕通知书，阅卷材料，会见笔录，证据材料，法律意见书，结案报告表；审判阶段包括指定辩护通知书，指派通知书，授权委托书，起诉书、上诉书、抗诉书，阅卷材料，会见笔录，证据材料，出庭通知书，法律意见书（辩护意见或代理意见），判决书或裁定书，结案报告表等。

民事（行政）案件档案一般包括：指派通知书，授权委托书，起诉书或上诉书、答辩书、申诉书，证据材料，诉讼保全申请书、证据保全申请书、先行给付申请书等，出庭通知书，代理意见，庭审笔录，判决书、裁定书、调解书，结案报告表等。

非诉讼案件档案一般包括：指派通知书，授权委托书，劳动仲裁、行政复议、国家赔偿等的申请书,与委托人谈话笔录,证据材料,法律意见或草拟的法律文书、办理具体法律事务活动的记录等,仲裁裁决书、行政处理决定书、调解协议书等,结案报告表等。

对已提交给人民法院、仲裁机构或有关部门的证据材料,承办人员应将其副本或复印件入卷。对不能附卷归档的实物证据,可将其照片或证物的名称、数量、规格、特征、保管处所、质量检查证明等记载或留存附卷后,分别保管。[①]

三、法律援助案件档案归档的基本要求

法律援助案件档案的立卷编目装订和律师业务档案的要求基本一致,按年度采取一案一卷、一卷一号原则,一个号下应当区分申请审批卷和案件承办卷。档案材料按照案卷封面、卷内目录、案卷材料、备考表、卷底的顺序排列,一律使用阿拉伯数字逐页编号,填写卷内目录内容要整齐,字迹要工整。材料在装订前要进一步整理,对破损的材料修补或复制,对字迹难以辨认的材料应当附上抄件。案卷装订一律使用棉线绳,三孔钉牢,在线绳活结处贴上法律援助机构封签,并在骑缝线上加盖印章。

四、法律援助案件档案的存档管理方法

(一)法律援助案件档案的保存方式

实践中,法律援助案件档案的保存一般有两种方式。

1. 由法律援助机构集中保存

《律师和基层法律服务工作者开展法律援助工作暂行管理办法》第 10 条规定,律师和基层法律服务工作者自法律援助案件办结后 15 日内,应当向指派案件的法律援助机构提交案件材料。法律援助机构档案管理人员接收档案时应进行严格审查,对符合要求的按规定发放补贴,对不符合要求的应当要求其更正。按照这一规定,无论是指派给律师、社会组织人员等办理还是法律援助机构人员办理的案件,申请审批卷和案件承办卷都由受理申请的法律援助机构统一保存。这种做法的优点是实现了档案的统一管理,便于法律援助机构和财政审计部门核查案件数与办案补贴发放情况,为今后查档、评估法律援助办案质量等提供了方便,但基层法律援助机构的基础设施建设状况远远不能满足存放大量案件档案的需要是一个无法回避的问题。

---

① 宫晓冰主编,高贞副主编:《中国法律援助制度培训教程》,中国检察出版社 2002 年版,第 345 页。

2. 分散保存

分散保存即由承办人所在的机构立卷保存。法律援助机构安排本机构工作人员办理的法律援助案件由法律援助机构立卷保存；指派律师、基层法律服务工作者或者其他社会组织人员办理的案件由承办人员所在机构（律师事务所、基层法律服务所等）立卷保存。这种方法的优点是减轻了法律援助机构的存放压力，但不利于对档案的管理。为了克服分散管理的弊端，可以区分情况分别对待：一是对于指派到法律服务机构或者其他社会组织办理的法律援助案件，可以采取法律援助案件的申请审批档案由法律援助机构立卷保存、案件承办卷由承办人员所在法律服务机构保存的方法。尽管法律援助机构不保存卷宗档案，但承办人员应当在结案后 15 日（或 1 个月）内将案件的卷宗档案装订立卷，同时填写《法律援助案件（事项）结案报告表》，结案报告表后附判决书（裁决书、调解书、协议书）的复印件，经承办机构确认盖章，报送法律援助机构审查。法律援助机构应自接受承办人员报送的卷宗档案和结案报告表 15 日（或 1 个月）内完成对案件卷宗的审查评价。符合要求的，将卷宗档案退还承办人员，同时将结案报告表与该案件的申请审批材料或人民法院指定辩护人通知书合并立卷保存。对不符合要求的，要求其改正。法律援助机构需要借阅存放在承办案件机构的法律援助案件档案的，应出示正式调阅函件，并应履行相关借阅登记手续。二是对于法律援助机构安排本机构工作人员办理的案件，将该案件的申请审批材料与该案件的卷宗材料合并立卷，全部由法律援助机构保存。

（二）法律援助案件档案保存期限

法律援助案件档案的保存期限可以借鉴《律师业务档案管理办法》的规定，按照使用的需要，划为永久、长期（20～60 年）和短期（5～15 年）三种。涉及国家机密和个人隐私的案卷还应列为密卷，并确定密级。保管期限从法律援助案件办结或终止后的下一年起算。对超过保管期限的档案应当定期进行鉴定，对于仍有保存价值的应当延长保存期限，确无保存价值的应当在履行必要手续后销毁。

第九章　法律援助监督

第一节　法律援助监督概述

一、法律援助监督的概念及其性质

法律援助监督的概念有广义和狭义之分。从广义上来讲,法律援助监督是指国家机关、政治党派、社会团体、企事业单位及其他社会组织、个人、新闻媒体等依照法律法规规定的方法和程序,对法律援助工作进行监察和督促的行为。从狭义上来讲,法律援助监督是指拥有法定监督权限的机构,依照法定职权和程序对法律援助机构及其工作人员履行职责的情况,以及法律服务机构及其办案人提供法律援助服务的情况进行的监察和督促活动。本章是在狭义上使用法律援助监督这一概念。

从性质上来看,法律援助监督是法律援助监督主体对法律援助机构及其工作人员开展法律援助管理工作、法律援助服务及法律援助服务人员提供法律援助服务等的一种法制监督。究其原因:一方面,法律援助监督主体所享有的监督权,是由国家法律援助法律法规所赋予的,法律援助监督主体开展的各项监督活动,都需要依法进行;另一方面,针对法律援助机构及其工作人员、法律服务机构及法律援助服务人员等的监督活动,是为了监督这些机构和人员在法律援助活动中遵守法制的情况。由此可见,法律援助监督法制化是法律援助管理法制化的重要组成部分。①

二、法律援助监督的目的

法律援助监督是针对作为法律援助主体的相关机构和人员的法律援助行为开展的。法律援助监督的目的就是要确保法律援助法律法规得到正确实施,

---

① 宫晓冰主编,郑自文副主编:《中国法律援助制度研究》,中国方正出版社 2004 年版,第 256 页。

防止法律援助权力和有限的法律援助资源被滥用,切实维护经济困难群体的合法权益,实现司法公正。

（一）确保法律援助法律法规得到正确实施,促进法律援助工作规范有序发展

法律援助法律法规只有在实践活动中得到正确的贯彻执行,才能真正发挥其对社会的调整作用,才是真正的法律、现实的法律。法律援助法律法规因法律援助立法活动而存在,因执法和守法活动而发挥其社会作用。但是,如果法律援助执法活动不规范,法律援助法律法规就难以实现其立法目的,产生良好的社会效果。为了实现法律援助立法工作的目的,就必须制定相应的补救措施。在法律援助所有的补救措施中,法律援助监督最为有效。法律援助执法、守法过程中会面临各种不利因素的影响和制约,这些因素可能会阻碍法律援助工作的正常开展。要排除这些不利因素的影响和制约,可以采取多种方法或者手段。但从长期的法律实践来看,其中最为有效的方法或者手段只能是法律援助监督。可以说,法律援助监督是确保法律援助法律法规得到正确实施,促进法律援助工作规范有序发展的最重要保障措施。

（二）防止法律援助权力滥用,规范相关机构和人员依法开展法律援助工作

根据《法律援助条例》及相关规范性文件的规定,各省（区、市）级法律援助机构及其工作人员主要担负着管理监督职能,即以指导和监督全省（区、市）法律援助工作的顺利开展为主,附带办理一些在本省（区、市）具有影响的法律援助案件;各地市和县法律援助机构及其工作人员同时承担着法律援助监督管理职能和具体组织实施法律援助服务工作的职能。但是从实际情况来看,包括部分省（区、市）法律援助机构在内的许多地方法律援助机构往往只注重具体组织实施法律援助服务工作,而忽视本机构法律援助监督职能的有效发挥,导致法律援助工作的无序发展、法律援助地区间发展不平衡,缺乏必要的统一规范。具体表现在以下几个方面:一是有的法律援助机构没有按照《法律援助条例》的规定,做好对法律援助办案活动监督和指导工作。二是有的法律援助机构对指派给社会律师、基层法律服务工作者办理的法律援助案件缺乏具体的监督管理措施。三是如何健全完善法律援助机构工作管理制度等,还缺少可操作性规范,或者现有规定流于形式,没有得到认真执行,导致有的法律援助服务人员在办理援助案件时,缺乏必要的规章纪律约束,服务意识淡漠,导致法律援助服务质量低下,一定程度上影响了法律援助工作的形象和声誉。为了规范相关机构

和人员依法开展法律援助管理和法律援助服务工作,保证全国法律援助工作的规范有序发展,有必要采取切实措施,加大对法律援助管理工作及法律援助服务工作的监督力度,对法律援助机构的工作及具体的办案服务等进行必要的监督和控制。

(三)实现司法公正,切实维护经济困难群体的合法权益

在我国建立法律援助制度的基本宗旨和主要目的在于,通过完善司法程序,保证“公民在法律面前人人平等”这一基本宪法原则得以平等实现,确保经济困难公民依法实现其合法权益。但是,要实现公民的法律援助权利,需要相应的法律援助法律法规的不断完善,需要法律援助制度本身在保障公民法律援助权利方面逐步建立健全一套相对完善和科学的机制和方法。在法律援助工作中,受援人合法权益的保护体现在法律援助工作的各个流程和要素之中。具体而言,这些阶段和要素主要包括:法律援助机构和职能的设定;法律援助办法和政策的制定;法律援助机构及其工作人员的管理方法和水平;法律援助经费保障渠道和保障能力、法律援助事项范围、公民经济困难标准的设定;公民对法律援助信息的知晓程度;审查批准法律援助申请的及时性、公正性;申请人不满法律援助机构作出的不予法律援助决定时是否可以享受行政复议和提起行政诉讼权;指派法律援助服务人员的及时性和合格性;法律援助服务人员办案过程中的责任心和专业水准;受援人是否有权要求更换未适当履行职责的法律援助人员;等等。这些服务流程和要素都与法律援助申请人、受援人的合法权益紧密相关。如果其中任何一个流程或者要素存在问题,或者达不到相关质量标准或要求,都会造成对法律援助申请人、受援人权益的损害,影响法律援助的质量和效益,最终导致司法不公正现象的产生,损害法律援助的形象和声誉。只有建立起一套行之有效的法律援助工作监督控制机制,从各个流程和要素入手,对法律援助相关机构和人员的工作进行有效的监督和控制,法律援助工作才能得到健康发展,法律援助申请人和受援人的合法权益才能得到切实维护。①

三、法律援助监督关系

法律援助监督关系是由相关主体在法律援助监督工作中形成的一种法律援助关系,它由法律援助监督的主体、对象和内容三要素构成。对于这三个要素的认识和把握,是认识法律援助监督关系的前提条件。

---

① 宫晓冰主编,郑自文副主编:《中国法律援助制度研究》,中国方正出版社 2004 年版,第 260 页。

（一）法律援助监督的主体

从广义上来讲，法律援助监督的主体，是指依法享有法律援助监督权利，承担法律援助监督义务的国家机关及其工作人员、自然人、法人和社会组织及各类传播媒体等。从狭义上来讲，也就是从法律援助实践来看，法律援助监督主体，主要是指依法享有法律援助监督权力，对法律援助机构及其工作人员、律师和律师事务所、基层法律服务所和基层法律服务工作者等从事法律援助工作或者提供法律援助服务的活动进行监察和督促的机构。

虽然从广义上来讲，法律援助监督的主体包括受援人的监督、舆论监督等，但是，从严格意义上讲，它不是法定权限意义上的监督。因为法定权限的监督主体如果监督不力，应该对被监督对象的违法违纪行为和后果承担相应的责任，而受援人的监督和舆论监督显然不能负有监督不力的责任，所以，为了突出法律援助监督的权威性，在此仅是从狭义上讲述法律援助监督的主体。

根据《法律援助条例》、司法部《律师和基层法律服务工作者开展法律援助工作暂行管理办法》的规定，法律援助监督主体主要包括各级司法行政机关、法律援助机构、律师协会及受援人等。例如，司法部《律师和基层法律服务工作者开展法律援助工作暂行管理办法》第 4 条规定，律师和基层法律服务工作者承办法律援助案件，应当接受司法行政机关、律师协会和法律援助机构的业务指导和监督，接受受援人和社会的监督。

1. 司法行政机关的监督

《法律援助条例》第 4 条第 1 款明确规定："国务院司法行政部门监督管理全国的法律援助工作。县级以上地方各级人民政府司法行政部门监督管理本行政区域的法律援助工作。"根据本条规定，县级以上各级司法行政部门应当履行对法律援助工作的监督管理权。具体说来，司法行政机关的监督，是指司法行政机关基于行政管理职能，在本机构的职权范围内，对本行政区域内的所有法律援助活动，包括所属法律援助机构及其工作人员履行各种法定法律援助职责的情况、律师事务所和律师、基层法律服务所和法律服务工作者等参与办理法律援助案件或者事项、其他社会组织参与法律援助活动等情况的监督。《法律援助条例》第 19 条还规定，法律援助申请人对法律援助机构作出的不符合法律援助条件的通知有异议的，可以向确定该法律援助机构的司法行政机关提出异议，司法行政应当对异议进行审查并作出相应决定。由于司法行政机关具有对法律援助机构人事任用的任免权，具有对社会执业律师、基层法律工作者的管理权,故而司法行政机关的监督是一种行政监督,是对法律援助工作最具有权威的监督。

2. 法律援助机构的监督

法律援助机构的监督,是指政府设立的法律援助机构在其职权范围内,对所管辖区域内的法律援助机构及其工作人员的工作,以及对法律服务机构及服务人员所开展的法律援助办案工作进行的监督,既包括法律援助机构对其内部工作人员从事法律援助工作的监督和接受它指派的法律援助服务人员开展法律援助办案工作的监督,也包括上级法律援助机构基于层级关系在其职权范围内对下级法律援助机构及其工作人员的工作以及本辖区内的法律援助实施活动的监督。例如,司法部《律师和基层法律服务工作者开展法律援助工作暂行管理办法》第 13 条第 1 款明确规定了法律援助机构对法律援助办案工作的监督,“法律援助机构应当采取对结案材料进行审查、办案质量反馈、评估等方式,督促律师和基层法律服务工作者尽职尽责地开展法律援助工作,确保法律援助服务质量。”法律援助机构的监督主要是一种专业性监督,是对法律援助工作最经常性的监督。

3. 律师协会的监督

律师协会的监督主要是针对律师和律师事务所参与办理法律援助案件或者事项的监督,这属于行业监督的性质。其依据主要包括以下两个:一是《法律援助条例》第 4 条第 2 款的规定,即中华全国律师协会和地方律师协会应当按照律师协会章程对法律援助工作予以协助;二是《法律援助条例》第 29 条的规定,律师办理法律援助案件违反职业道德和执业纪律的,按照《律师法》的规定予以处罚。

4. 法律援助申请人和受援人的监督

法律援助申请人和受援人的监督,是指法律援助申请人对法律援助机构的受理审查工作进行监督,法律援助案件的受援人对法律援助机构及其工作人员案件或者事项指派工作、法律援助服务人员所提供的法律服务等进行的监督。法律援助申请人和受援人对相关机构和人员违反法律援助法律、法规、规章及相关规范性文件的行为,有权向有关国家机关(如司法行政机关、监察机关、各级人大及其常委会)进行检举、揭发。由于法律援助申请人和受援人是法律援助实施活动的直接受益者,所以法律援助申请人和受援人的监督具有具体性、直接性、及时性的特点。具体来说,法律援助申请人和受援人的监督主要表现在:法律援助申请人对法律援助机构作出的不符合法律援助条件的通知有异议的,可以向确定该法律援助机构的司法行政机关提出异议申请;可以了解为其提供法律援助活动的进展情况;有事实证明法律援助承办人员未适当履行职责的,可以要求更换承办人;可以向法律援助机构或者司行政机关检举法律援助承办人员疏于履行法律援助职责或违反职业道德、执业纪律的行为等。

(二)法律援助监督的对象

法律援助监督的对象即被监督者,主要是各级法律援助机构及其工作人员、参与法律援助服务的法律服务机构及其服务人员、社会组织及其人员。其中,在不同的场合,法律援助机构及其工作人员既是监督者也是被监督者。具体说来,各级法律援助机构及其工作人员主要指各省级、地市级、县区级地方的法律援助机构和在各级法律援助机构中行使政府法律援助职能、从事法律援助工作的人员;法律服务机构及其服务人员主要是指参与法律援助办案工作的律师事务所和律师、基层法律服务所和基层法律服务工作者、法律援助志愿者。由于社会团体、大专院校设立法律援助组织需要经过司法行政部门批准,其所实施的法律援助也属于政府法律援助的有效组成部分,因而社会团体、大专院校的法律援助组织及其人员开展的法律援助活动也应纳入法律援助监督的范围。

(三)法律援助监督的内容

法律援助监督的内容较为广泛,涉及法律援助机构系统内部行政管理和指导、法律援助经费管理和使用、法律援助服务质量及社会团体、院校及其他单位法律援助组织开展法律援助活动等方面。具体内容包括以下几点:一是针对法律援助规章制度及法律援助行为合法性的监督,即对各种法律援助实施行为,是否符合法律援助法律法规以及党和国家的方针政策,进行严格而全面的监督;二是针对法律援助活动合理性的监督,即对法律援助机构及其工作人员的各种管理行为,特别是法律援助申请受理审批行为,是否遵守法律援助管理的各项基本原则(如“四统一”原则等)和程序规定,进行监督;三是针对相关机构和人员是否遵守国家法律、工作纪律和职业道德等,进行监督;四是针对相关机构和人员实施法律援助的行为进行监督,以提高法律援助工作质量和工作效率,这种监督关系到法律援助的宗旨和目的能否得到具体实现。

第二节　对法律援助管理工作的监督

一、对法律援助管理工作的监督的含义

对法律援助管理工作的监督,是指以提高法律援助管理和业务指导工作效率为目的,针对法律援助机构系统内部的业务管理及业务指导活动进行的各项监督活动。对法律援助管理工作的监督,主要由各级司法行政机关进行。因各级司法行政机关不同,行使对法律援助管理工作的监督权限也有所区别。

对法律援助管理工作所进行的监督,在法律援助监督体系中具有特殊重要的地位。这主要表现在以下两点:一是由于我国现行法律援助机构和司法行政机关是依照上下级业务指导关系组织起来的,并且各地法律援助机构隶属于司法行政机关,这种组织性质决定了这种监督是最直接、最有力的监督。二是由于司法行政机关和上级法律援助机构的职责之一是指导和监督法律援助工作,这种履行职责的性质决定了这种监督是最迅速、最有效、最有权威的监督。法律援助机构和司法行政机关对法律援助工作进行监督的这一特点,是任何其他外部监督如社会舆论监督所不能比拟的。

二、对法律援助管理工作的监督的内容及形式

(一)对法律援助管理工作的监督的内容

司法部《关于贯彻落实〈法律援助条例〉促进和规范法律援助工作的意见》指出各级司法行政机关要加强监督管理,保证法律援助工作的规范运行,并明确了法律援助工作的监督内容。2013 年司法部发布的《法律援助投诉处理办法》也对法律援助管理工作的监督作出了相应的规定。

1. 司法行政部门监督管理法律援助工作的职责

司法部负责监督管理全国法律援助工作,县级以上地方各级司法行政部门负责监督和管理本行政区域的法律援助工作。司法部监督管理法律援助工作的主要职责是:研究起草有关法律援助工作的法律、法规和政策,制定有关规章及规范性文件;监督管理全国各地方的法律援助工作;监督管理中国法律援助基金会工作及其资金使用。对在法律援助工作中作出突出贡献的组织和个人予以表彰、奖励,对违反《法律援助条例》和有关规定的行为进行查处。

省级人民政府司法行政部门监督管理法律援助工作的主要职责是:研究起草本行政区域有关法律援助工作的法规、规章,制定有关规范性文件;监督管理

本行政区域的法律援助工作;管理省级的法律援助经费,并负责法律援助资源的吸收和调配,组织协调法律援助实施工作;对在法律援助工作中作出突出贡献的组织和个人予以表彰、奖励,对违反《法律援助条例》和有关规定的行为进行查处。

地市和县级人民政府司法行政部门监督管理法律援助工作的主要职责是:贯彻执行法律、法规、规章中有关法律援助的规定,制定本行政区域的法律援助工作制度;监督管理本行政区域的法律援助工作;监督本级法律援助资金的管理和使用;对在法律援助工作中作出突出贡献的组织和个人予以表彰、奖励,对违反《法律援助条例》和有关规定的行为进行查处。

2. 对法律援助管理工作进行监督的内容

根据司法部《关于贯彻落实〈法律援助条例〉促进和规范法律援助工作的意见》的要求并结合法律援助实践工作,对法律援助管理工作进行监督的内容主要包括:法律援助工作建章立制情况及发展规划;对上级法律援助机构和主管司法行政机关制定和颁布的有关法律援助工作规章和规范性文件的执行情况;法律援助工作操作规范的制定及执行情况;法律援助经费的管理和使用情况;法律援助工作的宣传计划和执行情况;法律援助人员的培训计划及执行情况;法律援助机构的组织建设、人员配备、办公设施情况;法律援助工作信息和统计及分析情况;法律援助工作研究及理论研究情况;法律援助工作档案管理工作情况。

(二)对法律援助管理工作的监督的形式

监督法律援助管理工作的形式多种多样,从实践来看,对法律援助管理工作的监督方式主要有:定期执法检查与经常性工作检查相结合;全面检查与专项检查相结合;职能部门与业务主管部门监督检查相结合;处理违法违规与表彰奖励相结合等。

1. 工作报告

法律援助机构要经常向主管司法行政机关就工作中的重大事项、重大措施、重大问题或事件等呈送工作报告,以保证主管司法行政机关及时了解法律援助机构工作开展情况,从而有效地指导和监督法律援助机构的工作。这是法律援助机构主动争取主管司法行政机关监督的一种形式。

2. 工作指导

上级主管司法行政机关以命令和紧急通知方式要求下级法律援助机构完

成紧急任务,以指示方式要求法律援助机构做什么及如何做,以建议方式规定法律援助机构应遵循的准则,并对可能出现的情况提出预防措施,从而实现“事前监督”。例如,司法部以紧急通知形式要求各地报送反映机构、队伍发展状况和业务情况的有关统计数字,以便有关领导决策参考和指导工作。这是确保法律援助管理上下一致、达到预期效果的有效方式。

3. 工作督促

工作督促是主管司法行政机关及其领导人员对法律援助机构在预定要求基础上的一种催促。它对法律援助的管理和实施工作具有提高重视程度,增强责任感、紧迫感的功效。

4. 工作检查

主管的司法行政机关,以及各级地方的党委、政府、人大、政协,对法律援助机构的工作情况、有关法律法规及政策执行情况进行全面或专项检查(如专项检查法律援助经费使用情况、农村妇女和留守儿童法律援助工作情况),提出重点意见和建议案等,主要是了解相关法律援助工作的进展程度,了解工作中存在的问题、困难,核查发生的错误和失误,制定和完善有关工作规范,提出解决问题的措施等。①

三、法律援助管理工作的监督流程

法律援助管理工作的监督流程,存在于法律援助管理工作之中。法律援助管理工作的监督流程主要包括以下几点:

1. 确立监督标准。司法行政机关和法律援助机构要以法律法规为依据,遵循客观规律,并结合具体监督的对象和范围、目的及方式,确立法律援助管理工作的监督标准,使之成为衡量法律援助管理活动的尺度和实施法律援助工作监督活动的有力依据。

2. 调查了解。司法行政机关和法律援助机构要扎扎实实地深入调查研究,掌握第一手材料和各种数据及案例,取得最能说明问题的准确信息。这是对法律援助管理工作作出正确评价乃至实施监督的前提条件,也是法律援助监督主体必备的基本功夫。

3. 比较评价。司法行政机关和法律援助机构应收集来自各方面的信息,重点要收集各种偏离法律援助决策和违法违纪活动的信息,并按照所确立的法律

① 宫晓冰主编,郑自文副主编:《中国法律援助制度研究》,中国方正出版社 2004 年版,第 266 页。

援助管理工作监督标准,对收集到的各类信息进行客观的比较、评价,确定存在偏差和问题,以便为采取整措施提供客观依据。

4. 采取整改措施,纠正偏差和问题。发现和分析法律援助管理过程中出现的偏差和问题,目的在于及时采取整措施,纠正偏差,减少损失。这是法律援助工作监督过程中最关键的环节,也是司法行政机关和法律援助机构的监督职能得以有效发挥作用的最终体现。

5. 总结经验。在采取整改措施,纠正偏差和问题的任务完成后,应从中总结经验教训,引导法律援助机构及有关人员分析原因,堵塞漏洞,吸取教训,从而提高法律援助机构及其工作人员依法管理的观念,增强接受法律援助监督的自觉性。①

从上述法律援助管理工作的监督流程不难看出,对法律援助管理工作的监督是一个防范性、补救性和完善性的系统工程。为了确保对法律援助管理工作的监督活动的正常运行,并取得良好的效果,使法律援助管理工作走上法制化规范化,必须加强我国法律援助的法制化建设。这与法律援助其他问题的解决殊途同归,即通过加强法律援助立法,就法律援助管理及工作监督的相关基本原则和标准作出立法规定,为监督法律援助工作提供基本的法律规范和程序。此外,还要加强对法律援助管理人员的教育,增强其依法开展管理、依法开展法律援助工作的自觉性和主动性。

第三节　对法律援助经费管理使用工作的监督

法律援助经费是法律援助工作得以顺利开展的物质基础,所以对法律援助经费管理使用工作的监督,是对法律援助管理工作的监督的重要内容。无论是从法律援助立法还是法律援助实践来看,对于法律援助经费的管理使用进行监督都是法律援助监督工作的重中之重。为此,为进一步加强司法行政机关和法律援助机构对法律援助经费管理使用工作的监督,切实做到法律援助经费专款专用,提高经费管理水平和资金使用效益,保障法律援助事业健康发展,本章将对法律援助经费管理使用工作的监督单列一节进行论述。

---

① 宫晓冰主编,郑自文副主编:《中国法律援助制度研究》,中国方正出版社 2004 年版,第 268 页。

一、对法律援助经费管理使用工作的监督的含义

对法律援助经费管理使用工作的监督是指，根据《法律援助条例》的规定，以发挥法律援助经费的最大效益为目的，针对法律援助经费的管理使用工作进行的各项监督活动。对法律援助经费管理使用工作的监督，主要是由各级司法行政部门、财政部门和审计部门进行。

加强对法律援助经费管理使用工作的监督力度的意义在于，使有限的法律援助经费发挥应有的社会效益，以避免被浪费或者被贪污、挪用，特别是在目前我国受援人口众多、财政保障不足的情况下，加强对法律援助经费管理使用工作的监督，更凸显其价值和意义。

二、对法律援助经费管理使用工作的监督的内容及形式

（一）对法律援助经费管理使用工作的监督的内容

根据《法律援助条例》、财政部和司法部《关于印发〈中央补助地方法律援助办案专款管理暂行办法〉的通知》、司法部《关于进一步加强法律援助经费使用管理监督工作的通知》等的规定，以法律援助办案专款为例，对法律援助经费管理使用工作的监督的内容主要包括：一是是否明确法律援助办案的使用范围，即法律援助办案专款只用于支付接受法律援助指派办理案件的律师、基层法律服务工作者和接受安排办理案件的社会组织人员、法律援助志愿者的办案补贴、包括差旅费、交通通讯费、文印费、调查取证费等和法律援助机构办理法律援助案件的直接费用及受援人败诉后确因经费困难无力交纳的鉴定费和仲裁费；二是是否遵守法律援助办案专款的分配原则，即是否遵守公开、公正、透明原则，是否遵守保贫困、保基层、保基本，体现政府的责任和财政支付能力的协调平衡原则等；三是是否遵守有关法律援助办案专款的使用管理规定，即是否采取集中安排、一次下达的办法，由财政部直接拨付给省级财政部门。省级财政部门是否是在司法行政部门的配合下，将中央财政补助的法律援助办案专款，结合省级财政安排的专项资金，在收到中央补助资金两个月内，按财政预算管理程序核定并下拨到县级法律援助机构。县级法律援助机构是否做到将上级补助法律援助办案专款、本级财政安排的办案经费和各种渠道筹集来的社会资金结合起来，统筹安排使用。承办法律援助案件的办案人员在领取法律援助办案费用补贴时，是否向法律援助机构提交相关的法律援助文书副本或者复印件以及结案报告等材料，是否在办案补贴领取单上签字等。

（二）对法律援助经费管理使用工作的监督的形式

对法律援助经费管理使用工作的监督的形式主要包括：事前监督、事中监督和事后监督。事前监督，一般是指在编制法律援助经费预算时，检查预算是否合法，是否符合国家规定的有关政策和制度，预算的科目是否齐备等；事中监督，是指在实施法律援助工作过程中，各级政府财政部门是否依照法律、行政法规的规定及时足额地拨付预算支出的法律援助经费，法律援助机构是否严格按照规定管理使用法律援助经费，是否符合有关财务制度，对接受社会捐助或者接收其资助的资金在使用上是否合法、是否专款专用等；事后监督，是指在相关法律援助工作结束，法律援助经费支出以后，检查分析法律援助经费的使用是否达到了预期的效果，有无违反制度的开支情况，有无挪用、挤占法律援助经费的现象等。通过事后监督，总结法律援助经费使用工作的成就和经验，查找问题与不足，以便进一步健全法律援助经费管理使用制度。

三、法律援助经费管理使用工作的监督主体

根据《法律援助条例》及相关规范性文件的规定，法律援助经费管理使用工作的监督主体，主要包括以下两类监督主体：一是作为内部行政监督主体的行政机关。二是作为外部监督的国家权力机关。

（一）行政机关

作为内部行政监督主体的行政机关，是指各级司法行政部门、财政部门和审计部门。内部行政监督，按其职能不同分为一般监督和专门监督。一般监督是根据隶属关系产生的监督，具体做法是层级监督。司法行政部门对法律援助经费使用的管理监督是最关键的环节，无论在事前监督、事中监督还是事后监督工作中，司法行政部门都应当依照法律、行政法规的规定，对法律援助经费预算、经费使用工作进行有效的检查监督，保证法律援助经费的专款专用。专门监督是指各级政府财政、审计部门依照对法律援助经费使用的监督权限，主要开展对法律援助经费预算、执行、收支效益进行检查监督。

（二）国家权力机关

作为外部监督的国家权力机关，是指各级人民代表大会及其常务委员会。外部监督主要是指国家权力机关，即各级人民代表大会及其常务委员会对政府执行法律援助政策在经费保障方面的监督检查。比如，国家最高权力机关审查国务院提请审议的预算报告中有关法律援助经费保障方面的内容。国家权力机关还有权派员听取汇报或者对法律援助经费情况进行专项监督检查等。

四、法律援助经费管理使用工作的监督流程

法律援助经费管理使用工作的监督流程同样存在于法律援助管理工作之中。

(一)制定监督管理办法

制定监督管理办法,比如,针对法律援助办案专款,各级财政部门和司法行政机关要制定切实有效的监督管理办法,以保证法律援助办案专款及时、足额到位,专款专用,不得用于司法行政部门和法律援助人员的办公经费和公用经费。通过制定法律援助办案专款监督管理办法,明确要求:各地要按照国家和地方有关财政资金管理的要求,严格执行会计制度和财务制度,依法管理法律援助经费,确保专款专用;要重点加强法律援助办案经费的管理,不得将法律援助办案专款用于弥补县(区)司法局和法律援助机构人员经费和公用经费的不足;对符合办案经费使用范围的各类支出,应按照经费使用审批的程序办理;要提高法律援助经费中办案费用的支出比例,尽力满足办案需要;要建立法律援助办案经费拨付、复核、稽核和单位主管领导审核把关的分工责任制;要实行严格的内部稽核制度,建立规范的内部制约和纠错机制;要加强对法律援助资金使用的控制,严格执行各项费用的开支标准和审批权限,财务人员要依法理财,保证账目真实、完整、规范;要建立健全并切实执行财务管理制度及经费管理使用考评制度和奖惩制度,严格经费使用管理,坚决杜绝违法违纪现象发生等。

(二)建立效益考核制度

针对法律援助办案专款,省级财政部门要会同司法行政部门建立效益考核制度,对使用法律援助办案专款的情况进行量化考核,定期向上级和下级财政、司法行政部门通报考核情况,及时提出问题和改进意见。而针对其他渠道来源的法律援助经费,司法行政部门同样可以单独或者联合相关部门建立效益考核制度,对法律援助经费管理使用进行量化考核,定期通报考核情况,及时提出问题和改进意见等。

(三)细化内部监督机制

各级司法行政机关要建立完善内部监督机制,加强审计监督,加大纪检监察机关监督力度,畅通监督渠道,主动接受社会监督。各级司法行政机关纪检监察部门要把法律援助经费使用监督检查工作,作为党风廉政建设和法律援助行风建设的一项重要内容来抓,维护资金安全。省(区、市)司法厅(局)要会同财政、审计部门加强对法律援助经费使用情况的审计和监督检查,对没有建立

法律援助办案费台账的单位，要督促其尽快建立。对经费管理存在的问题，要限期进行整改。属于违法违纪问题，对负有责任的领导干部和直接责任人员，按照有关党纪政纪规定，坚决严肃处理，情节严重构成犯罪的，移送司法机关依法追究刑事责任。要进一步加强对中央补助地方法律援助办案专款使用情况的监督管理，实行跟踪反馈责任制，切实做到补助专款拨付到哪里，监管责任就延伸到哪里。接受中央补助地方法律援助办案专款的省（区、市）司法厅（局），要继续严格按规定定期向财政部和司法部报送办案专款的安排和使用情况。必要时，司法部将对各地法律援助经费使用情况进行专项检查，并由各地先行开展自查，司法部将在各地自查的基础上，组织进行重点抽查，并将检查情况予以通报，对有令不行、有禁不止、违法违纪的典型事例，公开曝光，严肃查处。

（四）开展各类现场检查、审计活动

开展各类现场检查、审计活动，比如，针对法律援助办案专款，财政部、司法部通过定期或者不定期地直接或者委托审计部门等对专款的使用情况进行现场检查、审计。通过检查、审计，对法律援助办案专款到位不及时、使用效益不高、存在挤占挪用等的现象，根据《财政违法行为处罚处分条例》等进行处罚处分。必要时，各级国家权力机关则以法律援助重点建议案等形式，针对法律援助经费管理使用情况，开展专项检查调研活动。

（五）提出书面报告

提出书面报告，比如，针对法律援助办案专款的管理作用情况，每年度终了后 4 个月内，省级财政部门和司法行政部门要将法律援助办案专款的安排和使用情况形成书面报告，如实向财政部和司法部上报办案专款使用情况。

（六）采取整改措施，纠正偏差和问题

发现和分析法律援助经费管理使用过程中出现的偏差和问题，目的在于及时采取整措施，纠正偏差，减少损失。这是法律援助经费管理使用工作监督过程中最关键的环节，也是有关部门法律援助经费监督职能得以有效发挥作用的最终体现。

（七）总结经验

在采取整改措施，纠正偏差和问题的任务完成后，应从中总结经验教训，引导相关机构及有关人员分析原因，堵塞漏洞，吸取教训，从而提高相关机构及其工作人员依法管理的观念，增强接受法律援助监督的自觉性。

第四节　对法律援助办案质量的监督

一、法律援助办案质量监督的含义

法律援助办案质量,主要是指由法律援助机构及其工作人员开展法律援助受理审批等工作、法律服务机构及其法律服务人员提供法律援助服务所应当具备的品质及内在价值要求。法律援助办案质量监督,则是指各级司法行政机关法律援助管理部门和法律援助机构依据法定的行政权力,以实现国家的法律援助职能、保证法律援助当事人的合法权益为目的,通过检查、评估、考核和处罚等多种措施对法律援助案件的办理质量进行监督管理的活动。

随着我国法律援助机构的普遍建立和法律援助实施工作在全国各地的深入展开,如何确保法律援助办案质量已经越来越成为各级党政部门和社会公众关注的焦点,成为我国法律援助管理工作中亟待明确和解决的重要课题之一。为此建立健全法律援助办案质量监督管理体系已经成为法律援助制度健康有序发展的必然要求。

二、法律援助办案质量现存问题及其原因

从实践来看,法律援助办案质量问题主要表现为以下几点:

一是从法律援助机构及其工作人员开展的法律援助组织实施工作来看,有些法律援助机构工作人员接待当事人时态度不热情主动,答复咨询欠专业到位,受理审查申请和指派法律援助服务人员效率偏低等;对法律援助办案工作的监督不到位,指派后不跟踪,不了解案件办理进展情况,坐等律师提交结案报告和发放补贴等。

二是从法律援助服务人员提供的办案服务来看,部分律师或其他承办人员专业素质不高,缺乏必要的办案技能技巧,缺乏办理法律援助案件的积极性、主动性,敷衍塞责,不严格履行法律服务职业规范和执业道德,不尊重受援人意见,不阅卷,不会见,不写代理词或者辩护词,代理词或者辩护词过于简单,不出庭等。

法律援助办案质量不高的原因主要在于:

一是缺乏系统的监督管理制度。从各地法律援助案件质量监督实践来看,有的地方对案件质量,还停留在交由承办律师等法律援助服务人员自己来控制上。从法律援助的长远和整体发展来看,做好法律援助案件质量控制工作,不

可能倚仗承办律师或者某个领导人的个人品质来保障，人的保障只是权宜之计，而是要有赖于先进的科学的监督管理制度。

二是法律援助办案补贴低。在法律服务市场中，律师和当事人之间是市场的雇佣关系，律师基于当事人付费而为当事人服务。而在法律援助办案活动中，由于受援人无力购买律师服务，政府为受援人埋单，律师所能得到的付费远远低于市场机制下的法律服务。在对律师的补贴上，经济发展水平是决定性的因素。尽管《法律援助条例》规定，政府必须向法律援助服务人员支付办案补贴，但是，目前我国总体经济发展水平较低以及各地财政状况的较大差异，很多地方政府投入法律援助的补贴经费十分有限，各地大多根据案件类型确定一个相对固定的补贴标准，数量较少，往往只是法律援助服务人员办案成本的一部分。由于办案补贴过低，法律援助服务人员，特别是律师从事法律援助的意愿是难以提高的。此外，《律师法》、《法律援助条例》都规定，律师必须承担法律援助义务，政府设立的法律援助机构可以据此指派律师办理法律援助案件。这也导致律师办理法律援助案件的积极性、主动性不高，影响到法律援助的办案质量。

三、完善法律援助案件质量监督体系的途径

（一）规范受理，严格审查，做好受案审查工作

根据属地原则为主、属人原则为辅的案件受理原则，明确各级、各地法律援助机构的受案范围，明确受案分工。对于申请人提出的法律援助申请，各地法律援助机构要严格按照规定的条件，遵循严格的程序，进行严格的受理审查，以保证有限的法律援助资源真正能够用于帮助最需要法律帮助的当事人。

（二）健全完善法律援助案件指派制度

法律援助案件指派程序是否科学，所指派人员是否有能力办理所指派案件，与案件的办理质量有着直接的联系。法律援助机构尤其是地市级和县区级法律援助机构，在组织本机构内部法律援助人员保质保量完成自身承办的法律援助案件的同时，要积极探索和建立将法律援助案件指派给律师、基层法律服务工作者承办的案件指派制度，以减轻本机构的办案压力，使本机构内部法律援助人员能够集中精力，办理力所能及的案件，不致因案件负荷过重而影响办案质量。保证社会律师、基层法律服务工作者承担相应的法律援助义务，避免因义务量过大或所指派人选不适宜办理所指派案件而影响案件办理质量。在具体指派时，要根据各类法律服务机构的执业性质和人员数量，兼顾当地上年度法律援助需求量及法

律援助服务执业人员的业务素质、执业年限、执业专长，并参照上年度各地、各机构法律援助计划的执业情况，综合平衡，合理分配，保证承担有法律援助义务的法律服务人员都能承担相应的义务。

（三）坚持重大疑难案件集体讨论制度，完善定期报告制度

法律援助案件尤其是重大疑难法律援助案件涉及的是贫弱当事人的合法权益，与人权保障直接相关，因此，提倡并坚持集体讨论制度具有特殊的重要意义。法律援助机构一旦决定将案件指派给法律援助服务人员办理，受指派的法律援助服务人员就有责任定期向作出指派的法律援助机构报告案件的进展情况，而不能仅仅是等到案件办结时才作报告。如果承办人员在承办过程中发现受援人并不具备获得法律援助的条件，或者有以不合理的方式进行诉讼或其他有可能导致滥用法律援助的情况，更应及时向作出指派的法律援助机构进行报告，以便法律援助机构能够及时决定采取相应的行动。在法律援助案件办结后，法律援助服务人员还应及时向法律援助机构提交符合规定要求的结案报告，以备质量评估。

（四）强化法律援助系统内部监督管理工作

强化对法律援助机构的办案指导监督力度，畅通系统监督渠道。要通过定期不定期检查、抽查以及派员调查等方式，及时了解和监督各地法律援助案件的办理情况。对于法律援助机构的专职法律援助办案人员，要逐级、逐个明确工作职责，并建立起相应的工作目标责任考核制度，采取逐级监督、逐级检查的方式，督促法律援助专职办案人员提高办案质量。

（五）建立案件质量评估制度，开展法律援助案件评估工作

可以成立法律援助案件评估专家委员会，负责评估和监督法律援助案件办案工作。该评估专家委员会可以由法律援助机构牵头，吸纳社会执业律师和有关部门成员参加。监管机关可以在它认为必要时派出评估专家随时检查了解法律援助案件的办案进展情况（如出庭旁听案件审理），着重检查承办人员是否遵照既定程序及规则办理法律援助案件，审视有关执业操守或表现欠佳的法律援助服务人员的报告，以及决定所应采取的适当措施。具体说来，评估内容主要包括：执行法律援助办案程序的情况；遵守行业规范、职业道德、执业纪律的情况；工作责任心和社会及同行对该案办理情况的评价等。评估结果可以采取划分等级的方式作出评价结论，即按优秀、良好、称职、不称职四个等级进行评估。对获得前三个等级评价者，对其本年度法律援助义务量予以确认，对获得

第四等级评价者，书面通知其所在法律服务机构，对其法律援助义务量暂缓确认。承办人对确认结论不服的，可以向上一级机关提出申诉。评估结果由法律援助机构掌握，并通报相关管理部门，以为后来的指派工作、开展工作评价或表彰时提供参考。法律援助机构还应及时了解办案人员遇到的实际困难，并采取措施帮助协调解决，以确保法律援助案件的顺利办理。此外，还要畅通法律援助申请人、受援人监督投诉渠道，充分发挥社会监督的作用，要将定期监督检查与日常监督检查相结合，将全面检查与专项检查相结合，不断强化个案监督。

（六）完善惩处机制

通过立法，进一步明确法律援助服务人员履行法律援助义务过程中的法律责任，将处理违纪违规与表彰奖励相结合，以激励和鞭策法律援助人员提高援助质量。对于无正当理由无故拒绝履行或不适当履行法律援助义务的法律援助服务人员，法律援助机构应当有权进行批评教育或在有关管理部门对其年检注册时享有一票否决权，并建议处以等额于相应法律服务事项收费标准的罚款。对于在办理法律援助案件过程中推诿、拖延办理或因不负责任致使受援人遭受重大损失的法律援助服务人员，法律援助机构应当有权向有关司法行政机关进行报告，要求按照有关规定给予处罚。对于冒用法律援助名义进行商业宣传或招揽业务的单位和个人，法律援助机构应当有权要求工商行政管理部门和司法行政部门依法进行处罚。①

第五节 对社会组织参与法律援助活动的监督

鼓励和允许社会组织参与法律援助活动，已经成为我国法律援助制度的一大特色。为此，如何监督和指导社会组织在各自的职责范围内参与法律援助服务活动，确保社会组织参与法律援助服务的工作质量，已经成为摆在各级司法行政机关和法律援助机构面前的一个重要任务。

一、监督社会组织参与法律援助服务的必要性

（一）保证法律援助工作质量的需要

同政府法律援助机构相比，社会组织参与法律援助服务活动具有一定的特

① 郑自文："建立健全我国法律援助案件质量监控体系的思考"，载《党的十六大以来法律援助理论研究文集》（下册），中国民主法制出版社 2009 年版，第 176～179 页。

殊性,在某些方面无须严格照搬政府法律援助机构的工作规则。但是,由于法律援助工作的日益规范化、制度化发展,所以,有必要将社会组织的法律援助活动纳入政府法律援助发展的总体规划,要求社会组织遵循政府法律援助机构制定的一般运作程序和机制,监督指导社会组织按照法律规定的形式开展相应的法律援助活动,杜绝社会组织以法律援助名义开展有偿法律服务。只有这样,才能够保证社会组织开展的法律援助活动符合法律援助的质量要求,使其法律援助工作逐步走向规范化和法制化的轨道,从而发挥其在国家法律援助体系中应有的作用。

从几年来的实践来看,各地社会组织在维护本社会组织成员合法权益、弥补政府法律援助资源不足等方面起到了积极的作用,也积累了不少有益的经验。但是,一些社会组织不遵循国家有关法律援助的法律和政策规定,不接受司法行政机关和政府法律援助机构的指导和监督,选定受援对象和案件标准随意,工作程序和机制不规范,援助形式不合法等影响法律援助工作质量的现象仍然大量存在。一些社会组织甚至打着法律援助的旗号,大行有偿法律服务之实,把法律援助变成了为某些单位和个人创收捞取私利的工具,严重损害了法律援助事业的良好声誉。为此,必须依靠各级司法行政部门和政府法律援助机构力量,运用行政和法律的手段和权力,对社会组织加强监督指导,并建立、完善监督机制,才能够消除这些消极现象。

(二)平等地保障困难当事人合法权益的需要

目前,我国政府法律援助体系,是在以统一的法律援助对象和条件、统一的机构设置、统一由各地财政拨付法律援助经费、以专职法律援助人员和社会律师、基层法律援助工作者为实施主体的基础上建立起来的,有一套相对科学完善的法律援助工作程序和机制,基本能够保证困难当事人的法律援助需求。但是,社会组织只是在各自的行业范围内,根据自身资源和条件,自愿配合政府法律援助机构开展具有行业特点的法律援助工作。这些社会组织在开展法律援助工作方面存在一定的局限性。如果司法行政机关和政府法律援助机构不加强对其进行监督指导,就很难保证这些社会组织在为受援人提供援助时,达到与政府法律援助机构同等的条件和质量。

(三)政府法律援助机构履行法律援助管理职责的需要

《法律援助条例》及相关规范性文件都明确规定,社会组织开展法律援助活动,要接受所在地法律援助机构的指导和监督。因此,社会组织不管以什么方式参与法律援助活动,都应该自觉接受政府法律援助主管部门的指导、协调和监督。这既是政府法律援助机构履行法律援助管理职责的需要,也是保证国家整体法律援助制度高效健康发展的内在要求。

二、监督社会组织参与法律援助活动的内容

司法行政机关和政府法律援助机构对社会组织参与开展法律援助活动的监督指导,主要从以下几个方面进行:所设立的法律援助组织是否经所在地司法行政机关审核批准;所设立的法律援助组织是否为所在社团、院校的内设非法人、非营利性组织;所设立的法律援助组织是否具备司法行政机关所规定的办公、人员条件;所设立的法律援助组织是否有比较稳定的法律援助经费来源渠道;所设立的法律援助组织是否有符合规定的规范工作程序和制度;是否严格按照司法行政机关的规定范围和形式履行其法律援助职责;是否同所在地政府法律援助机构之间建立起经常性的工作联系与协调制度;是否积极配合所在地政府法律援助机构进行办案质量监督和检查;是否积极按要求对所开展的法律援助事项进行业务统计,并及时上报所在地政府法律援助机构备案;是否违反规定从事有偿和变相有偿法律服务,或有其他违法行为等。

需要说明的是,由于目前对社会组织从事法律援助的准入制度、分类管理制度等还很不完善,加上一些单位和个人对社会组织开展法律援助活动需要接受司法行政机关和政府法律援助机构的监督的重要性认识不足,因此,目前我国各级司法行政机关和政府法律援助机构对社会组织从事法律援助服务的监督力度还比较弱,监督渠道还不畅通。今后,随着法律援助立法进程的加快,有必要通过国家立法的形式对社会组织参与法律援助活动的有关问题作出明确的规定,以为社会组织参与法律援助活动和司法行政机关及政府法律援助机构对其进行监督提供明确的依据和准则。

第十章　法律援助法律责任

第一节　法律援助法律责任概述

一、法律援助法律责任的含义

（一）法律援助法律责任的含义

法律援助责任有两层含义：一是指法律援助职责、法律援助义务，也就是法律规定的相关机构和人员应当做的事情。比如，《法律援助条例》规定，法律援助是政府的责任，县级以上政府应当采取积极措施推动法律援助工作，为法律援助提供财政保障等。又如，法律援助辩护律师的法律责任或者职责，是根据事实和法律，提出证明犯罪嫌疑人、被告人无罪、罪轻或者减轻、免除其刑事责任的材料和意见，依法维护犯罪嫌疑人、被告人的合法权益。二是指相关机构和人员没有履行法律规定的法律援助职责或者义务时，应当承担的法律后果，即相关机构和人员在开展法律援助工作过程中，违反了《法律援助条例》及其他法律援助法规、规章等规范性文件时，所应承担的不利的法律后果。这种情况下，法律责任就与法律制裁紧密联系在一起，即违反法律援助义务是承担法律援助责任的前提，而法律制裁又是法律援助人员承担法律责任的必然后果。这里讲述的法律援助责任指的是第二层含义，即法律援助人员因违反法律援助职责或者义务时应当承担的法律后果，对违法的法律援助人员如何适用处罚的问题。

据此，可以将法律援助法律责任定义为：法律援助机构及其工作人员，律师事务所、基层法律服务所等法律服务机构及其律师、基层法律服务工作者、法律援助志愿者等法律援助服务人员，司法行政机关工作人员和法律援助受援人等因违反法律援助相关法律法规规定时应承担的不利法律后果，是法律援助法律法规得以实施的强制性保障。由此可见，法律援助法律责任的本质是国家对违反法律援助法定义务、超越法定权利界限或滥用权利的违法行为所作的否定的法律评价，是国家强制法律援助违法者作出一定行为或不作一定行为，以补偿和救济受到侵害或损害者的合法利益和法定权利，恢复被破坏的法律援助法律关系和法律秩序的手段。

任何一部法律总要在制定时加入有关法律责任的规定，以充分发挥法律的指引、预测、教育和强制作用，按立法者的意图来规范和影响人们的行为。法律援助立法也不例外，《法律援助条例》将“法律责任”单独列章，明确了相关机构和人员违反法律援助职责和义务时应当承担的法律责任。从实践来看，法律援助是为广大困难群众提供法律上最后一道救济途径的重要制度，明确法律援助法律责任尤其重要。通常情况而言，相关机构和人员都能做到爱岗敬业，积极做好法律援助工作，为困难群众提供符合标准的法律援助服务，依法维护受援人的合法权益，确保法律援助工作在健康道路上发展。但是，从实际工作情况来看，也有个别机构和人员，由于受社会上不良风气的影响，出于本单位或者个人私利的考虑，玩忽职守，在法律援助工作中违法乱纪，甚至走上犯罪道路。比如，有的法律援助机构管理人员，利用职务之便，挪用法律援助经费，受到了应有的法律制裁。①

在法律援助立法中，只有明确了法律责任，才能更好地体现法律援助立法的国家意志力和强制性，体现法律援助的本质，体现保障公民的法律援助权利是国家的义务和政府的责任，规范相关机构和人员的行为，促使其更好地履行职责与义务，充分运用国家的法律援助资源，最大限度地满足贫困公民及相关弱势群体的法律援助需求，维护其合法权益，真正实现“法律面前人人平等”的宪法原则。只有明确了法律责任，才能够确保法律援助工作的高效、优质，为法律援助事业健康发展提供法律和制度保障，保证法律援助制度得以依法顺利实施，实现法律援助的宗旨和目的。②

（二）法律援助法律责任的构成要件

法律援助法律责任，与其他法律责任一样，也是由一定条件引起的，其条件就是所谓的要件。法律援助法律责任的构成要件就是指构成法律援助法律责

① 宫晓冰主编，郑自文副主编：《中国法律援助制度研究》，中国方正出版社 2004 年版，第 318 页。

② 国务院法制办政法司、司法部法律援助中心、司法部法规教育司编著：《法律援助条例通释》，中国法制出版社 2003 年版，第 90 页。

任所必备的客观要件和主观要件的总和。根据法律援助违法行为的一般特点可以把法律责任的构成要件概括：责任主体、违法行为、主观过错、损害事实和因果关系五个方面。

1. 责任主体

法律援助法律责任需要一定的主体来承担。法律援助法律责任构成要件中的主体主要是指负有法律援助职责和义务，具有法定责任能力的相关机构和人员，主要包括：各级司法行政机关及司法行政工作人员、法律援助机构及其工作人员、接受指派办理法律援助案件或者事项的律师、基层法律服务工作者、社会组织人员、法律援助志愿者等。

2. 违法行为

有行为才有责任，纯粹的思想不会导致法律责任，法律援助法律责任的产生也是如此。引起法律援助法律责任的行为是违法行为，或者侵害了法律援助申请人、受援人等的法定权利，或不履行《法律援助条例》等法律法规及规范性文件规定的法定职责和义务。这里所说的法律援助违法行为是广义的，包括直接侵害行为和间接侵害行为。直接侵害行为是指直接侵害法定权利或不履行法定义务，直接给社会造成一定危害的行为；间接侵害行为是指虽未侵害受害人的法定权利或未直接对受害人不履行法定义务，但由于行为人未能对直接侵害法定权利者或不履行法定义务者尽到义务，从而导致或促使直接侵害发生的行为。比如，法律援助机构及其工作人员办理法律援助案件收取财物的行为，就属于直接侵害行为，而司法行政机关如果对于所属法律援助机构及其工作人员办理法律援助案件收取财物的行为没有尽到应有的监督管理义务，从而导致或者促使了直接侵害行为的发生，那么该司法行政机关的行为则属于间接侵害行为。

3. 责任主体的心理状态

构成法律援助法律责任要件的责任主体的心理状态，是指违法行为主体的主观故意和主观过失，通常被称为主观过错。不同的主观心理状态或者说主观过错对认定某一行为是否要负法律责任及承担什么样的法律责任有着直接的联系。故意是指行为人明确自己行为的不良后果，却希望或放任其发生。过失是指行为人应当预见到自己的行为可能发生不良后果而没有预见，或者已经预见而轻信不会发生或自信可以避免。过错在不同的法律关系中的重要程度是不同的。比如，主观过错作为犯罪的主观要件，是犯罪构成的必要要件之一，对于认定和衡量刑事法律责任，即区分罪与非罪、此非与彼罪、一罪与数罪、轻罪与重罪等具有非常重要的作用。在民事法律责任方面，一般也要考虑主观过错，主要采用过错原则。

4. 损害结果

通常情况下，损害结果指行为人的违法行为对他人或者社会的权利和利益所造成的损失和伤害的确定的后果。损害结果包括实际损害、丧失所得利益及预期可得利益，可以是人身的损害、财产的损害、精神的损害或者三者兼而有之的损害，甚至是其他方面的损害。损害结果表明法律所保护的合法权益遭到了侵害，因而具有侵害性。另外，损害结果必须具有确定性，这意味着损害结果是一个客观存在的事实或者结果，而不是臆想的、推测的、虚构的尚未发生的现象。损害结果的确定性表明损害事实在客观上可以认定。通常，可以根据法律法规、社会常识、公平观念、社会影响和环境因素等认定损害结果。损害结果是法律责任的必要条件，任何人只有因他人的行为受到损害的情况下才能请求法律上的补救，也只有在行为致他人损害时，才有可能承担法律责任。

5. 因果关系

因果关系是指违法行为与损害结果之间存在有必然的联系，即某一损害结果是由行为人的某个行为直接引起的，二者存在直接的因果关系。因此，要确定法律责任，必须在认定行为人违法责任之前，首先确认行为与危害或损害结果之间的因果联系，确认意志、思想等主观方面因素与外部行为之间的因果联系，还应当区分这种因果联系是必然的还是偶然的、直接的还是间接的。直接因果关系中的联系称为直接原因，间接因果关系中的联系称为间接原因。作为损害直接原因的行为要承担责任，而作为间接原因的行为只有在法律有规定的情况下才承担法律责任。

二、法律援助法律责任的种类

对于法律援助法律责任可以从不同的角度进行分类。

（一）依据责任主体的划分

从《律师法》和《法律援助条例》第五章“法律责任”及相关法律援助规范性文件规定来看，法律援助法律责任的主体包括法律援助机构及其工作人员、法律服务机构及法律援助服务人员、司法行政机关及其工作人员。据此，可以将法律援助法律责任划分为：法律援助机构及其工作人员的法律责任、法律服务机构及法律援助服务人员的法律责任、司法行政机关及其工作人员的法律责任。

(二)依据责任性质的划分

依据法律援助法律责任的性质,并结合《法律援助条例》等的规定,可以将法律援助法律责任划分为行政责任、民事责任和刑事责任。其中,行政责任是指在法律援助工作中,相关机构或者人员没有履行职责或者没有正当履行职责时应当承担的否定性法律后果。民事责任是指在法律援助工作中,相关机构或者人员发生民事违法行为时,应当承担的否定性民事法律后果。在法律援助工作中,民事责任作为一种民事救济手段,主要是为了保证受援人受到侵害的法律权益得到恢复。刑事责任主要是指在法律援助工作中,法律援助机构及其人员、司法行政机关及其工作人员因为违法情节严重、构成犯罪时,应当承担的接受刑罚处罚的法律责任。

三、法律援助法律责任的认定与归责原则

法律责任的认定与归责是指由特定国家机关或国家授权的机关依法对行为人的法律责任进行判断和确认。认定和归责法律责任必须遵守一定的原则,法律责任的认定和归责必须以合法、公平为前提和指导,必须达到一定的法律条件,并要坚持一定的法律原则,只有这样,才能做到法律责任被正确认定和归责。法律援助法律责任的认定和归责也是如此。根据《公务员法》、《律师法》、《行政处罚法》、《法律援助条例》、《律师违法行为处罚办法》、《司法行政机关行政处罚程序规定》等法律法规的规定,法律援助法律责任的归责原则主要包括以下几点:

1. 责任法定原则。责任法定原则是法律责任归责中必须坚持的法治原则。责任法定原则是法治原则在法律责任问题上的要求与具体表现。责任法定原则包括以下多种含义:一是法律责任的种类、形式和量度等是由法律事先规定好的。法律援助法律责任和其他法律责任一样,也是一种否定性的法律后果,同样要由法律援助法律规范预先规定,这是法律可预测性的必然要求之一,即在法律援助工作中,一旦发生违反法律援助法律法规的行为,就应当按照法律法规事先规定的性质、范围、程度、期限、方式追究违法者的法律责任。二是排除无法律依据责任原则。国家的任何归责主体都无权向一个责任主体追究法律明文规定以外的责任。三是法不溯及既往原则。在一般情况下,要排除对行为人有害的既往追溯行为,即不能以现行的法律法规规范调整相关机构和个人以往的行为。我国《律师法》、《法律援助条例》、《律师违法行为处罚办法》、《公务员法》、《行政处罚法》、《司法行政机关行政处罚程序规定》和《司法行政机关听证程序规定》等相关法律法规规章对法律援助工作的法律责任都有相应的规定。因此,在认定和追究法律责任的时候必须以这些规定为前提和依据。①

2. 因果关联原则。因果关联原则是归责法律责任时必须坚持的原则之一,是将法律责任归责到具体机构和人员的重要前提条件。法律援助法律责任与其他法律责任一样,同样要遵守因果关联原则,即相关机构和人员的违法行为与危害或损害结果之间存在因果联系,在具体认定法律援助法律责任之前,还要区分这种因果联系是必然的还是偶然的、直接的还是间接的。

3. 责任自负原则。法律责任自负原则是指法律责任应当由责任人自行承担的原则,是法律责任的设定的目的得到实现的保障。其含义包括:一是违法行为人应当对自己的违法行为负责。二是不能让没有违法行为的人承担法律责任。三是要保证责任人受到法律追究,也要保证无责任者不受法律追究,即做到不枉不纵。对于单位的违法行为,要明确承担法律责任的是其直接负责的主管人员及其他直接责任人员。通过责任自负原则,实现法律援助法律责任工作中的惩恶扬善。在法律援助法律责任归责工作中,如果相关责任人员不承担法律责任,而是由别人代过,那么法律的公正性、法律责任的设定目的则根本无法实现。

4. 责任适当原则。法律责任必须以适当为原则,这是法律公正精神在法律责任归责工作中的具体表现。其含义包括:一是法律责任的性质与违法行为性质相适应,即用民事法律责任来追究民事违法行为,用行政法律责任来追究行政违法行为,用刑事责任来追究犯罪行为。二是法律责任的轻重和种类应当与违法行为的危害或者损害相适应。责任适当原则,反对法律责任归责工作中的畸轻畸重。如果法律责任归责上畸轻,就不足以惩罚违法行为或者弥补损伤、损害,导致罚不当过和补偿不足的后果,而法律责任归责上畸重,则必须导致过分制裁或者过分补偿,同样有损于法律的公正性。

5. 程序保障原则。法律援助归责工作属于严肃的司法、行政活动,必须要以严肃的程序保障为后盾。程序保障原则是法律责任归责工作中的重要原则。法律责任归责工作中的程序保障是指,特定国家机关在归责责任人的法律责任时,必须遵守既有的法律程序以归责责任人应当承担的责任,并保证责任人依

① 张文显主编:《法理学》(第3版),高等教育出版社、北京大学出版社2007年版,第173~174页。

法享有获得救济的权利。程序保障原则是法律责任归责工作得以正确开展的保障。没有必要的归责程序就以难以保障法律责任被归责给适当的责任人,那么就难以实现法律责任自负原则,难以避免责任种类和量度归责工作的随意性,难以实现责任适当原则,难以保证责任人依法享有的复议、上诉、申诉等救济权利,以维护其合法权益。

6. 惩罚与奖励相结合原则。惩罚与奖励相结合是法律援助管理工作中的重要方法,其目的是通过规范法律援助工作,提高法律援助人员的素质,促使法律援助人员自觉遵守法律援助法律法规。只有功过分明,奖惩得当,才能把鼓励法律援助人员的积极性与限制其消极行为有机结合起来。如果只惩罚而不注重奖励,就难以调动法律援助人员从事法律援助工作的积极性。惩罚与奖励之间存在效应互补的关系。要做到有过则惩,但更要注意有功则奖,使二者相辅相成,相得益彰。在指导思想上应强调以奖励为主、以惩罚为辅,因为奖励与惩罚相比,更能达到调动法律援助人员积极性,提高法律援助工作的效能的目的。①

7. 惩罚与思想教育相结合,重在思想教育原则。在法律责任归责工作中,必须要明确追究相关机构和人员的法律责任的目的是为了惩前毖后、治病救人,而不是为了惩罚而惩罚。法律援助工作纪律是建立在相关机构和广大法律援助人员自觉遵守法律援助法律法规的基础上的。在法律援助工作中,绝大多数机构和人员都能做到依法办事、遵纪守法、无私奉献,违法乱纪的只是极个别现象。对于在法律援助工作中违犯法纪的人员,应严肃地开展批评教育活动,做到摆事实、讲道理,以理服人。对违法违纪的原因要进行深入地、有针对性地分析讨论,找出思想根源、社会根源,以使相关责任人能够真正受到教育。在确定具体处分时,必须注意问题的性质和情节,正确适用相关法律法规。如果情节轻微,经批评教育,本人能够认识到错误并决心改正的,可以不给予纪律处分;对情节恶劣、后果严重必须给予惩戒的,也要做好思想教育工作,使其吸取教训,改正错误,振作精神,将功补过。在法律援助法律归责工作中,要反对以下两种错误倾向:一种是惩罚万能论,不教而诛倾向。这种单纯的惩办主义的结果,不仅不能通过惩罚达到教育违法违纪人员的目的,反而会伤害违法违纪

---

① 宫晓冰主编,高贞副主编:《中国法律援助制度培训教程》,中国检察出版社 2002 年版,第 274 ~ 275 页。

人员的感情,甚至把违法违纪人员推向犯罪的深渊。另一种是自由主义倾向。以教育为名,对违法违纪人员不能做到严肃处理,一味地姑息迁就。这同样会导致违法违纪人员得不到应有的教育,甚至更加胆大妄为,犯下更大的错误。①

8. 维护受处分人合法权益原则。关于处理人的问题,要采取十分谨慎的态度。因为处分一个人可能会涉及被处分人及其家庭的利益,有时候甚至会关系到国家与社会利益。因此,为防止追究法律责任中的挟嫌报复、草率从事等不良行为的发生,应当特别重视维护受处分人的合法权益。在违法违纪行为的调查、审理过程中,除了要允许相关责任人享有充分的答辩权外,还要保障受处分人在接到处分决定后的法定期限内向处理机关提出复议申请权利,并允许受处分人向上级机关或相关机关提出上诉或者申诉。②

总之,在追究相关机构和人员法律援助法律责任的过程中,只有坚持上述几项原则,才能既达到严肃法纪,增强相关机构和人员遵纪守法的自觉性,保障法律援助工作的健康发展,又能确保相关责任机构和责任人员的合法权益不被侵害。

第二节　法律援助机构及其工作人员的法律责任

一、法律援助机构的法律责任

按照《法律援助条例》的规定,法律援助机构是政府出资设立的、代表政府为经济困难公民或者特殊刑事案件的当事人提供法律援助的机构。目前,各地法律援助机构主要是行政机构或者政府财政全额拨款的事业机构,其工作人员主要是国家公务员或者受委托从事公务、依照公务员管理的人员。各地法律援助机构主要承担着法律援助工作的组织实施职责、对外负责接待前来寻求帮助的当事人、解答法律咨询、受理审查法律援助申请、指派或者安排法律援助服务人员办理法律援助案件或者事项、为办案活动提供业务指导、监督管理办案活动、评查办案质量、负责办案归档工作并发放办案补贴、开展法律援助宣传、培

① 宫晓冰主编,高贞副主编:《中国法律援助制度培训教程》,中国检察出版社 2002 年版,第 275 页。

② 宫晓冰主编,高贞副主编:《中国法律援助制度培训教程》,中国检察出版社 2002 年版,第 278 页。

训工作等职能，对内则承担着管理使用法律援助经费、案卷档案的制作和保存、法律援助工作统计分析、人力资源管理等日常法律援助工作的管理职能等。也就是通过管理使用各级政府财政拨付的法律援助资金，为符合法律援助条件的受援人提供免费的法律服务。为此，《法律援助条例》依照相关法律规定，对法律援助机构及其工作人员设定了相应的行政责任和刑事责任。

根据《法律援助条例》第26条及相关法律法规、规章的规定，如果法律援助机构违反了其法定职责，其直接负责的主管人员或其他直接责任人员需要承担相应的法律责任，这些责任主要包括行政责任和刑事责任。比如《法律援助条例》第26条明确规定："法律援助机构及其工作人员有下列情形之一的，对直接负责的主管人员以及其他直接责任人员依法给予纪律处分：(一)为不符合法律援助条件的人员提供法律援助，或者拒绝为符合法律援助条件的人员提供法律援助的；(二)办理法律援助案件收取财物的；(三)从事有偿法律服务的；(四)侵占、私分、挪用法律援助经费的。办理法律援助案件收取的财物，由司法行政部门责令退还；从事有偿法律服务的违法所得，由司法行政部门予以没收；侵占、私分、挪用法律援助经费的，由司法行政部门责令追回，情节严重，构成犯罪的，依法追究刑事责任。"

具体来说，根据《法律援助条例》第26条的规定，在日常法律援助工作中，法律援助机构因违反法律法规规定而需要由其直接负责的主管人员或者其他直接责任人员承担法律责任的情形主要包括以下三种：

1. 在法律援助申请的受理审查阶段，因疏于职守，不进行认真审查或者虽经审查不能查明申请人实际情况，为不符合法律援助条件的人员提供了法律援助，或者拒绝为符合法律援助条件的人员提供了法律援助。法律援助机构的这种做法违背了我国法律援助制度的设立目的，损害了经济困难公民应当享有的法律援助权利，浪费了国家有限的法律援助资源，损害了政府法律援助的声誉和形象。如果出现上述情况，则要对直接负责的主管人员以及其他直接责任人员依法给予相应的处罚。

2. 办理法律援助案件收取财物或者从事有偿法律服务的。办理法律援助案件收取财物或者从事有偿法律服务的行为，是指法律援助机构及其工作人员利用各种合法或非法的形式向社会提供有偿法律服务。比如，一些法律援助机构"以案养案"，搞创收来维持本机构的正常运转，一些法律援助机构违反规定向受援人收取利益返还费用和分担费用、减收费等。《法律援助条例》出台后，上述行为均构成法律所禁止的违法行为，法律援助机构直接负责的主管人员以及其他直接责任人员将受到相应的纪律处分。《法律援助条例》之所以作出这样的规定，主要是由我国法律援助的性质所决定的。我国法律援助与一般法律服务的最大区别，就在于法律援助是无偿的。如果法律援助机构及其工作人员从事有偿法律服务，就极易混淆法律援助与一般法律服务的界限，使法律援助偏离方向，最终失去群众的信任，失去政府的信任。法律援助机构不得向当事人收取任何费用，不得搞自收自支，尤其是不能通过向社会提供有偿服务、办理有偿案件、搞创收来维持机构正常运转，否则就违背了法律援助是政府行为和法律援助为无偿法律服务的性质。这是我国法律援助工作必须严格坚持的一条基本原则和工作纪律。因此，《法律援助条例》明令禁止法律援助机构及其工作人员从事有偿法律服务。《法律援助条例》同时还对办理法律援助案件收取财物的行为作出了禁止和处罚的规定。法律援助人员在办理法律援助案件的过程中，向受援人收取钱财或物品，这与《法律援助条例》规定的法律援助为无偿法律服务的性质是相违背的，也是法律服务工作者的职业道德和执业纪律所禁止的。所以，根据《法律援助条例》的规定，法律援助机构及其工作人员办理法律援助案件收取的财物，由司法行政部门责令退还；从事有偿法律服务的违法所得，由司法行政部门予以没收。①

3. 侵占、私分、挪用法律援助经费的。《法律援助条例》第 3 条规定，法律援助经费应当专款专用，接受财政、审计部门的监督。法律援助制度是国家通过立法建立的对贫弱公民的法律保障制度。法律援助经费，不管是财政拨付的，还是通过其他渠道筹集的，其性质都属于国家公共财产，具有扶贫救济款的性质，应由政府设立的法律援助机构依法进行管理和使用。侵占、私分、挪用法律援助经费的，情节较轻，尚不构成犯罪的，有关人员应受到相应的纪律处分，侵占、私分、挪用的法律援助经费，由司法行政机关责令追回；情节严重，构成犯罪的，依法追究刑事责任，应分别按照《刑法》第 383 条规定的贪污罪、第 396 条规定的私分国有资产罪和第 384 条规定的挪用公款罪的有关规定定罪处罚。其中，对犯贪污罪的，根据情节轻重，分别依照下列规定处罚：个人贪污数额在 10 万元以上的，处 10 年以上有期徒刑或者无期徒刑，可以并处没收财产；情节特

① 国务院法制办政法司、司法部法律援助中心、司法部法规教育司编著：《法律援助条例通释》，中国法制出版社 2003 年版，第 93 页。

别严重的，处死刑，并处没收财产。个人贪污数额在5万元以上不满10万元的，处5年以上有期徒刑，可以并处没收财产；情节特别严重的，处无期徒刑，并处没收财产。个人贪污数额在5千元以上不满5万元的，处1年以上7年以下有期徒刑；情节严重的，处7年以上10年以下有期徒刑。个人贪污数额在5千元以上不满1万元，犯罪后有悔改表现、积极退赃的，可以减轻处罚或者免予刑事处罚，由其所在单位或者上级主管机关给予行政处分。个人贪污数额不满5千元，情节较重的，处2年以下有期徒刑或者拘役；情节较轻的，由其所在单位或者上级主管机关酌情给予行政处分。对多次贪污未经处理的，按照累计贪污数额处罚。国家工作人员利用职务上的便利，挪用公款归个人使用，进行非法活动的，或者挪用公款数额较大、进行营利活动的，或者挪用公款数额较大、超过3个月未还的，是挪用公款罪，处5年以下有期徒刑或者拘役；情节严重的，处5年以上有期徒刑。挪用公款数额巨大不退还的，处10年以上有期徒刑或者无期徒刑。挪用用于救灾、抢险、防汛、优抚、扶贫、移民、救济款物归个人使用的，从重处罚。而私分国有资产罪属于单位性质的犯罪，即单位犯罪，是指国家机关、国有公司、企业、事业单位、人民团体，违反国家规定，以单位名义将国有资产集体私分给个人，数额较大的行为。根据法律规定，单位犯罪的，只处罚私分国有资产的直接负责的主管人员以及其他直接责任人员。

二、法律援助机构工作人员的法律责任

法律援助机构的各项工作都是由本机构工作人员负责实施的，包括法律援助案件的受理、审查、指派，法律援助案件档案的制作、保存和管理，案件质量管理，法律援助机构的内部管理等各项工作。因此，法律援助机构工作人员担负着法律援助工作中最重要的角色，对法律援助工作的开展和法律援助的社会形象的树立，起着举足轻重的作用。

根据《法律援助条例》和相关法律法规、规范性文件的规定，法律援助机构工作人员在法律援助工作过程中都要切实担负起认真、谨慎、高效地为当事人办理法律援助事项的职责和义务。在履行法定职责和义务的时候，如果法律援助机构工作人员违反了《法律援助条例》等的相关规定，给国家或当事人造成损失的，就要承担相应的法律责任。法律援助机构工作人员承担法律援助责任的方式主要有以下两个：

1. 行政责任

政府法律援助体现的是政府对公民应尽的责任，对符合法律援助条件的公民来说，获得法律援助服务是其应当享有的法律援助权利。法律援助机构及其工作人员所作出的法律援助决定不是代表个人，而是代表政府。法律援助机构及其工作人员与法律援助申请人、受援人之间的法律援助法律关系，是政府依法履行行政职责与公民享受合法权利的行政法律关系。法律援助机构及其工作人员在履行法律援助职责时，如果不遵守相关法律法规规定，就会损害公民应享有的法律援助权利，浪费国家有限的法律援助资源，损害政府法律援助的公信力和形象。出现这种情况时，法律援助机构直接负责的主管人员及其他直接责任人员首先应当承担相关的行政责任。

根据《法律援助条例》第 26 条的规定，法律援助机构工作人员有下列情形之一的，依法给予纪律处分：为不符合法律援助条件的人员提供法律援助，或者拒绝为符合法律援助条件的人员提供法律援助的；办理法律援助案件收取财物的；从事有偿法律服务的；侵占、私分、挪用法律援助经费的。办理法律援助案件收取的财物，由司法行政部门责令退还；从事有偿法律服务的违法所得，由司法行政部门予以没收；侵占、私分、挪用法律援助经费的，由司法行政部门责令追回。由此可见，本条规定的法律援助机构及其工作人员的行政责任属于行政纪律责任，即行政处分。

2. 刑事责任

法律援助经费是开展法律援助工作的物质保障。法律援助制度是国家通过立法建立的对经济困难公民或者特殊案件的当事人法律保障制度。法律援助经费，不管是各级财政拨付的，还是通过其他渠道筹集的，在性质上都属于国家的公民财产，具有扶贫款的性质，由政府法律援助机构依法进行管理和使用。为此，《法律援助条例》第 3 条规定，法律援助经费应当专款专用，接受财政、审计部门的监督。第 26 条规定，法律援助机构工作人员在实施法律援助过程中，有侵占、私分、挪用法律援助经费，情节严重，构成犯罪的，要依法追究其刑事责任。由此可见，管好、用好法律援助经费，是法律援助机构及其工作人员的重要职责，不得以任何理由侵占、私分、挪用，如果情节严重，侵占、私分、挪用数额巨大，或者因侵占、私分、挪用而造成重大损失的，应当依法追究刑事责任。比如，2009 年，万某作为某法律援助机构负责人，本应为民谋福，却利用职务之便，虚报账目，将报账据为己有，经当地某法院审理查明的事实是：2005 年至 2007 年，万某在担任法律援助机构负责人期间，利用职务之便，将其个人购买手机、电脑配件、纪念币、纪念章、花瓶等物品价值人民币 35325.4 元的发票，通过本单位职工刘某以单位公务开支的名义在单位报账,将报账所得占为己有。并在2006年至2007年间,明知本单位职工刘某从单位虚报账目,仍然签字给刘某报账,彭某报账得钱后给万某赃款人民币50000元。案发后,万某分三次共退出赃款157500元。法院经审理后认为,万某身为国家工作人员利用职务上的便利,骗取公款85325.4元,公诉机关指控万某犯贪污罪罪名成立。经查实,万某具有自首情节,并且在案发后退出了全部违法所得,有悔罪表现。根据被告人万某的犯罪事实、性质、情节、社会危害程度和悔罪表现,遂作出判决,以贪污罪判处万某有期徒刑3年,缓刑4年,并处没收财产人民币7万2千元。在此,万某的行为就属于侵占、私分法律援助经费,且情节严重,构成了犯罪,所以要负担相应的刑事责任。①

第三节　法律服务机构及其法律服务人员的法律责任

一、律师事务所的法律责任

根据《律师法》的规定,律师事务所是律师的执业机构,律师事务所有权组织律师开展业务工作,对律师在执业活动中遵守职业道德、执业纪律的情况进行监督。由此可见,律师事务所相对于法律援助机构而言,更了解律师的业务特长、职业道德素质等。同时,《律师法》第42条规定,律师、律师事务所应当按照国家规定履行法律援助义务,为受援人提供符合标准的法律服务,维护受援人的合法权益。另外,根据《法律援助条例》第21条的规定,在指派办理法律援助案件时,法律援助不能直接指派律师办理法律援助案件,而是指派律师事务所安排律师办理法律援助案件。所以,法律援助机构的指派对象是律师事务所,指派内容是要求某个律师事务所安排本所律师就某个具体案件提供法律援助服务。律师事务所接到指派后,要及时安排本所律师办理法律援助案件,以履行律师所担负的法律援助义务。在法律援助实施工作中,律师事务所的法律援助法律责任,主要体现在其接到法律援助机构的指派后,不安排或不及时安排本所律师办理法律援助案件所要承担的不利的法律后果,即要受到相应的行

---

① 载中国法院网,http://www.chinacourt.org/public/detail.php? id=367109&k_title=&k_content=法律援助&k_author=,2009年7月28日。

政处罚。《法律援助条例》第 27 条规定，律师事务所拒绝法律援助机构的指派，不安排本所律师办理法律援助案件的，由司法行政部门给予警告、责令改正；情节严重的，给予 1 个月以上 3 个月以下停业整顿的处罚。同时，《律师法》第 50 条进一步明确规定，律师事务所拒绝履行法律援助义务的，由设区的市级或者直辖市的区人民政府司法行政部门视其情节给予警告、停业整顿 1 个月以上 6 个月以下的处罚，可以处 10 万元以下的罚款；有违法所得的，没收违法所得；情节特别严重的，由省、自治区、直辖市人民政府司法行政部门吊销律师事务所执业证书。

二、基层法律服务所的法律责任

虽然《法律援助条例》没有规定基层法律服务所等基层法律援助服务站点的法律援助义务，但是，随着法律援助工作的不断深入发展，法律援助服务网络体系日益向基层延伸，法律援助基层工作站点，特别是基层法律服务所数量越来越多，在发挥法律援助便民利民工作中发挥着重要的作用，特别是在律师资源相对短缺的地方，法律援助服务的提供主体主要是基层法律服务所和基层法律服务工作者队伍。为此，司法部《律师和基层法律服务工作者开展法律援助工作暂行管理办法》第 2 条第 2 款明确规定："基层法律服务工作者应当根据《基层法律服务工作者管理办法》和有关基层法律服务业务的规定，积极开展与其业务范围相适应的法律援助工作。"第 3 条规定："律师和基层法律服务工作者每年应当接受法律援助机构的指派，办理一定数量的法律援助案件……"在法律援助机构指派案件时，基层法律服务所要根据本所法律服务工作者的业务专长尽量安排合适人员承办法律援助案件。

司法部《律师和基层法律服务工作者开展法律援助工作暂行管理办法》第 15 条第 2 款规定："基层法律服务工作者和基层法律服务所有违反《法律援助条例》及本办法规定行为的，由司法行政机关依照有关规定给予行政处分。"由此可见，基层法律服务所的法律援助法律责任主要体现在以下两个方面：一是体现在基层法律服务所接到法律援助机构的指派后，不安排或不及时安排本所法律服务工作者办理法律援助案件所要承担的不利的法律后果，即要受到相应的行政处罚；二是体现在基层司法所内法律服务工作者在办理法律援助事项过程中，有违法违纪行为时，若该基层司法所放纵、包庇本所法律服务工作者的违法违纪行为的，由该基层法律服务所住所地司法行政机关予以警告，如果违法收取了当事人的财物，应当退还。根据《基层法律服务所管理办法》的规定，有违法所得的，按照法律、法规的规定没收违法所得，并由地级司法行政机关处以违法所得3倍以下的罚款，但罚款数额最高不得超过3万元。

司法行政机关根据《法律援助条例》和《基层法律服务所管理办法》对基层法律服务所实施行政处罚时，还应当依照司法部《司法行政机关行政处罚程序规定》进行。基层法律服务所对行政处罚不服的，可以按照《行政复议法》和司法部有关规定申请行政复议。司法行政机关对基层法律服务所实施行政处罚的，应当同时追究负有管理失误责任的该所主任的责任，严重者予以撤职或者解聘。

三、承办法律援助案件的律师的法律责任

律师是办理法律援助事项的重要力量。一旦法律援助案件指派关系成立，承办法律援助案件的律师的办案行为就关系到受援人的切身利益，为受援人提供合格的法律援助服务便成为了律师的法定义务，而获得合格的、无偿法律援助服务则成为了受援人的合法权益。这不仅是法律援助制度的宗旨所要求的，也是律师作为法律服务工作者的职业道德和执业纪律所要求的。为了从制度上加强对律师办理法律援助案件工作的管理，《法律援助条例》等法律援助法律法规规范性文件特别明确了律师的法律援助法律责任。《法律援助条例》第28条规定，律师如果没有正当理由拒绝接受、擅自终止法律援助案件的或者办理法律援助案件收取财物的，由司法行政部门给予警告、责令改正；情节严重的，给予1个月以上3个月以下停止执业的处罚。办理法律援助案件收取财物的，由司法行政部门责令退还违法所得的财物，可以并处所收财物价值1倍以上3倍以下的罚款。司法部《律师和基层法律服务工作者开展法律援助工作暂行管理办法》第15条也规定，律师和律师事务所有违反《法律援助条例》等有关法律、法规以及本办法规定行为的，由司法行政机关、律师协会依照有关规定给予行政处罚或者行业处分。而《律师法》第47条进一步明确规定，律师拒绝履行法律援助义务的，由设区的市级或者直辖市的区人民政府司法行政部门给予警告，可以处5千元以下的罚款；有违法所得的，没收违法所得；情节严重的，给予停止执业3个月以下的处罚。

关于律师无正当理由拒绝接受、擅自终止法律援助案件的，主要包括以下两个方面：一是无正当理由，拒绝辩护和代理的。依照《律师法》和《法律援助条例》的规定，律师有义务接受政府法律援助机构的指派，办理相应的法律援助案件或者事项。否则，律师无正当理由拒绝为受援人提供辩护或者代理服务的，不仅不利于维护受援人合法权益，也不利于人民法院或者仲裁机关等查明案情、作出合理裁决，这显然与法律援助制度的宗旨是背道而驰的。二是无正当理由，不按时出庭参加诉讼或者仲裁活动的。这样做就会影响到诉讼或者仲裁程序的顺利进行，影响受援人合法权益的维护，有损律师的形象和法律援助工作的声誉。

关于律师办理法律援助案件或者事项收取财物的情形，主要包括：律师私自向委托人收取费用，收受委托人财物，利用提供法律援助的便利条件牟取当事人争议的权益，或者接受对方当事人的财物。根据规定，律师办理法律援助案件，由法律援助机构支付给办案律师一定的办案补贴，并禁止办案律师收取当事人的财物。否则，律师办理法律援助案件或者事项收取财物的话，必然会侵害受援人的合法权益，损害法律援助工作的形象。

此外，《法律援助条例》第29条还规定，律师办理法律援助案件违反职业道德和执业纪律的，应当按照《律师法》的规定予以处罚。律师职业道德，是指从事律师职业的人所应信奉的道德准则，以及在执行律师职务的过程中所应遵守的道德规范。律师的执业纪律，是指从事律师职业的人在执业活动中必须遵守的行为准则。律师的执业纪律是律师职业道德的具体化。《律师法》规定律师必须遵守宪法和法律，恪守律师职业道德和执业纪律，并规定了律师违反职业道德和执业纪律应承担的行政责任、民事责任和刑事责任。《律师职业道德和执业纪律规范》规定了律师职业道德基本准则、律师在执业机构的纪律、律师在诉讼活动、仲裁活动中的纪律、律师与委托人、对方当事人之间的纪律和律师与同行之间的纪律等，并规定如果律师违反了有关纪律规定，由律师协会依照行业处分办法给予处分，情节严重的，由司法行政机关予以处罚。律师办理法律援助案件，虽然是经法律援助机构指派，且不能按律师有偿服务标准向法律援助机构或受援人收取报酬，但是办理法律援助案件仍然是律师执业活动的一种特殊形式，并且是律师应尽的法定义务，因此在办理法律援助案件过程中，律师仍应该遵守职业道德和执业纪律，违反这些职业道德和执业纪律，就要受到相应的处罚。

四、承办法律援助案件的基层法律服务工作者的法律责任

在基层法律援助工作中，基层法律服务工作者发挥着非常重要的作用，他们处于基层法律服务工作的第一线，更了解基层群众的法律援助需求，尤其是在律师资源短缺的地方，法律援助服务主要依靠基层法律服务工作者队伍来开

展。2000年,司法部《基层法律服务管理办法》第29条明确规定,基层法律服务所组织基层法律服务工作者开展业务活动,应当为符合条件的当事人提供法律援助义务,为此,有必要从制度上明确承办法律援助案件或者事项的基层法律服务工作的法律援助法律责任。由于《法律援助条例》没有明确基层法律服务工者的法律援助法律责任,所以,司法部《律师和基层法律服务工作者开展法律援助工作暂行管理办法》第15条第2款作出补充规定,即基层法律服务工作者和基层法律服务所有违反《法律援助条例》等有关法律、法规以及《律师和基层法律服务工作者开展法律援助工作暂行管理办法》规定行为的,由司法行政机关、律师协会依照有关规定给予行政处罚或者行业处分。

五、法律援助志愿者的法律责任

根据相关规定,法律援助志愿者从事法律援助工作,应当按照有关规定经司法行政部门审核批准登记注册,并发给"法律援助服务志愿者"证书。法律援助志愿者在办理法律援助事项过程中,承担着与法律援助机构工作人员和法律援助服务人员同样的职责与义务,应当尽职尽责,以专业的水平和高度的责任感来维护受援人的合法权益。2005年,司法部和共青团中央青年志愿者工作部联合下发的《中国法律援助志愿者注册管理办法(试行)》明确规定,法律援助志愿者要履行志愿服务承诺,不得以法律援助志愿者身份从事任何以营利为目的或违背社会公德的活动,自觉维护法律援助志愿者组织和志愿者的形象,遵守相关法律法规及法律援助志愿者组织规定的其他义务。

虽然《法律援助条例》没有明确规定法律援助志愿者的法律责任,但如果其在办理法律援助事项时,有违反法律援助法律法规等规定的违法、违纪行为,也应当承担相应的法律责任。例如,办理法律援助事项收取财物的,由司法行政部门责令其退还。对相关法律援助志愿者有违法行为需要追究其法律责任的,除所属单位可以给予其一定的纪律处分外,必要时还应当依法追究其法律责任。

第四节　司法行政机关及其工作人员的法律责任

各级司法行政机关作为法律援助工作的主管部门,对本辖区内的法律援助工作承担着监督和管理职责。根据《法律援助条例》和司法部《律师和基层法律服务工作者开展法律援助工作暂行管理办法》等的规定,国务院司法行政部门监督管理全国的法律援助工作，县级以上人民政府司法行政部门监督管理本行政区域的法律援助工作。具体来说，司法部监督管理法律援助工作的主要内容是：研究起草有关全国法律援助工作的法律、法规和政策，制定有关规章及规范性文件；监督管理全国各地方的法律援助工作；监督管理社会组织的法律援助工作；监督管理中国法律援助基金会工作及其资金使用；对在法律援助工作中作出突出贡献的单位和个人予以表彰、奖励，对违反《法律援助条例》和有关规定的行为进行查处。省级人民政府司法行政部门监督管理法律援助工作的主要内容是：研究起草本行政区域有关法律援助工作的法规、规章，制定有关规范性文件；监督管理本行政区域的法律援助工作；监督管理本行政区域社会组织的法律援助工作；管理省级法律援助经费，并负责法律援助资源的吸收和调配，组织协调法律援助实施工作；根据本省法律援助需求量的大小、律师和基层法律服务工作者的数量及分布等实际情况确定律师和基层法律服务工作者的年度办案量；对在法律援助工作中作出突出贡献的单位和个人予以表彰、奖励，对违反《法律援助条例》和有关规定的行为进行查处。地市和县级人民政府司法行政部门监督管理法律援助工作的主要内容是：贯彻执行法律、法规、规章中有关法律援助的规定，制定本行政区域的法律援助工作制度；监督管理本行政区域的法律援助工作；确定本行政区域的法律援助机构；审查申请人提出的对法律援助机构作出的不符合法律援助条件的通知的异议；监督本级法律援助资金的管理和使用；对在法律援助工作中作出突出贡献的单位和个人予以表彰、奖励，对违反《法律援助条例》和有关规定的行为进行查处。①

如果司法行政机关工作人员在履行对法律援助工作的监督管理职责时，滥用职权、玩忽职守，就会给法律援助工作造成损失。滥用职权，是指工作人员超越职权，擅自决定，处理无权决定或处理的事项，或者故意违法处理公务的行为。玩忽职守，是指工作人员由于严重不负责任，不履行或者不正确履行自己的工作职责的行为。前者主观上是出于故意，后者主观上是过失。为此，《法律援助条例》在赋予各级行政机关监督管理法律援助工作职能的同时，也明确了各级司法行政机关应当承担的法律援助法律责任。《法律援助条例》第 30 条规定："司法行政部门工作人员在法律援助的监督管理工作中，有滥用职权、玩忽

① 国务院法制办政法司、司法部法律援助中心、司法部法规教育司编著：《法律援助条例通释》，中国法制出版社 2003 年版，第 102 页。

职守行为的，依法给予行政处分；情节严重，构成犯罪的，依法追究刑事责任。”因为司法行政机关工作人员是国家公职人员，受《公务员法》的调整，所以《法律援助条例》第30条所提的“依法”，首先是要依据《公务员法》的相关规定，其次是《刑法》的相关规定。比如，《公务员法》第53条规定，公务员必须遵守纪律，不得有玩忽职守、贻误工作，滥用职权，侵害公民、法人或者其他组织的合法权益的行为。

司法行政机关工作人员在履行法律援助监督管理职责时，有滥用职权、玩忽职守行为，则要承担法律责任的方式主要有以下两个：

一、行政责任

根据《法律援助条例》的规定，各级司法行政机关及其工作人员的行政责任主要是表现在法律援助的监督管理工作中，有滥用职权、玩忽职守行为，而应依法受到行政处分。行政处分是行政机关工作人员承担行政责任的方式之一。《公务员法》第55条规定：“公务员因违法违纪应当承担纪律责任的，依照本法给予处分；违纪行为情节轻微，经批评教育后改正的，可以免予处分。”《公务员法》第56条则明确规定了行政处分的种类，包括警告、记过、记大过、降级、撤职、开除6种。随着法律援助工作的深入开展，我国法律援助管理制度日益完善，但是，司法行政机关不依法履行对法律援助的监督管理职责的例子仍时有发生。

二、刑事责任

根据《法律援助条例》第30条的规定，司法行政部门工作人员在履行法律援助监督管理职责时，如果有滥用职权、玩忽职守的行为，且情节严重或者造成严重后果，构成犯罪的，应依法追究刑事责任。《刑法》第397条规定，国家机关工作人员滥用职权或者玩忽职守，致使公共财产、国家和人民利益遭受重大损失的，处3年以下有期徒刑或者拘役；情节特别严重的，处3年以上7年以下有期徒刑。如果司法行政机关在挪用法律援助办案专款时，违法情节严重，构成犯罪的，还会追究直接负责的主管人员以及其他直接责任人员的刑事责任。

附录：法律援助相关法律法规及规范性文件摘录

一、法　　律

中华人民共和国刑事诉讼法（节录）

（1979 年 7 月 1 日第五届全国人民代表大会第二次会议通过　根据 1996 年 3 月 17 日第八届全国人民代表大会第四次会议《关于修改〈中华人民共和国刑事诉讼法〉的决定》第一次修正　根据 2012 年 3 月 14 日第十一届全国人民代表大会第五次会议《关于修改〈中华人民共和国刑事诉讼法〉的决定》第二次修正）

……

第三十四条　犯罪嫌疑人、被告人因经济困难或者其他原因没有委托辩护人的，本人及其近亲属可以向法律援助机构提出申请。对符合法律援助条件的，法律援助机构应当指派律师为其提供辩护。

犯罪嫌疑人、被告人是盲、聋、哑人，或者是尚未完全丧失辨认或者控制自己行为能力的精神病人，没有委托辩护人的，人民法院、人民检察院和公安机关应当通知法律援助机构指派律师为其提供辩护。

犯罪嫌疑人、被告人可能被判处无期徒刑、死刑，没有委托辩护人的，人民法院、人民检察院和公安机关应当通知法律援助机构指派律师为其提供辩护。

……

第三十七条第一款和第二款　辩护律师可以同在押的犯罪嫌疑人、被告人会见和通信。其他辩护人经人民法院、人民检察院许可，也可以同在押的犯罪嫌疑人、被告人会见和通信。

辩护律师持律师执业证书、律师事务所证明和委托书或者法律援助公函要求会见在押的犯罪嫌疑人、被告人的，看守所应当及时安排会见，至迟不得超过四十八小时。

……

第二百六十七条 未成年犯罪嫌疑人、被告人没有委托辩护人的，人民法院、人民检察院、公安机关应当通知法律援助机构指派律师为其提供辩护。

……

第二百八十六条 人民法院受理强制医疗的申请后，应当组成合议庭进行审理。

人民法院审理强制医疗案件，应当通知被申请人或者被告人的法定代理人到场。被申请人或者被告人没有委托诉讼代理人的，人民法院应当通知法律援助机构指派律师为其提供法律帮助。

……

中华人民共和国律师法(节录)

(1996年5月15日第八届全国人民代表大会常务委员会第十九次会议通过　根据2001年12月29日第九届全国人民代表大会常务委员会第二十五次会议《关于修改〈中华人民共和国律师法〉的决定》第一次修正　2007年10月28日第十届全国人民代表大会常务委员会第三十次会议修订　根据2012年10月26日第十一届全国人民代表大会常务委员会第二十九次会议《关于修改〈中华人民共和国律师法〉的决定》第二次修正)

……

第二十八条 律师可以从事下列业务：

(一)接受自然人、法人或者其他组织的委托，担任法律顾问；

(二)接受民事案件、行政案件当事人的委托，担任代理人，参加诉讼；

(三)接受刑事案件犯罪嫌疑人、被告人的委托或者依法接受法律援助机构的指派，担任辩护人，接受自诉案件自诉人、公诉案件被害人或者其近亲属的委托，担任代理人，参加诉讼；

(四)接受委托，代理各类诉讼案件的申诉；

(五)接受委托，参加调解、仲裁活动；

(六)接受委托，提供非诉讼法律服务；

(七)解答有关法律的询问、代写诉讼文书和有关法律事务的其他文书。

……

第三十三条 律师担任辩护人的,有权持律师执业证书、律师事务所证明和委托书或者法律援助公函,依照刑事诉讼法的规定会见在押或者被监视居住的犯罪嫌疑人、被告人。辩护律师会见犯罪嫌疑人、被告人时不被监听。

……

第四十二条 律师、律师事务所应当按照国家规定履行法律援助义务,为受援人提供符合标准的法律服务,维护受援人的合法权益。

……

第四十七条 律师有下列行为之一的,由设区的市级或者直辖市的区人民政府司法行政部门给予警告,可以处五千元以下的罚款;有违法所得的,没收违法所得;情节严重的,给予停止执业三个月以下的处罚:

(一)同时在两个以上律师事务所执业的;

(二)以不正当手段承揽业务的;

(三)在同一案件中为双方当事人担任代理人,或者代理与本人及其近亲属有利益冲突的法律事务的;

(四)从人民法院、人民检察院离任后二年内担任诉讼代理人或者辩护人的;

(五)拒绝履行法律援助义务的。

……

第五十条 律师事务所有下列行为之一的,由设区的市级或者直辖市的区人民政府司法行政部门视其情节给予警告、停业整顿一个月以上六个月以下的处罚,可以处十万元以下的罚款;有违法所得的,没收违法所得;情节特别严重的,由省、自治区、直辖市人民政府司法行政部门吊销律师事务所执业证书:

(一)违反规定接受委托、收取费用的;

(二)违反法定程序办理变更名称、负责人、章程、合伙协议、住所、合伙人等重大事项的;

(三)从事法律服务以外的经营活动的;

(四)以诋毁其他律师事务所、律师或者支付介绍费等不正当手段承揽业务的;

(五)违反规定接受有利益冲突的案件的;

（六）拒绝履行法律援助义务的；

（七）向司法行政部门提供虚假材料或者有其他弄虚作假行为的；

（八）对本所律师疏于管理，造成严重后果的。

律师事务所因前款违法行为受到处罚的，对其负责人视情节轻重，给予警告或者处二万元以下的罚款。

……

中华人民共和国农业法（节录）

（1993年7月2日第八届全国人民代表大会常务委员会第二次会议通过　2002年12月28日第九届全国人民代表大会常务委员会第三十一次会议修订　根据2009年8月27日第十一届全国人民代表大会常务委员会第十次会议《关于修改部分法律的决定》第一次修正　根据2012年12月28日第十一届全国人民代表大会常务委员会第三十次会议《关于修改〈中华人民共和国农业法〉的决定》第二次修正）

……

第七十八条　违反法律规定，侵犯农民权益的，农民或者农业生产经营组织可以依法申请行政复议或者向人民法院提起诉讼，有关人民政府及其有关部门或者人民法院应当依法受理。

人民法院和司法行政主管机关应当依照有关规定为农民提供法律援助。

……

中华人民共和国妇女权益保障法（节录）

（1992年4月3日第七届全国人民代表大会第五次会议通过　根据2005年8月28日第十届全国人民代表大会常务委员会第十七次会议《关于修改〈中华人民共和国妇女权益保障法〉的决定》修正）

……

第五十二条　妇女的合法权益受到侵害的，有权要求有关部门依法处理，或者依法向仲裁机构申请仲裁,或者向人民法院起诉。

对有经济困难需要法律援助或者司法救助的妇女,当地法律援助机构或者人民法院应当给予帮助,依法为其提供法律援助或者司法救助。

……

中华人民共和国未成年人保护法(节录)

(1991 年 9 月 4 日第七届全国人民代表大会常务委员会第二十一次会议通过　2006 年 12 月 29 日第十届全国人民代表大会常务委员会第二十五次会议修订　根据 2012 年 10 月 26 日第十一届全国人民代表大会常务委员会第二十九次会议《关于修改〈中华人民共和国未成年人保护法〉的决定》修正)

……

第五十一条　未成年人的合法权益受到侵害,依法向人民法院提起诉讼的,人民法院应当依法及时审理,并适应未成年人生理、心理特点和健康成长的需要,保障未成年人的合法权益。

在司法活动中对需要法律援助或者司法救助的未成年人,法律援助机构或者人民法院应当给予帮助,依法为其提供法律援助或者司法救助。

……

中华人民共和国老年人权益保障法(节录)

(1996 年 8 月 29 日第八届全国人民代表大会常务委员会第二十一次会议通过　根据 2009 年 8 月 27 日第十一届全国人民代表大会常务委员会第十次会议《关于修改部分法律的决定》修正　2012 年 12 月 28 日第十一届全国人民代表大会常务委员会第三十次会议修订　2012 年 12 月 28 日中华人民共和国主席令第七十二号公布　自 2013 年 7 月 1 日起施行)

……

第五十五条　老年人因其合法权益受侵害提起诉讼交纳诉讼费确有困难的,可以缓交、减交或者免交;需要获得律师帮助,但无力支付律师费用的,可以获得法律援助。

鼓励律师事务所、公证处、基层法律服务所和其他法律服务机构为经济困难的老年人提供免费或者优惠服务。

……

中华人民共和国公证法(节录)

(2005 年 8 月 28 日中华人民共和国第 10 届全国人民代表大会常务委员会第 17 次会议通过　2005 年 8 月 28 日中华人民共和国主席令第 39 号公布　自 2006 年 3 月 1 日起施行)

……

第三十四条　当事人应当按照规定支付公证费。

对符合法律援助条件的当事人,公证机构应当按照规定减免公证费。

……

中华人民共和国固体废物污染环境防治法(节录)

(1995 年 10 月 30 日第八届全国人民代表大会常务委员会第十六次会议通过　2004 年 12 月 29 日第十届全国人民代表大会常务委员会第十三次会议修订　根据 2013 年 6 月 29 日第十二届全国人民代表大会常务委员会第三次会议《关于修改〈中华人民共和国文物保护法〉等十二部法律的决定》修正)

……

第八十四条　受到固体废物污染损害的单位和个人,有权要求依法赔偿损失。

赔偿责任和赔偿金额的纠纷,可以根据当事人的请求,由环境保护行政主管部门或者其他固体废物污染环境防治工作的监督管理部门调解处理;调解不成的,当事人可以向人民法院提起诉讼。当事人也可以直接向人民法院提起诉讼。

国家鼓励法律服务机构对固体废物污染环境诉讼中的受害人提供法律

援助。

……

二、行 政 法 规

法律援助条例

(2003 年 7 月 16 日国务院第 15 次常务会议通过　2003 年 7 月 21 日中华人民共和国国务院令第 385 号公布　自 2003 年 9 月 1 日起施行)

第一章　总　　则

第一条　为了保障经济困难的公民获得必要的法律服务,促进和规范法律援助工作,制定本条例。

第二条　符合本条例规定的公民,可以依照本条例获得法律咨询、代理、刑事辩护等无偿法律服务。

第三条　法律援助是政府的责任,县级以上人民政府应当采取积极措施推动法律援助工作,为法律援助提供财政支持,保障法律援助事业与经济、社会协调发展。

法律援助经费应当专款专用,接受财政、审计部门的监督。

第四条　国务院司法行政部门监督管理全国的法律援助工作。县级以上地方各级人民政府司法行政部门监督管理本行政区域的法律援助工作。

中华全国律师协会和地方律师协会应当按照律师协会章程对依据本条例实施的法律援助工作予以协助。

第五条　直辖市、设区的市或者县级人民政府司法行政部门根据需要确定本行政区域的法律援助机构。

法律援助机构负责受理、审查法律援助申请,指派或者安排人员为符合本条例规定的公民提供法律援助。

第六条　律师应当依照律师法和本条例的规定履行法律援助义务,为受援人提供符合标准的法律服务,依法维护受援人的合法权益,接受律师协会和司法行政部门的监督。

第七条 国家鼓励社会对法律援助活动提供捐助。

第八条 国家支持和鼓励社会团体、事业单位等社会组织利用自身资源为经济困难的公民提供法律援助。

第九条 对在法律援助工作中作出突出贡献的组织和个人,有关的人民政府、司法行政部门应当给予表彰、奖励。

第二章 法律援助范围

第十条 公民对下列需要代理的事项,因经济困难没有委托代理人的,可以向法律援助机构申请法律援助:

(一)依法请求国家赔偿的;

(二)请求给予社会保险待遇或者最低生活保障待遇的;

(三)请求发给抚恤金、救济金的;

(四)请求给付赡养费、抚养费、扶养费的;

(五)请求支付劳动报酬的;

(六)主张因见义勇为行为产生的民事权益的。

省、自治区、直辖市人民政府可以对前款规定以外的法律援助事项作出补充规定。

公民可以就本条第一款、第二款规定的事项向法律援助机构申请法律咨询。

第十一条 刑事诉讼中有下列情形之一的,公民可以向法律援助机构申请法律援助:

(一)犯罪嫌疑人在被侦查机关第一次讯问后或者采取强制措施之日起,因经济困难没有聘请律师的;

(二)公诉案件中的被害人及其法定代理人或者近亲属,自案件移送审查起诉之日起,因经济困难没有委托诉讼代理人的;

(三)自诉案件的自诉人及其法定代理人,自案件被人民法院受理之日起,因经济困难没有委托诉讼代理人的。

第十二条 公诉人出庭公诉的案件,被告人因经济困难或者其他原因没有委托辩护人,人民法院为被告人指定辩护时,法律援助机构应当提供法律援助。

被告人是盲、聋、哑人或者未成年人而没有委托辩护人的,或者被告人可能被判处死刑而没有委托辩护人的,人民法院为被告人指定辩护时,法律援助机构应当提供法律援助,无须对被告人进行经济状况的审查。

第十三条 本条例所称公民经济困难的标准，由省、自治区、直辖市人民政府根据本行政区域经济发展状况和法律援助事业的需要规定。

申请人住所地的经济困难标准与受理申请的法律援助机构所在地的经济困难标准不一致的，按照受理申请的法律援助机构所在地的经济困难标准执行。

第三章 法律援助申请和审查

第十四条 公民就本条例第十条所列事项申请法律援助，应当按照下列规定提出：

（一）请求国家赔偿的，向赔偿义务机关所在地的法律援助机构提出申请；

（二）请求给予社会保险待遇、最低生活保障待遇或者请求发给抚恤金、救济金的，向提供社会保险待遇、最低生活保障待遇或者发给抚恤金、救济金的义务机关所在地的法律援助机构提出申请；

（三）请求给付赡养费、抚养费、扶养费的，向给付赡养费、抚养费、扶养费的义务人住所地的法律援助机构提出申请；

（四）请求支付劳动报酬的，向支付劳动报酬的义务人住所地的法律援助机构提出申请；

（五）主张因见义勇为行为产生的民事权益的，向被请求人住所地的法律援助机构提出申请。

第十五条 本条例第十一条所列人员申请法律援助的，应当向审理案件的人民法院所在地的法律援助机构提出申请。被羁押的犯罪嫌疑人的申请由看守所在24小时内转交法律援助机构，申请法律援助所需提交的有关证件、证明材料由看守所通知申请人的法定代理人或者近亲属协助提供。

第十六条 申请人为无民事行为能力人或者限制民事行为能力人的，由其法定代理人代为提出申请。

无民事行为能力人或者限制民事行为能力人与其法定代理人之间发生诉讼或者因其他利益纠纷需要法律援助的，由与该争议事项无利害关系的其他法定代理人代为提出申请。

第十七条 公民申请代理、刑事辩护的法律援助应当提交下列证件、证明材料：

（一）身份证或者其他有效的身份证明，代理申请人还应当提交有代理权的证明；

（二）经济困难的证明；

（三）与所申请法律援助事项有关的案件材料。

申请应当采用书面形式，填写申请表；以书面形式提出申请确有困难的，可以口头申请，由法律援助机构工作人员或者代为转交申请的有关机构工作人员作书面记录。

第十八条 法律援助机构收到法律援助申请后，应当进行审查；认为申请人提交的证件、证明材料不齐全的，可以要求申请人作出必要的补充或者说明，申请人未按要求作出补充或者说明的，视为撤销申请；认为申请人提交的证件、证明材料需要查证的，由法律援助机构向有关机关、单位查证。

对符合法律援助条件的，法律援助机构应当及时决定提供法律援助；对不符合法律援助条件的，应当书面告知申请人理由。

第十九条 申请人对法律援助机构作出的不符合法律援助条件的通知有异议的，可以向确定该法律援助机构的司法行政部门提出，司法行政部门应当在收到异议之日起5个工作日内进行审查，经审查认为申请人符合法律援助条件的，应当以书面形式责令法律援助机构及时对该申请人提供法律援助。

第四章　法律援助实施

第二十条 由人民法院指定辩护的案件，人民法院在开庭10日前将指定辩护通知书和起诉书副本或者判决书副本送交其所在地的法律援助机构；人民法院不在其所在地审判的，可以将指定辩护通知书和起诉书副本或者判决书副本送交审判地的法律援助机构。

第二十一条 法律援助机构可以指派律师事务所安排律师或者安排本机构的工作人员办理法律援助案件；也可以根据其他社会组织的要求，安排其所属人员办理法律援助案件。对人民法院指定辩护的案件，法律援助机构应当在开庭3日前将确定的承办人员名单回复作出指定的人民法院。

第二十二条 办理法律援助案件的人员，应当遵守职业道德和执业纪律，提供法律援助不得收取任何财物。

第二十三条 办理法律援助案件的人员遇有下列情形之一的，应当向法律援助机构报告，法律援助机构经审查核实的，应当终止该项法律援助：

（一）受援人的经济收入状况发生变化，不再符合法律援助条件的；

（二）案件终止审理或者已被撤销的；

（三）受援人又自行委托律师或者其他代理人的；

（四）受援人要求终止法律援助的。

第二十四条 受指派办理法律援助案件的律师或者接受安排办理法律援助案件的社会组织人员在案件结案时，应当向法律援助机构提交有关的法律文书副本或者复印件以及结案报告等材料。

法律援助机构收到前款规定的结案材料后，应当向受指派办理法律援助案件的律师或者接受安排办理法律援助案件的社会组织人员支付法律援助办案补贴。

法律援助办案补贴的标准由省、自治区、直辖市人民政府司法行政部门会同同级财政部门，根据当地经济发展水平，参考法律援助机构办理各类法律援助案件的平均成本等因素核定，并可以根据需要调整。

第二十五条 法律援助机构对公民申请的法律咨询服务，应当即时办理；复杂疑难的，可以预约择时办理。

第五章 法律责任

第二十六条 法律援助机构及其工作人员有下列情形之一的，对直接负责的主管人员以及其他直接责任人员依法给予纪律处分：

（一）为不符合法律援助条件的人员提供法律援助，或者拒绝为符合法律援助条件的人员提供法律援助的；

（二）办理法律援助案件收取财物的；

（三）从事有偿法律服务的；

（四）侵占、私分、挪用法律援助经费的。

办理法律援助案件收取的财物，由司法行政部门责令退还；从事有偿法律服务的违法所得，由司法行政部门予以没收；侵占、私分、挪用法律援助经费的，由司法行政部门责令追回，情节严重，构成犯罪的，依法追究刑事责任。

第二十七条 律师事务所拒绝法律援助机构的指派，不安排本所律师办理法律援助案件的，由司法行政部门给予警告、责令改正；情节严重的，给予1个月以上3个月以下停业整顿的处罚。

第二十八条 律师有下列情形之一的，由司法行政部门给予警告、责令改正；情节严重的，给予1个月以上3个月以下停止执业的处罚：

（一）无正当理由拒绝接受、擅自终止法律援助案件的；

（二）办理法律援助案件收取财物的。

有前款第（二）项违法行为的，由司法行政部门责令退还违法所得的财物，可以并处所收财物价值1倍以上3倍以下的罚款。

第二十九条 律师办理法律援助案件违反职业道德和执业纪律的，按照律师法的规定予以处罚。

第三十条 司法行政部门工作人员在法律援助的监督管理工作中，有滥用职权、玩忽职守行为的，依法给予行政处分；情节严重，构成犯罪的，依法追究刑事责任。

第六章 附 则

第三十一条 本条例自 2003 年 9 月 1 日起施行。

信访条例(节录)

(2005 年 1 月 5 日国务院第 76 次常务会议通过 2005 年 1 月 10 日国务院令第 431 号公布 自 2005 年 5 月 1 日起施行)

……

第十三条 设区的市、县两级人民政府可以根据信访工作的实际需要，建立政府主导、社会参与、有利于迅速解决纠纷的工作机制。

信访工作机构应当组织相关社会团体、法律援助机构、相关专业人员、社会支援者等共同参与，运用咨询、教育、协商、调解、听证等方法，依法、及时、合理处理信访人的投诉请求。

……

诉讼费用交纳办法(节录)

(2006 年 12 月 8 日国务院第 159 次常务会议通过 2006 年 12 月 19 日国务院令第 481 号公布 自 2007 年 4 月 1 日起施行)

……

第四十七条 当事人申请司法救助，符合下列情形之一的，人民法院应当准予缓交诉讼费用：

(一)追索社会保险金、经济补偿金的；

(二)海上事故、交通事故、医疗事故、工伤事故、产品质量事故或者其他人身伤害事故的受害人请求赔偿的；

(三)正在接受有关部门法律援助的;

(四)确实需要缓交的其他情形。

……

三、其他法律援助规范性文件

最高人民法院　司法部
关于刑事法律援助工作的联合通知

(1997 年 4 月 9 日　司发通〔1997〕046 号)

各省、自治区、直辖市高级人民法院、司法厅(局),解放军军事法院:

为顺利实施《中华人民共和国刑事诉讼法》有关法律援助的规定,最高人民法院、司法部就有关刑事审判中的法律援助程序、各级人民法院同所在地的法律援助机构的工作衔接等有关事项通知如下:

一、人民法院指定辩护的刑事法律援助案件,由该人民法院所在地的法律援助机构统一接受并组织实施;尚未设立法律援助机构的地方,由人民法院所在地的同级司法行政机关接受并组织实施。

二、法律援助机构或者司法行政机关接到指定辩护通知书和起诉书副本后,对刑事被告人是盲、聋、哑、未成年人、可能被判处死刑而没有委托辩护人的,应于三日内指派承担法律援助义务的律师提供辩护。

三、对刑事被告人符合当地政府规定的经济困难标准,人民法院认为需要指定律师为其提供辩护的刑事案件,法律援助机构或者司法行政机关应于收到指定辩护的通知书三日内,指派承担法律援助义务的律师提供辩护。

四、对人民法院根据案情认为确需律师辩护、符合下列条件的刑事被告人,法律援助机构或者司法行政机关应于接受人民法院指定辩护三日内,指派承担法律援助义务的律师提供辩护:

(一)本人确无经济来源,其家庭经济状况无法查明的;

(二)本人确无经济来源,其家属经多次劝说仍不愿为其承担辩护律师费用的;

（三）共同犯罪案件中，其他被告已委托辩护人，而该被告没有委托辩护人的；

（四）外国籍被告人没有委托辩护人的；

（五）案件有重大社会影响的；

（六）人民法院认为起诉意见和移送的案件证据材料有问题，有可能影响法院正确定罪量刑的。

五、人民法院对需要指定辩护的案件，应在开庭十日以前，将指定辩护律师通知书和人民检察院的起诉书副本送交所在地的法律援助机构或者同级司法行政机关。同时，附送被告人符合法定或者本通知规定的法律援助条件的情况说明或经济困难的证明材料。

六、接受承办法律援助事务的辩护律师征得刑事被告人同意后，即可依照刑事诉讼法的有关规定履行辩护职责。

七、人民法院应当积极支持律师行使辩护职能所开展的法律援助工作，为其提供查阅、摘抄、复制本案所指控的犯罪事实的材料及同在押的被告人会见和通信等方面的便利条件。

最高人民检察院　司法部
关于在刑事诉讼活动中开展法律援助工作的联合通知

（2000年4月24日　司发通〔2000〕053号）

各省、自治区、直辖市人民检察院、司法厅（局），解放军军事检察院，新疆生产建设兵团人民检察院、司法局：

为充分保护犯罪嫌疑人和其他刑事诉讼参与人的诉讼权利，规范刑事诉讼侦查、起诉阶段法律援助工作，根据《中华人民共和国刑事诉讼法》及其他有关法律规定，现就人民检察院、法律援助机构在刑事诉讼侦查、审查起诉阶段开展法律援助工作的有关问题通知如下：

一、人民检察院对直接受理立案侦查的刑事案件，在对犯罪嫌疑人第一次讯问后或者采取强制措施之日起，在告知犯罪嫌疑人享有《中华人民共和国刑事诉讼法》第九十六条规定的有关诉讼权利的同时，应当告知其如因经济困难无力聘请律师，可以通过人民检察院向当地法律援助机构申请法律援助。

人民检察院办理审查起诉案件，自收到移送审查起诉的案件材料之日起三日内，在根据《中华人民共和国刑事诉讼法》第三十三条第二款的规定告知犯罪嫌疑人有关诉讼权利的同时，应当告知其如因经济困难无力委托辩护人的，可以通过人民检察院向当地法律援助机构申请法律援助；在根据《中华人民共和国刑事诉讼法》第四十条第二款的规定告知被害人及其法定代理人或者其近亲属、附带民事诉讼的当事人及其法定代理人有关诉讼权利的同时，应当告知其如因经济困难无力委托诉讼代理人的，可以向当地法律援助机构申请法律援助。

二、人民检察院自收到在押犯罪嫌疑人提交的法律援助书面申请之日起三日内，应当向所在地的法律援助机构转交该申请，并同时通知其法定代理人或近亲属在三日内向该法律援助机构提交身份和户籍证明、经济和居住状况证明等相关材料。

三、法律援助机构接到犯罪嫌疑人及其他有关诉讼参与人的法律援助申请及所需材料后十日内，根据法律援助的有关规定进行审查，对符合法律援助条件的，作出同意提供法律援助的决定，并指派律师提供法律援助。对不符合法律援助条件的，作出不予援助的书面决定。法律援助机构对人民检察院转交的犯罪嫌疑人的法律援助申请作出是否提供法律援助的决定，以及对其他犯罪嫌疑人和有关诉讼参与人的法律援助申请作出同意提供法律援助的决定，应当在决定作出后三日内将有关情况书面通知人民检察院。

四、法律援助人员接受法律援助机构指派通知后，应当向人民检察院提交由法律援助机构统一印制的公函和文书。

人民检察院凭法律援助机构出具的公函和文书，按照有关法律和规定安排法律援助人员的诉讼活动。

五、人民检察院应当积极支持法律援助人员开展法律援助工作。在侦查阶段，人民检察院应当告知法律援助人员犯罪嫌疑人涉嫌的罪名，依法安排法律援助人员会见在押的犯罪嫌疑人；在审查起诉阶段，人民检察院应当为法律援助人员查阅、摘抄、复制案件的诉讼文书、技术性鉴定材料以及同在押的犯罪嫌疑人会见和通信提供便利条件；人民检察院审查案件，应当听取有关法律援助人员的意见。人民检察院作出侦查终结、提起公诉、不起诉决定后或者将案件退回补充侦查后，应当在三日内告知法律援助人员。

在审查起诉阶段，法律援助人员可以申请人民检察院收集、调取证据。法律援助人员经人民检察院许可,并且经被害人或者其近亲属、被害人提供的证人同意,可以向他们收集与本案有关的材料。

六、法律援助人员在办理法律援助事项中应当尽职尽责,恪守职业道德和执业纪律。

2000 年 4 月 24 日

司法部　公安部
关于在刑事诉讼活动中开展法律援助工作的联合通知

(2001 年 5 月 17 日　司发通〔2001〕052 号)

各省、自治区、直辖市司法厅(局)、公安厅(局),新疆生产建设兵团司法局、公安局:

为保护犯罪嫌疑人的诉讼权利,规范在刑事诉讼侦查阶段开展的法律援助工作,根据《中华人民共和国刑事诉讼法》及其他有关法律规定,现就有关问题通知如下:

一、公安机关立案侦查的刑事案件,在对犯罪嫌疑人第一次讯问后或者采取强制措施之日起,在告知犯罪嫌疑人有权聘请律师为其提供法律咨询、代理申诉、控告时,对因经济困难无力聘请律师的,可以告知其向当地的法律援助机构申请法律援助;犯罪嫌疑人在押的,可以通过公安机关向该公安机关所在地的法律援助机构申请法律援助。对于涉及国家秘密的案件,应当告知犯罪嫌疑人申请法律援助须经公安机关批准。

二、公安机关收到在押犯罪嫌疑人提交的法律援助书面申请后,应当及时向所在的法律援助机构转交申请,同时通知其法定代理人或近亲属向该法律援助机构提交身份和户籍证明、经济和居住状况证明等相关材料。犯罪嫌疑人的法定代理人或近亲属地址不详无法通知的,公安机关应当在转交申请时一并告知法律援助机构。

三、法律援助机构接到在押犯罪嫌疑人的法律援助申请及所需材料后三日内,根据法律援助的有关规定进行审查,对符合法律援助条件的,作出同意提供法律援助的决定,并指派律师提供法律援助;对不符合法律援助条件的,作出不予援助的书面决定，并应当在决定之日起24小时内书面通知公安机关。公安机关应当在接到通知后24小时内，向在押犯罪嫌疑人转告法律援助机构不予援助的决定。

四、接受法律援助机构指派的律师向在押犯罪嫌疑人提供法律援助时，应当向公安机关提交由法律援助机构统一印制的公函、文书，出示律师执业证件。

公安机关凭法律援助机构出具的公函和公文，按照有关法律、法规和规定安排律师的法律援助活动。

五、公安机关要依法支持律师开展法律援助工作，应当告知律师在押犯罪嫌疑人涉嫌的罪名，依法安排律师会见犯罪嫌疑人和刑事被告人；为律师履行向犯罪嫌疑人提供法律咨询、代理申诉、控告。为已逮捕的犯罪嫌疑人申请取保候审以及为刑事被告人履行刑事辩护援助职能提供便利条件。

六、公安机关对律师提供法律援助的刑事案件侦查终结后应当在五日内将案件办理结果告知法律援助承办律师。

七、律师在办理法律援助事项中应当严格遵守法律、法规和有关规章、制度，尽职尽责；各级法律援助机构应当依法对律师的法律援助活动进行监督、指导，以保证法律援助律师恪守职业道德和执业纪律。

司法部关于印发《律师和基层法律服务工作者开展法律援助工作暂行管理办法》的通知

（司发通〔2004〕132号）

各省、自治区、直辖市司法厅（局），新疆生产建设兵团司法局：

《律师和基层法律服务工作者开展法律援助工作暂行管理办法》已于9月7日经司法部第30次部长办公会议审议通过，现印发给你们，请认真贯彻执行。

律师和基层法律服务工作者开展法律援助工作暂行管理办法

第一条 为了充分发挥律师和基层法律服务工作者在法律援助工作中的作用，进一步规范法律援助工作，根据《律师法》、《法律援助条例》等有关法律、法规的规定，制定本办法。

第二条 律师应当根据《律师法》、《法律援助条例》的有关规定履行法律援助义务,为受援人提供符合标准的法律援助,维护受援人的合法权益。

基层法律服务工作者应当根据司法部《基层法律服务工作者管理办法》和有关基层法律服务业务的规定,积极开展与其业务范围相适应的法律援助工作。

第三条 律师和基层法律服务工作者每年应当接受法律援助机构的指派,办理一定数量的法律援助案件。承办法律援助案件的年度工作量,由省、自治区、直辖市司法行政机关根据当地法律援助的需求量、律师和基层法律服务工作者的数量及分布等实际情况确定。

第四条 律师和基层法律服务工作者承办法律援助案件,应当接受司法行政机关、律师协会和法律援助机构的业务指导和监督,接受受援人和社会的监督。

第五条 法律援助机构指派法律援助案件,应当通过律师事务所、基层法律服务所安排律师、基层法律服务工作者承办。

律师事务所和基层法律服务所接到指派通知后,应当在24小时内,根据案件的具体情况和需要,安排合适人员承办。

第六条 律师和基层法律服务工作者应当在接受案件指派后的3个工作日内与受援人或其法定监护人、法定代理人签订委托代理协议。

第七条 律师和基层法律服务工作者在日常业务工作中发现当事人符合法律援助条件时,可以将当事人的有关案件材料转交其所在地的法律援助机构进行审查。法律援助机构应当在3个工作日内完成审查,做出是否提供法律援助的决定。

第八条 承办法律援助案件的律师和基层法律服务工作者,应当根据承办案件的需要,依照司法部、律师协会有关律师和基层法律服务工作者执业规范的要求,尽职尽责地履行法律服务职责,遵守职业道德和执业纪律。

第九条 对重大、复杂、疑难的法律援助案件,律师事务所、基层法律服务所应当组织集体研究,确定承办方案,确保办案的质量和效果。

律师事务所、基层法律服务所应当对本所律师、基层法律服务工作者办理法律援助案件的质量进行监督,发现问题的,应当及时纠正。

第十条 律师和基层法律服务工作者自法律援助案件办结后15日内,应当向指派案件的法律援助机构提交下列承办案件的材料,接受法律援助机构的审查;对于不符合要求的,应当要求其改正:

(一)法律援助指派函和律师事务所(基层法律服务所)批办单;

(二)委托代理协议及其他委托手续;

(三)起诉书、上诉书、申诉书或者行政复议(申诉)申请书、国家赔偿申请书等法律文书副本;

(四)会见委托人、当事人、证人谈话笔录及其他有关调查材料;

(五)答辩书、辩护词或者代理词等法律文书;

(六)判决(裁定)书、仲裁裁决书、调解协议或者行政处理(复议)决定等法律文书副本;

(七)结案报告;

(八)其他与承办案件有关的材料。

法律援助机构应当自收到结案材料之日起15日内完成审查,并将材料退还,由承办人员所在的律师事务所、基层法律服务所负责归档保管。

第十一条 法律援助机构应当按照当地人民政府制定的法律援助办案补贴标准,自收到结案材料之日起30日内,向承办法律援助案件的律师或者基层法律服务工作者支付办案补贴。

第十二条 律师和基层法律服务工作者在承办法律援助案件过程中,发现受援人有《法律援助条例》第二十三条规定列举的情形时,应当及时向法律援助机构报告,由法律援助机构负责审查核实,决定是否终止该项法律援助。

第十三条 法律援助机构应当采取对结案材料审查、办案质量反馈、评估等方式,督促律师和基层法律服务工作者尽职尽责地开展法律援助工作,确保法律援助服务的质量。

律师协会应当按照律师协会章程的规定对实施法律援助工作予以协助,指导律师和律师事务所不断提高办理法律援助案件的质量,维护律师在开展法律援助工作中的合法权益。

第十四条 对在法律援助工作中作出突出贡献的律师和律师事务所、基层法律服务工作者和基层法律服务所,司法行政机关、律师协会应当给予表彰、奖励。

第十五条 律师和律师事务所有违反《法律援助条例》等有关法律、法规以及本办法规定行为的,由司法行政机关、律师协会依照有关规定给予行政处罚或者行业处分。

基层法律服务工作者和基层法律服务所有违反《法律援助条例》以及本办

法规定行为的，由司法行政机关依照有关规定给予行政处罚。

第十六条 法律援助机构、律师协会应当建立法律援助工作投诉查处制度。对受援人或者相关部门的投诉，应当依照有关规定及时调查处理，并告知其查处结果；经调查，认为对被投诉人应给予行政处罚的，应当及时向司法行政机关提出建议。

第十七条 法律援助机构安排本机构工作人员、指派社会组织人员承办法律援助案件的管理，参照本办法执行。

第十八条 本办法由司法部负责解释。

第十九条 本办法自发布之日起施行。

最高人民法院　司法部
关于印发《关于民事诉讼法律援助工作的规定》的通知

（2005 年 9 月 22 日　司发通〔2005〕77 号）

各省、自治区、直辖市高级人民法院、司法厅（局），解放军军事法院，总政司法局，新疆维吾尔自治区高级人民法院生产建设兵团分院、新疆建设兵团司法局：

为了进一步加强和规范民事诉讼法律援助工作，最高人民法院、司法部制定了《关于民事诉讼法律援助工作的规定》，现印发你们，请遵照执行。

关于民事诉讼法律援助工作的规定

第一条 为加强和规范民事诉讼法律援助工作，根据《中华人民共和国民事诉讼法》、《中华人民共和国律师法》、《法律援助条例》、《最高人民法院关于对经济确有困难的当事人提供司法救助的规定》（以下简称《司法救助规定》），以及其它相关规定，结合法律援助工作实际，制定本规定。

第二条 公民就《法律援助条例》第十条规定的民事权益事项要求诉讼代理的，可以按照《法律援助条例》第十四条的规定向有关法律援助机构申请法律援助。

第三条 公民经济困难的标准，按案件受理地所在的省、自治区、直辖市人民政府的规定执行。

第四条 法律援助机构受理法律援助申请后，应当依照有关规定及时审查并作出决定。对符合法律援助条件的,决定提供法律援助,并告知该当事人可以向有管辖权的人民法院申请司法救助。对不符合法律援助条件的,作出不予援助的决定。

第五条 申请人对法律援助机构不予援助的决定有异议的,可以向确定该法律援助机构的司法行政部门提出。司法行政部门应当在收到异议之日起5个工作日内进行审查,经审查认为申请人符合法律援助条件的,应当以书面形式责令法律援助机构及时对该申请人提供法律援助,同时通知申请人。认为申请人不符合法律援助条件的,应当维持法律援助机构不予援助的决定,并将维持决定的理由书面告知申请人。

第六条 当事人依据《司法救助规定》的有关规定先行向人民法院申请司法救助获准的,人民法院可以告知其可以按照《法律援助条例》的规定,向法律援助机构申请法律援助。

第七条 当事人以人民法院给予司法救助的决定为依据,向法律援助机构申请法律援助的,法律援助机构对符合《法律援助条例》第十条规定情形的,不再审查其是否符合经济困难标准,应当直接做出给予法律援助的决定。

第八条 当事人以法律援助机构给予法律援助的决定为依据,向人民法院申请司法救助的,人民法院不再审查其是否符合经济困难标准,应当直接做出给予司法救助的决定。

第九条 人民法院依据法律援助机构给予法律援助的决定,准许受援的当事人司法救助的请求的,应当根据《司法救助规定》第五条的规定,先行对当事人作出缓交诉讼费用的决定,待案件审结后再根据案件的具体情况,按照《司法救助规定》第六条的规定决定诉讼费用的负担。

第十条 人民法院应当支持法律援助机构指派或者安排的承办法律援助案件的人员在民事诉讼中实施法律援助,在查阅、摘抄、复制案件材料等方面提供便利条件,对承办法律援助案件的人员复制必要的相关材料的费用应当予以免收或者减收,减收的标准按复制材料所必须的工本费用计算。

第十一条 法律援助案件的受援人依照民事诉讼法的规定申请先予执行,人民法院裁定先予执行的,可以不要求受援人提供相应的担保。

第十二条 实施法律援助的民事诉讼案件出现《法律援助条例》第二十三条规定的终止法律援助或者《司法救助规定》第九条规定的撤销司法救助的情形时,法律援助机构、人民法院均应当在作出终止法律援助决定或者撤销司法救助决定的当日函告对方，对方相应作出撤销决定或者终止决定。

第十三条 承办法律援助案件的人员在办案过程中应当尽职尽责，恪守职业道德和执业纪律。

法律援助机构应当对承办法律援助案件的人员的法律援助活动进行业务指导和监督，保证法律援助案件质量。

人民法院在办案过程中发现承办法律援助案件的人员违反职业道德和执业纪律，损害受援人利益的，应当及时向作出指派的法律援助机构通报有关情况。

第十四条 人民法院应当在判决书、裁定书中写明做出指派的法律援助机构、承办法律援助案件的人员及其所在的执业机构。

第十五条 本规定自2005年12月1日起施行。最高人民法院、司法部于1999年4月12日下发的《关于民事法律援助工作若干问题的联合通知》与本规定有抵触的，以本规定为准。

最高人民法院　最高人民检察院　公安部　司法部
关于印发《关于刑事诉讼法律援助工作的规定》的通知

（司发通〔2013〕18号）

各省、自治区、直辖市高级人民法院、人民检察院、公安厅（局）、司法厅（局），解放军军事法院、军事检察院、总政司法局、新疆维吾尔自治区高级人民法院生产建设兵团分院、新疆生产建设兵团人民检察院、公安局、司法局、监狱管理局：

为贯彻实施修改后刑事诉讼法有关法律援助的规定，加强和规范刑事法律援助工作，在深入调研论证和广泛征求意见的基础上，最高人民法院、最高人民检察院、公安部、司法部对2005年9月28日联合印发的《关于刑事诉讼法律援助工作的规定》进行了修改。

现印发你们，请遵照执行。

关于刑事诉讼法律援助工作的规定

第一条 为加强和规范刑事诉讼法律援助工作，根据《中华人民共和国刑事诉讼法》、《中华人民共和国律师法》、《法律援助条例》以及其他相关规定，结合法律援助工作实际，制定本规定。

第二条 犯罪嫌疑人、被告人因经济困难没有委托辩护人的，本人及其近亲属可以向办理案件的公安机关、人民检察院、人民法院所在地同级司法行政机关所属法律援助机构申请法律援助。

具有下列情形之一，犯罪嫌疑人、被告人没有委托辩护人的，可以依照前款规定申请法律援助：

（一）有证据证明犯罪嫌疑人、被告人属于一级或者二级智力残疾的；

（二）共同犯罪案件中，其他犯罪嫌疑人、被告人已委托辩护人的；

（三）人民检察院抗诉的；

（四）案件具有重大社会影响的。

第三条 公诉案件中的被害人及其法定代理人或者近亲属，自诉案件中的自诉人及其法定代理人，因经济困难没有委托诉讼代理人的，可以向办理案件的人民检察院、人民法院所在地同级司法行政机关所属法律援助机构申请法律援助。

第四条 公民经济困难的标准，按案件受理地所在的省、自治区、直辖市人民政府的规定执行。

第五条 公安机关、人民检察院在第一次讯问犯罪嫌疑人或者采取强制措施的时候，应当告知犯罪嫌疑人有权委托辩护人，并告知其如果符合本规定第二条规定，本人及其近亲属可以向法律援助机构申请法律援助。

人民检察院自收到移送审查起诉的案件材料之日起 3 日内，应当告知犯罪嫌疑人有权委托辩护人，并告知其如果符合本规定第二条规定，本人及其近亲属可以向法律援助机构申请法律援助；应当告知被害人及其法定代理人或者近亲属有权委托诉讼代理人，并告知其如果经济困难，可以向法律援助机构申请法律援助。

人民法院自受理案件之日起 3 日内，应当告知被告人有权委托辩护人，并告知其如果符合本规定第二条规定，本人及其近亲属可以向法律援助机构申请法律援助；应当告知自诉人及其法定代理人有权委托诉讼代理人，并告知其如果经济困难，可以向法律援助机构申请法律援助。人民法院决定再审的案件，应当自决定再审之日起 3 日内履行相关告知职责。

犯罪嫌疑人、被告人具有本规定第九条规定情形的，公安机关、人民检察院、人民法院应当告知其如果不委托辩护人，将依法通知法律援助机构指派律师为其提供辩护。

第六条 告知可以采取口头或者书面方式,告知的内容应当易于被告知人理解。口头告知的,应当制作笔录,由被告知人签名;书面告知的,应当将送达回执入卷。对于被告知人当场表达申请法律援助意愿的,应当记录在案。

第七条 被羁押的犯罪嫌疑人、被告人提出法律援助申请的,公安机关、人民检察院、人民法院应当在收到申请24小时内将其申请转交或者告知法律援助机构,并于3日内通知申请人的法定代理人、近亲属或者其委托的其他人员协助向法律援助机构提供有关证件、证明等相关材料。犯罪嫌疑人、被告人的法定代理人或者近亲属无法通知的,应当在转交申请时一并告知法律援助机构。

第八条 法律援助机构收到申请后应当及时进行审查并于7日内作出决定。对符合法律援助条件的,应当决定给予法律援助,并制作给予法律援助决定书;对不符合法律援助条件的,应当决定不予法律援助,制作不予法律援助决定书。给予法律援助决定书和不予法律援助决定书应当及时发送申请人,并函告公安机关、人民检察院、人民法院。

对于犯罪嫌疑人、被告人申请法律援助的案件,法律援助机构可以向公安机关、人民检察院、人民法院了解案件办理过程中掌握的犯罪嫌疑人、被告人是否具有本规定第二条规定情形等情况。

第九条 犯罪嫌疑人、被告人具有下列情形之一没有委托辩护人的,公安机关、人民检察院、人民法院应当自发现该情形之日起3日内,通知所在地同级司法行政机关所属法律援助机构指派律师为其提供辩护:

(一)未成年人;

(二)盲、聋、哑人;

(三)尚未完全丧失辨认或者控制自己行为能力的精神病人;

(四)可能被判处无期徒刑、死刑的人。

第十条 公安机关、人民检察院、人民法院通知辩护的,应当将通知辩护公函和采取强制措施决定书、起诉意见书、起诉书、判决书副本或者复印件送交法律援助机构。

通知辩护公函应当载明犯罪嫌疑人或者被告人的姓名、涉嫌的罪名、羁押场所或者住所、通知辩护的理由、办案机关联系人姓名和联系方式等。

第十一条 人民法院自受理强制医疗申请或者发现被告人符合强制医疗

条件之日起3日内,对于被申请人或者被告人没有委托诉讼代理人的,应当向法律援助机构送交通知代理公函,通知其指派律师担任被申请人或被告人的诉讼代理人,为其提供法律帮助。

人民检察院申请强制医疗的,人民法院应当将强制医疗申请书副本一并送交法律援助机构。

通知代理公函应当载明被申请人或者被告人的姓名、法定代理人的姓名和联系方式、办案机关联系人姓名和联系方式。

第十二条 法律援助机构应当自作出给予法律援助决定或者自收到通知辩护公函、通知代理公函之日起3日内,确定承办律师并函告公安机关、人民检察院、人民法院。

法律援助机构出具的法律援助公函应当载明承办律师的姓名、所属单位及联系方式。

第十三条 对于可能被判处无期徒刑、死刑的案件,法律援助机构应当指派具有一定年限刑事辩护执业经历的律师担任辩护人。

对于未成年人案件,应当指派熟悉未成年人身心特点的律师担任辩护人。

第十四条 承办律师接受法律援助机构指派后,应当按照有关规定及时办理委托手续。

承办律师应当在首次会见犯罪嫌疑人、被告人时,询问是否同意为其辩护,并制作笔录。犯罪嫌疑人、被告人不同意的,律师应当书面告知公安机关、人民检察院、人民法院和法律援助机构。

第十五条 对于依申请提供法律援助的案件,犯罪嫌疑人、被告人坚持自己辩护,拒绝法律援助机构指派的律师为其辩护的,法律援助机构应当准许,并作出终止法律援助的决定;对于有正当理由要求更换律师的,法律援助机构应当另行指派律师为其提供辩护。

对于应当通知辩护的案件,犯罪嫌疑人、被告人拒绝法律援助机构指派的律师为其辩护的,公安机关、人民检察院、人民法院应当查明拒绝的原因,有正当理由的,应当准许,同时告知犯罪嫌疑人、被告人需另行委托辩护人。

犯罪嫌疑人、被告人未另行委托辩护人的,公安机关、人民检察院、人民法院应当及时通知法律援助机构另行指派律师为其提供辩护。

第十六条 人民检察院审查批准逮捕时,认为犯罪嫌疑人具有应当通知辩护的情形,公安机关未通知法律援助机构指派律师的,应当通知公安机关予以纠正，公安机关应当将纠正情况通知人民检察院。

第十七条 在案件侦查终结前，承办律师提出要求的，侦查机关应当听取其意见，并记录在案。承办律师提出书面意见的，应当附卷。

第十八条 人民法院决定变更开庭时间的，应当在开庭3日前通知承办律师。承办律师有正当理由不能按时出庭的，可以申请人民法院延期开庭。人民法院同意延期开庭的，应当及时通知承办律师。

第十九条 人民法院决定不开庭审理的案件，承办律师应当在接到人民法院不开庭通知之日起10日内向人民法院提交书面辩护意见。

第二十条 人民检察院、人民法院应当对承办律师复制案卷材料的费用予以免收或者减收。

第二十一条 公安机关在撤销案件或者移送审查起诉后，人民检察院在作出提起公诉、不起诉或者撤销案件决定后，人民法院在终止审理或者作出裁决后，以及公安机关、人民检察院、人民法院将案件移送其他机关办理后，应当在5日内将相关法律文书副本或者复印件送达承办律师，或者书面告知承办律师。

公安机关的起诉意见书，人民检察院的起诉书、不起诉决定书，人民法院的判决书、裁定书等法律文书，应当载明作出指派的法律援助机构名称、承办律师姓名以及所属单位等情况。

第二十二条 具有下列情形之一的，法律援助机构应当作出终止法律援助决定，制作终止法律援助决定书发送受援人，并自作出决定之日起3日内函告公安机关、人民检察院、人民法院：

（一）受援人的经济收入状况发生变化，不再符合法律援助条件的；

（二）案件终止办理或者已被撤销的；

（三）受援人自行委托辩护人或者代理人的；

（四）受援人要求终止法律援助的，但应当通知辩护的情形除外；

（五）法律、法规规定应当终止的其他情形。

公安机关、人民检察院、人民法院在案件办理过程中发现有前款规定情形的，应当及时函告法律援助机构。

第二十三条 申请人对法律援助机构不予援助的决定有异议的，可以向主管该法律援助机构的司法行政机关提出。司法行政机关应当在收到异议之日起5个工作日内进行审查，经审查认为申请人符合法律援助条件的，应当以书面形式责令法律援助机构及时对该申请人提供法律援助，同时通知申请人；认为申请人不符合法律援助条件的,应当维持法律援助机构不予援助的决定,并书面告知申请人。

受援人对法律援助机构终止法律援助的决定有异议的,按照前款规定办理。

第二十四条 犯罪嫌疑人、被告人及其近亲属、法定代理人,强制医疗案件中的被申请人、被告人的法定代理人认为公安机关、人民检察院、人民法院应当告知其可以向法律援助机构申请法律援助而没有告知,或者应当通知法律援助机构指派律师为其提供辩护或者诉讼代理而没有通知的,有权向同级或者上一级人民检察院申诉或者控告。人民检察院应当对申诉或者控告及时进行审查,情况属实的,通知有关机关予以纠正。

第二十五条 律师应当遵守有关法律法规和法律援助业务规程,做好会见、阅卷、调查取证、解答咨询、参加庭审等工作,依法为受援人提供法律服务。

律师事务所应当对律师办理法律援助案件进行业务指导,督促律师在办案过程中尽职尽责,恪守职业道德和执业纪律。

第二十六条 法律援助机构依法对律师事务所、律师开展法律援助活动进行指导监督,确保办案质量。

司法行政机关和律师协会根据律师事务所、律师履行法律援助义务情况实施奖励和惩戒。

公安机关、人民检察院、人民法院在案件办理过程中发现律师有违法或者违反职业道德和执业纪律行为,损害受援人利益的,应当及时向法律援助机构通报有关情况。

第二十七条 公安机关、人民检察院、人民法院和司法行政机关应当加强协调,建立健全工作机制,做好法律援助咨询、申请转交、组织实施等方面的衔接工作,促进刑事法律援助工作有效开展。

第二十八条 本规定自2013年3月1日起施行。2005年9月28日最高人民法院、最高人民检察院、公安部、司法部下发的《关于刑事诉讼法律援助工作的规定》同时废止。

最高人民法院　最高人民检察院　公安部　国家安全部　司法部　全国人大常委会　法制工作委员会　关于实施刑事诉讼法若干问题的规定（摘录）

（2012 年 12 月 26 日）

……

5. 刑事诉讼法第三十四条、第二百六十七条、第二百八十六条对法律援助作了规定。对于人民法院、人民检察院、公安机关根据上述规定，通知法律援助机构指派律师提供辩护或者法律帮助的，法律援助机构应当在接到通知后三日以内指派律师，并将律师的姓名、单位、联系方式书面通知人民法院、人民检察院、公安机关。

……

7. 刑事诉讼法第三十七条第二款规定："辩护律师持律师执业证书、律师事务所证明和委托书或者法律援助公函要求会见在押的犯罪嫌疑人、被告人的，看守所应当及时安排会见，至迟不得超过四十八小时。"根据上述规定，辩护律师要求会见在押的犯罪嫌疑人、被告人的，看守所应当及时安排会见，保证辩护律师在四十八小时以内见到在押的犯罪嫌疑人、被告人。

……

最高人民法院　最高人民检察院　公安部　国家安全部　司法部　关于规范量刑程序若干问题的意见（试行）（摘录）

（法发〔2010〕35 号）

……

第六条　对于公诉案件，特别是被告人不认罪或者对量刑建议有争议的案件，被告人因经济困难或者其他原因没有委托辩护人的，人民法院可以通过法律援助机构指派律师为其提供辩护。

……

最高人民法院《关于适用〈中华人民共和国刑事诉讼法〉的解释》(摘录)

(法释〔2012〕21号)

……

第三十九条 被告人没有委托辩护人的,人民法院自受理案件之日起三日内,应当告知其有权委托辩护人;被告人因经济困难或者其他原因没有委托辩护人的,应当告知其可以申请法律援助;被告人属于应当提供法律援助情形的,应当告知其将依法通知法律援助机构指派律师为其提供辩护。

告知可以采取口头或者书面方式。

……

第四十一条 人民法院收到在押被告人提出的法律援助申请,应当在二十四小时内转交所在地的法律援助机构。

第四十二条 对下列没有委托辩护人的被告人,人民法院应当通知法律援助机构指派律师为其提供辩护:

(一)盲、聋、哑人;

(二)尚未完全丧失辨认或者控制自己行为能力的精神病人;

(三)可能被判处无期徒刑、死刑的人。

高级人民法院复核死刑案件,被告人没有委托辩护人的,应当通知法律援助机构指派律师为其提供辩护。

第四十三条 具有下列情形之一,被告人没有委托辩护人的,人民法院可以通知法律援助机构指派律师为其提供辩护:

(一)共同犯罪案件中,其他被告人已经委托辩护人;

(二)有重大社会影响的案件;

(三)人民检察院抗诉的案件;

(四)被告人的行为可能不构成犯罪;

(五)有必要指派律师提供辩护的其他情形。

第四十四条 人民法院通知法律援助机构指派律师提供辩护的,应当将法律援助通知书、起诉书副本或者判决书送达法律援助机构;决定开庭审理的,除适用简易程序审理的以外，应当在开庭十五日前将上述材料送达法律援助机构。

法律援助通知书应当写明案由、被告人姓名、提供法律援助的理由、审判人员的姓名和联系方式；已确定开庭审理的，应当写明开庭的时间、地点。

第四十五条 被告人拒绝法律援助机构指派的律师为其辩护，坚持自己行使辩护权的，人民法院应当准许。

属于应当提供法律援助的情形，被告人拒绝指派的律师为其辩护的，人民法院应当查明原因。理由正当的，应当准许，但被告人须另行委托辩护人；被告人未另行委托辩护人的，人民法院应当在三日内书面通知法律援助机构另行指派律师为其提供辩护。

第四十六条 审判期间，辩护人接受被告人委托的，应当在接受委托之日起三日内，将委托手续提交人民法院。

法律援助机构决定为被告人指派律师提供辩护的，承办律师应当在接受指派之日起三日内，将法律援助手续提交人民法院。

……

第五十四条 人民法院自受理自诉案件之日起三日内，应当告知自诉人及其法定代理人、附带民事诉讼当事人及其法定代理人，有权委托诉讼代理人，并告知如果经济困难的，可以申请法律援助。

……

第五十八条 诉讼代理人接受当事人委托或者法律援助机构指派后，应当在三日内将委托手续或者法律援助手续提交人民法院。

第五十九条 辩护人、诉讼代理人复制案卷材料的，人民法院只收取工本费；法律援助律师复制必要的案卷材料的，应当免收或者减收费用。

……

第一百八十条 对提起公诉的案件，人民法院应当在收到起诉书（一式八份，每增加一名被告人，增加起诉书五份）和案卷、证据后，指定审判人员审查以下内容：

（一）是否属于本院管辖；

（二）起诉书是否写明被告人的身份，是否受过或者正在接受刑事处罚，被采取强制措施的种类、羁押地点，犯罪的时间、地点、手段、后果以及其他可能影响定罪量刑的情节；

（三）是否移送证明指控犯罪事实的证据材料，包括采取技术侦查措施的批准决定和所收集的证据材料；

（四）是否查封、扣押、冻结被告人的违法所得或者其他涉案财物，并附证明相关财物依法应当追缴的证据材料；

（五）是否列明被害人的姓名、住址、联系方式；是否附有证人、鉴定人名单；是否申请法庭通知证人、鉴定人、有专门知识的人出庭，并列明有关人员的姓名、性别、年龄、职业、住址、联系方式；是否附有需要保护的证人、鉴定人、被害人名单；

（六）当事人已委托辩护人、诉讼代理人，或者已接受法律援助的，是否列明辩护人、诉讼代理人的姓名、住址、联系方式；

（七）是否提起附带民事诉讼；提起附带民事诉讼的，是否列明附带民事诉讼当事人的姓名、住址、联系方式，是否附有相关证据材料；

（八）侦查、审查起诉程序的各种法律手续和诉讼文书是否齐全；

（九）有无刑事诉讼法第十五条第二项至第六项规定的不追究刑事责任的情形。

……

第一百八十八条　被害人、诉讼代理人经传唤或者通知未到庭，不影响开庭审理的，人民法院可以开庭审理。

辩护人经通知未到庭，被告人同意的，人民法院可以开庭审理，但被告人属于应当提供法律援助情形的除外。

……

第二百五十三条　辩护人严重扰乱法庭秩序，被强行带出法庭或者被处以罚款、拘留，被告人自行辩护的，庭审继续进行；被告人要求另行委托辩护人，或者被告人属于应当提供法律援助情形的，应当宣布休庭。

第二百五十四条　被告人当庭拒绝辩护人辩护，要求另行委托辩护人或者指派律师的，合议庭应当准许。被告人拒绝辩护人辩护后，没有辩护人的，应当宣布休庭；仍有辩护人的，庭审可以继续进行。

有多名被告人的案件，部分被告人拒绝辩护人辩护后，没有辩护人的，根据案件情况，可以对该被告人另案处理，对其他被告人的庭审继续进行。

重新开庭后，被告人再次当庭拒绝辩护人辩护的，可以准许，但被告人不得再次另行委托辩护人或者要求另行指派律师，由其自行辩护。

被告人属于应当提供法律援助的情形，重新开庭后再次当庭拒绝辩护人辩护的，不予准许。

……

第二百九十一条 适用简易程序审理的案件，符合刑事诉讼法第三十四条第一款规定的，人民法院应当告知被告人及其近亲属可以申请法律援助。

……

第四百零二条 外国籍被告人委托律师辩护，或者外国籍附带民事诉讼原告人、自诉人委托律师代理诉讼的，应当委托具有中华人民共和国律师资格并依法取得执业证书的律师。

外国籍被告人在押的，其监护人、近亲属或者其国籍国驻华使、领馆可以代为委托辩护人。其监护人、近亲属代为委托的，应当提供与被告人关系的有效证明。

外国籍当事人委托其监护人、近亲属担任辩护人、诉讼代理人的，被委托人应当提供与当事人关系的有效证明。经审查，符合刑事诉讼法、有关司法解释规定的，人民法院应当准许。

外国籍被告人没有委托辩护人的，人民法院可以通知法律援助机构为其指派律师提供辩护。被告人拒绝辩护人辩护的，应当由其出具书面声明，或者将其口头声明记录在案。被告人属于应当提供法律援助情形的，依照本解释第四十五条规定处理。

……

第四百七十二条 审判时不满十八周岁的未成年被告人没有委托辩护人的，人民法院应当通知法律援助机构指派律师为其提供辩护。

第四百七十三条 未成年被害人及其法定代理人因经济困难或者其他原因没有委托诉讼代理人的，人民法院应当帮助其申请法律援助。

……

第五百二十八条 审理强制医疗案件，应当通知被申请人或者被告人的法定代理人到场。被申请人或者被告人没有委托诉讼代理人的，应当通知法律援助机构指派律师担任其诉讼代理人，为其提供法律帮助。

人民检察院刑事诉讼规则(试行)(摘录)

(高检发释字〔2012〕2号)

……

第三十六条 人民检察院侦查部门在第一次开始讯问犯罪嫌疑人或者对其采取强制措施的时候,应当告知犯罪嫌疑人有权委托辩护人,并告知其如果经济困难或者其他原因没有聘请辩护人的,可以申请法律援助。对于属于刑事诉讼法第三十四条规定情形的,应当告知犯罪嫌疑人有权获得法律援助。

人民检察院自收到移送审查起诉的案件材料之日起三日以内,公诉部门应当告知犯罪嫌疑人有权委托辩护人,并告知其如果经济困难或者其他原因没有聘请辩护人的,可以申请法律援助。对于属于刑事诉讼法第三十四条规定情形的,应当告知犯罪嫌疑人有权获得法律援助。

告知可以采取口头或者书面方式。口头告知的,应当记入笔录,由被告知人签名;书面告知的,应当将送达回执入卷。

……

第四十一条 人民检察院办理直接受理立案侦查案件和审查起诉案件,发现犯罪嫌疑人是盲、聋、哑人或者是尚未完全丧失辨认或者控制自己行为能力的精神病人,或者可能被判处无期徒刑、死刑,没有委托辩护人的,应当及时书面通知法律援助机构指派律师为其提供辩护。

第四十二条 人民检察院收到在押或者被指定居所监视居住的犯罪嫌疑人提出的法律援助申请,应当在三日以内将其申请材料转交法律援助机构,并通知犯罪嫌疑人的监护人、近亲属或者其委托的其他人员协助提供有关证件、证明等相关材料。

第四十三条 犯罪嫌疑人拒绝法律援助机构指派的律师作为辩护人的,人民检察院应当查明拒绝的原因,有正当理由的,予以准许,但犯罪嫌疑人需另行委托辩护人;犯罪嫌疑人未另行委托辩护人的,应当书面通知法律援助机构另行指派律师为其提供辩护。

第四十四条 辩护人接受委托后告知人民检察院或者法律援助机构指派律师后通知人民检察院的,人民检察院案件管理部门应当及时登记辩护人的相关信息，并将有关情况和材料及时通知、移交相关办案部门。

人民检察院案件管理部门对办理业务的辩护人，应当查验其律师执业证书、律师事务所证明和授权委托书或者法律援助公函。对其他辩护人、诉讼代理人，应当查验其身份证明和授权委托书。

……

第四十九条 辩护律师或者经过许可的其他辩护人到人民检察院查阅、摘抄、复制本案的案卷材料，由案件管理部门及时安排，由公诉部门提供案卷材料。因公诉部门工作等原因无法及时安排的，应当向辩护人说明，并安排辩护人自即日起三个工作日以内阅卷，公诉部门应当予以配合。

查阅、摘抄、复制案卷材料，应当在人民检察院设置的专门场所进行。必要时，人民检察院可以派员在场协助。

辩护人复制案卷材料可以采取复印、拍照等方式，人民检察院只收取必需的工本费用。对于承办法律援助案件的辩护律师复制必要的案卷材料的费用，人民检察院应当根据具体情况予以减收或者免收。

……

第五十七条 辩护人、诉讼代理人认为公安机关、人民检察院、人民法院及其工作人员具有下列阻碍其依法行使诉讼权利的行为之一的，可以向同级或者上一级人民检察院申诉或者控告，控告检察部门应当接受并依法办理，相关办案部门应当予以配合：

（一）对辩护人、诉讼代理人提出的回避要求不予受理或者对不予回避决定不服的复议申请不予受理的；

（二）未依法告知犯罪嫌疑人、被告人有权委托辩护人的；

（三）未转达在押的或者被监视居住的犯罪嫌疑人、被告人委托辩护人的要求的；

（四）应当通知而不通知法律援助机构为符合条件的犯罪嫌疑人、被告人或者被申请强制医疗的人指派律师提供辩护或者法律援助的；

（五）在规定时间内不受理、不答复辩护人提出的变更强制措施申请或者解除强制措施要求的；

（六）未依法告知辩护律师犯罪嫌疑人涉嫌的罪名和案件有关情况的；

（七）违法限制辩护律师同在押、被监视居住的犯罪嫌疑人、被告人会见和通信的；

(八)违法不允许辩护律师查阅、摘抄、复制本案的案卷材料的;

(九)违法限制辩护律师收集、核实有关证据材料的;

(十)没有正当理由不同意辩护律师提出的收集、调取证据或者通知证人出庭作证的申请,或者不答复、不说明理由的;

(十一)未依法提交证明犯罪嫌疑人、被告人无罪或者罪轻的证据材料的;

(十二)未依法听取辩护人、诉讼代理人的意见的;

(十三)未依法将开庭的时间、地点及时通知辩护人、诉讼代理人的;

(十四)未依法向辩护人、诉讼代理人及时送达本案的法律文书或者及时告知案件移送情况的;

(十五)阻碍辩护人、诉讼代理人在法庭审理过程中依法行使诉讼权利的;

(十六)其他阻碍辩护人、诉讼代理人依法行使诉讼权利的。

辩护人、诉讼代理人认为看守所及其工作人员有阻碍其依法行使诉讼权利的行为,向人民检察院申诉或者控告的,监所检察部门应当接收并依法办理;控告检察部门收到申诉或者控告的,应当及时移送监所检察部门办理。

……

第四百八十五条 人民检察院受理案件后,应当向未成年犯罪嫌疑人及其法定代理人了解其委托辩护人的情况,并告知其有权委托辩护人。

未成年犯罪嫌疑人没有委托辩护人的,人民检察院应当书面通知法律援助机构指派律师为其提供辩护。

公安机关办理刑事案件程序规定(摘录)

(2012 年 12 月 13 日 公安部令第 127 号)

……

第四十一条第一款 公安机关在第一次讯问犯罪嫌疑人或者对犯罪嫌疑人采取强制措施的时候,应当告知犯罪嫌疑人有权委托律师作为辩护人,并告知其如果因经济困难或者其他原因没有委托辩护律师的,可以向法律援助机构申请法律援助。告知的情形应当记录在案。

……

第四十四条 符合下列情形之一,犯罪嫌疑人没有委托辩护人的,公安机关应当及时通知法律援助机构为犯罪嫌疑人指派辩护律师：

（一）犯罪嫌疑人是盲、聋、哑人，或者是尚未完全丧失辨认或者控制自己行为能力的精神病人；

（二）犯罪嫌疑人可能被判处无期徒刑、死刑。

第四十五条 公安机关收到在押的犯罪嫌疑人提出的法律援助申请后，应当在二十四小时以内将其申请转交所在地的法律援助机构，并通知申请人的监护人、近亲属或者其委托的其他人员协助提供有关证件、证明等相关材料。犯罪嫌疑人的监护人、近亲属或者其委托的其他人员地址不详无法通知的，应当在转交申请时一并告知法律援助机构。

犯罪嫌疑人拒绝法律援助机构指派的律师作为辩护人或者自行委托辩护人的，公安机关应当在三日以内通知法律援助机构。

第四十六条 辩护律师接受犯罪嫌疑人委托或者法律援助机构的指派后，应当及时告知公安机关并出示律师执业证书、律师事务所证明和委托书或者法律援助公函。

……

第五十条 辩护律师要求会见在押的犯罪嫌疑人，看守所应当在查验其律师执业证书、律师事务所证明和委托书或者法律援助公函后，在四十八小时以内安排律师会见到犯罪嫌疑人，同时通知办案部门。

办理法律援助案件程序规定

（2012 年 4 月 9 日　司法部令第 124 号）

第一章　总　　则

第一条 为了规范办理法律援助案件，保证法律援助质量，根据《中华人民共和国刑事诉讼法》、《法律援助条例》等有关法律、行政法规的规定，制定本规定。

第二条 法律援助机构、律师事务所、基层法律服务所、其他社会组织和法律援助人员办理法律援助案件，适用本规定。

第三条 法律援助机构应当建立健全工作机制，为公民获得法律援助提供便利。

第四条 法律援助人员应当依照法律、法规及本规定,遵守有关法律服务业务规程,为受援人提供优质高效的法律服务。

第五条 法律援助人员应当保守在办理法律援助案件中知悉的国家秘密、商业秘密,不得泄露当事人的隐私。

第六条 法律援助人员办理法律援助案件,应当遵守职业道德和执业纪律,自觉接受监督。

第二章 受 理

第七条 法律援助机构应当公示办公地址、通讯方式等信息,在接待场所和司法行政政府网站上公示法律援助条件、程序、申请材料目录和申请示范文本等。

第八条 公民因经济困难就《法律援助条例》第十条规定的事项申请法律援助的,由义务机关所在地、义务人住所地或者被请求人住所地的法律援助机构依法受理。

《法律援助条例》第十一条规定的公民因经济困难申请刑事法律援助的,由办理案件的人民法院、人民检察院、公安机关所在地的法律援助机构受理。申请人就同一事项向两个以上法律援助机构提出申请的,由最先收到申请的法律援助机构受理。

第九条 公民申请代理、刑事辩护法律援助,应当如实提交下列申请材料:

(一)法律援助申请表。填写申请表确有困难的,由法律援助机构工作人员或者转交申请的机关、单位工作人员代为填写;

(二)身份证或者其他有效的身份证明,申请代理人还应当提交有代理权的证明;

(三)法律援助申请人经济状况证明表;

(四)与所申请法律援助事项有关的案件材料。

法律援助申请人经济状况证明表应当由法律援助地方性法规、规章规定的有权出具经济困难证明的机关、单位加盖公章。无相关规定的,由申请人住所地或者经常居住地的村民委员会、居民委员会或者所在单位加盖公章。

第十条 申请人持有下列证件、证明材料的,无需提交法律援助申请人经济状况证明表:

(一)城市居民最低生活保障证或者农村居民最低生活保障证;

(二)农村特困户救助证;

（三）农村“五保”供养证；

（四）人民法院给予申请人司法救助的决定；

（五）在社会福利机构中由政府出资供养或者由慈善机构出资供养的证明材料；

（六）残疾证及申请人住所地或者经常居住地的村民委员会、居民委员会出具的无固定生活来源的证明材料；

（七）依靠政府或者单位给付抚恤金生活的证明材料；

（八）因自然灾害等原因导致生活出现暂时困难，正在接受政府临时救济的证明材料；

（九）法律、法规及省、自治区、直辖市人民政府规定的能够证明法律援助申请人经济困难的其他证件、证明材料。

第十一条 被羁押的犯罪嫌疑人、被告人、服刑人员，劳动教养人员、强制隔离戒毒人员申请法律援助的，可以通过办理案件的人民法院、人民检察院、公安机关或者所在监狱、看守所、劳动教养管理所、强制隔离戒毒所转交申请。

第十二条 法律援助机构受理法律援助申请后，应当向申请人出具收到申请材料的书面凭证，载明收到申请材料的名称、数量、日期。

第三章 审 查

第十三条 法律援助机构应当自受理申请之日起7个工作日内进行审查，并作出是否给予法律援助的决定；属于本规定第十四条规定情形的，可以适当延长审查期限。

法律援助机构经审查认为申请人提交的申请材料不齐全或者内容不清楚的，应当发出补充材料通知或者要求申请人作出说明。申请人补充材料、作出说明所需的时间不计入审查期限。申请人未按要求补充材料或者作出说明的，视为撤销申请。

第十四条 法律援助机构认为申请人提交的申请材料需要查证的，应当向有关机关、单位调查核实。

受理申请的法律援助机构需要请求异地法律援助机构协助查证的，按照本规定第二十八条的规定办理。

第十五条 法律援助机构经审查，对于有下列情形之一的，应当认定申请人经济困难：

（一）申请人及与其共同生活的家庭成员的人均收入符合法律援助地方性

法规或者省、自治区、直辖市人民政府规定的经济困难标准的;

(二)申请事项的对方当事人是与申请人共同生活的家庭成员,申请人的个人收入符合法律援助地方性法规或者省、自治区、直辖市人民政府规定的经济困难标准的;

(三)申请人持本规定第十条规定的证件、证明材料申请法律援助,法律援助机构经审查认为真实有效的。

第十六条 法律援助机构经审查,对符合法律援助条件的,应当决定给予法律援助,并制作给予法律援助决定书;对不符合法律援助条件的,应当决定不予法律援助,并制作不予法律援助决定书。

不予法律援助决定书应当载明不予法律援助的理由及申请人提出异议的权利。

第十七条 给予法律援助决定书和不予法律援助决定书应当发送申请人;属于本规定第十一条规定情形的,法律援助机构还应当同时函告有关人民法院、人民检察院、公安机关及监狱、看守所、劳动教养管理所、强制隔离戒毒所。

第十八条 申请事项符合《法律援助条例》第十条、第十一条规定,且具有下列情形之一的,法律援助机构可以决定先行提供法律援助:

(一)距法定时效届满不足7日,需要及时提起诉讼或者申请仲裁、行政复议的;

(二)需要立即申请财产保全、证据保全或者先予执行的;

(三)其他紧急或者特殊情况。

先行提供法律援助的,受援人应当在法律援助机构确定的期限内补交规定的申请材料。法律援助机构经审查认为受援人不符合经济困难标准的,应当终止法律援助,并按照本规定第三十三条第二款的规定办理。

第十九条 申请人对法律援助机构不予法律援助的决定有异议的,可以向主管该法律援助机构的司法行政机关提出。

司法行政机关经审查认为申请人符合法律援助条件的,应当以书面形式责令法律援助机构及时对该申请人提供法律援助,同时书面告知申请人;认为申请人不符合法律援助条件的,应当维持法律援助机构不予法律援助的决定,书面告知申请人并说明理由。

第四章 承 办

第二十条 对于民事、行政法律援助案件,法律援助机构应当自作出给予法律援助决定之日起7个工作日内指派律师事务所、基层法律服务所、其他社会组织安排其所属人员承办，或者安排本机构的工作人员承办。

对于刑事法律援助案件，法律援助机构应当自作出给予法律援助决定或者收到指定辩护通知书之日起3个工作日内指派律师事务所安排律师承办，或者安排本机构的法律援助律师承办。

第二十一条 法律援助机构应当根据本机构、律师事务所、基层法律服务所、其他社会组织的人员数量、资质、专业特长、承办法律援助案件的情况、受援人意愿等因素合理指派或者安排承办机构、人员。

法律援助机构、律师事务所应当指派或者安排具有一定年限刑事辩护执业经历的律师担任死刑案件的辩护人。

第二十二条 法律援助机构、律师事务所、基层法律服务所或者其他社会组织应当自指派或者安排法律援助人员之日起5个工作日内将法律援助人员姓名和联系方式告知受援人，并与受援人或者其法定代理人、近亲属签订委托代理协议，但因受援人的原因无法按时签订的除外。

第二十三条 法律援助人员应当在受委托的权限内，通过和解、调解、申请仲裁和提起诉讼等方式依法最大限度维护受援人合法权益。

法律援助人员代理受援人以和解或者调解方式解决纠纷的，应当征得受援人同意。

第二十四条 法律援助机构对公民申请的法律咨询服务，应当即时解答；复杂疑难的，可以与申请人预约择时办理。在解答法律咨询过程中，认为申请人可能符合代理或者刑事辩护法律援助条件的，应当告知其可以依法提出申请。

第二十五条 对于民事诉讼法律援助案件，法律援助人员应当告知受援人可以向人民法院申请司法救助，并提供协助。

第二十六条 法律援助人员会见受援人，应当制作会见笔录。会见笔录应当经受援人确认无误后签名或者按指印；受援人无阅读能力的，法律援助人员应当向受援人宣读笔录，并在笔录上载明。

对于指定辩护的案件，法律援助人员应当在首次会见犯罪嫌疑人、被告人时，询问是否同意为其辩护，并记录在案。犯罪嫌疑人、被告人不同意的，应当书面告知人民法院、人民检察院、公安机关和法律援助机构。

第二十七条 法律援助人员承办案件，应当根据需要依法进行调查取证，并可以根据需要请求法律援助机构出具必要的证明文件或者与有关机关、单位进行协调。

第二十八条 法律援助人员认为需要异地调查取证的，可以向作出指派或者安排的法律援助机构报告。作出指派或者安排的法律援助机构可以请求调查取证事项所在地的法律援助机构协作。

法律援助机构请求协作的，应当向被请求的法律援助机构发出协作函件，说明案件基本情况、需要调查取证的事项、办理时限等。被请求的法律援助机构应当予以协作。因客观原因无法协作的，应当向请求协作的法律援助机构书面说明理由。

第二十九条 对于人民法院开庭审理的刑事案件，法律援助人员应当做好开庭前准备；庭审中充分陈述、质证；庭审结束后，法律援助人员应当向人民法院提交刑事辩护或者代理书面意见。对于人民法院决定不开庭审理的指定辩护案件，法律援助人员应当自收到法律援助机构指派函之日起10日内向人民法院提交刑事辩护书面意见。对于其他不开庭审理的刑事案件，法律援助人员应当按照人民法院规定的期限提交刑事辩护或者代理书面意见。

第三十条 法律援助人员应当向受援人通报案件办理情况，答复受援人询问，并制作通报情况记录。

第三十一条 法律援助人员应当按照法律援助机构要求报告案件承办情况。

法律援助案件有下列情形之一的，法律援助人员应当向法律援助机构报告：

（一）主要证据认定、适用法律等方面有重大疑义的；

（二）涉及群体性事件的；

（三）有重大社会影响的；

（四）其他复杂、疑难情形。

第三十二条 受援人有证据证明法律援助人员不依法履行义务的，可以请求法律援助机构更换法律援助人员。

法律援助机构应当自受援人申请更换之日起5个工作日内决定是否更换。决定更换的，应当另行指派或者安排人员承办。对犯罪嫌疑人、被告人具有应当指定辩护的情形，人民法院、人民检察院、公安机关决定为其另行指定辩护人的，法律援助机构应当另行指派或者安排人员承办。

更换法律援助人员的,原法律援助人员所属单位应当与受援人解除或者变更委托代理协议,原法律援助人员应当与更换后的法律援助人员办理案件材料移交手续。

第三十三条 有下列情形之一的,应当终止法律援助:

(一)受援人不再符合法律援助经济困难标准的;

(二)案件依法终止审理或者被撤销的;

(三)受援人自行委托其他代理人或者辩护人的;

(四)受援人要求终止法律援助的;

(五)受援人利用法律援助从事违法活动的;

(六)受援人故意隐瞒与案件有关的重要事实或者提供虚假证据的;

(七)法律、法规规定应当终止的其他情形。

有上述情形的,法律援助人员应当向法律援助机构报告。法律援助机构经审查核实,决定终止法律援助的,应当制作终止法律援助决定书,并发送受援人,同时函告法律援助人员所属单位和有关机关、单位。法律援助人员所属单位应当与受援人解除委托代理协议。

受援人对法律援助机构终止法律援助的决定有异议的,按照本规定第十九条的规定办理。

第三十四条 法律援助人员应当自法律援助案件结案之日起30日内向法律援助机构提交立卷材料。

诉讼案件以法律援助人员收到判决书、裁定书、调解书之日为结案日。仲裁案件或者行政复议案件以法律援助人员收到仲裁裁决书、行政复议决定书原件或者复印件之日为结案日;其他非诉讼法律事务以受援人与对方当事人达成和解、调解协议之日为结案日;无相关文书的,以义务人开始履行义务之日为结案日。法律援助机构终止法律援助的,以法律援助人员所属单位收到终止法律援助决定函之日为结案日。

第三十五条 法律援助机构应当自收到法律援助人员提交的立卷材料之日起30日内进行审查。对于立卷材料齐全的,应当按照规定通过法律援助人员所属单位向其支付办案补贴。

第三十六条 作出指派的法律援助机构应当对法律援助人员提交的立卷材料及受理、审查、指派等材料进行整理,一案一卷,统一归档管理。

第五章　附　　则

第三十七条　法律援助机构、律师事务所、基层法律服务所和法律援助人员从事法律援助活动违反本规定的，依照《中华人民共和国律师法》、《法律援助条例》、《律师和律师事务所违法行为处罚办法》等法律、法规和规章的规定追究法律责任。

第三十八条　法律援助文书格式由司法部制定。

第三十九条　本规定自2012年7月1日起施行。

关于加强法律援助经费使用监督管理工作的意见

（司发通〔2011〕24号）

各省、自治区、直辖市司法厅（局），新疆生产建设兵团司法局：

为切实履行司法行政机关监督管理职责，做好法律援助经费使用监督管理工作，充分发挥经费使用效益，更好地满足困难群众对法律援助的需求，为保障和改善民生服务，现提出如下意见。

一、高度重视经费监督管理工作

（一）充分认识加强经费监督管理的重要性。法律援助经费是法律援助机构履行职责的重要条件，是经济困难群众获得法律援助的重要保障。做好经费监督管理工作，是司法行政机关的一项重要任务，对于履行法律援助工作职责，加强法律援助机构建设，提高法律援助服务质量和效率，推动法律援助事业又好又快发展具有重要作用。各级司法行政机关和法律援助机构要各司其职，建立健全经费管理制度和监督机制，落实监管责任，努力发挥经费使用的最大效益，促进法律援助工作健康发展。

（二）认真解决经费管理使用中存在的问题。近年来，随着政法经费保障政策的落实，中央和地方财政对法律援助经费的投入逐年增加，法律援助经费保障水平不断提高，办案数量大幅增长，有力满足了困难群众对法律援助的需求。但是，经费管理使用中的一些问题仍然存在，一些地方法律援助经费没有单独列支或设置明细账，经费支出不够合理，执行办案补贴标准和补贴发放程序不严格等，影响了法律援助工作的发展。必须进一步加强经费监督管理工作，确保经费使用规范、安全、有效。对于发现的问题要认真分析原因，提出改进意见,及时予以解决。

二、进一步规范经费管理工作

(三)科学合理编制经费预算。进一步加强与财政部门的沟通协调,全面掌握法律援助经费的需求,充分考虑公民经济困难标准、法律援助事项范围、案件数量、办案经费支出和补贴标准等因素,以及开展法律援助宣传、人员培训等方面对经费的需求,法律援助业务装备建设对经费的需求,科学合理编制年度法律援助经费预算。要研究制定法律援助办案业务成本开支和成本核算办法,细化各项预算支出标准,按财政预算管理程序编报。

(四)建立健全经费管理机制。法律援助机构应当设立专门账户或单列科目,实行单独核算。要严格执行国家有关财政资金管理的法律、法规和财务规章制度,建立健全本地区、本单位经费管理各项规章制度及内控机制,加强经费收支和财务管理,严格执行各项经费开支范围和标准,按规定用途使用各项资金,确保专款专用。

三、切实提高经费使用效益

(五)合理分配使用中央、地方政法转移支付资金。省级司法行政机关要主动争取同级财政部门的支持,在中央和省级政法转移支付资金分配司法行政部门办案(业务)费中,优先保障市县法律援助经费需求。要合理确定各项经费支出比例,在充分保障法律援助办案所需经费的前提下,适当安排宣传、培训等方面的经费。要使用好业务装备经费,逐步解决法律援助办案设备、车辆紧缺及办公等基础设施落后的问题,促进法律援助各项工作协调发展。

(六)严格管理使用中央补助地方法律援助办案专款和中央专项彩票公益金法律援助项目资金。要认真执行财政部、司法部印发的《中央补助地方法律援助办案专款管理暂行办法》(财行[2005]191 号)和《中央专项彩票公益金法律援助项目实施与管理暂行办法》(财行[2009] 554 号),严格按照办案专款和项目资金使用范围进行支出,不得改变资金用途。

(七)严格按标准发放办案补贴。严格执行各省(区、市)和中央专项彩票公益金法律援助项目资助地区的法律援助办案补贴标准,认真履行办案补贴领取手续,及时、足额兑现办案补贴,严禁随意压低、克扣、拖延支付办案补贴。要根据当地经济社会发展水平,适时提高办案补贴标准,建立科学合理的办案补贴标准动态调整机制。

(八)优化经费支出结构。办案经费用于办理法律援助案件的开支和支付办案补贴,不得用于购置固定资产、弥补日常运行公用经费或基础设施建设经费不足。要将中央和地方政法转移支付资金、本级财政拨付的法律援助经费和各种渠道筹集的社会资金结合起来,统筹安排使用,优先保障法律援助办案经费。办案经费支出原则上地市一级不得低于50% ,县区一级不得低于60% 。

四、进一步加强对经费管理使用的监督

(九)建立监督检查制度。各级司法行政机关应当会同同级财政、审计部门加强对法律援助经费管理使用情况的监督检查,及时发现并解决经费管理使用中存在的问题,防止违法违规使用资金。对中央补助地方法律援助办案专款的安排和使用情况,省级司法行政机关要会同财政部门按规定期限向财政部和司法部作出书面报告。对中央专项彩票公益金法律援助项目资金的安排和使用情况,省级项目管理办公室要按规定向中央项目管理办公室作出书面报告,中央项目管理办公室要按规定期限向财政部和司法部作出书面报告。建立法律援助经费使用年度报告制度,法律援助机构应当于每年初向同级司法行政机关和财政部门报告上一年度经费使用效益情况。建立经费使用公示制度,各地应通过媒体或互联网每年初对上一年度法律援助经费预算、执行和支出效益等情况予以公布,主动接受社会的监督。

(十)建立绩效考评制度。司法行政机关要会同财政部门对法律援助经费管理及使用效益情况开展专项检查和年度考评。对管理不到位或资金使用效益不高的地区及单位,责成有关部门及时纠正。同时依据考评结果建立相应的奖惩制度,对执行好的单位予以表彰,对存在问题多的单位,应要求其作出书面说明,提出整改措施,并予以警示或通报。

五、切实加强领导

(十一)强化组织领导。各级司法行政机关要把法律援助经费监督管理工作作为一项重要任务,高度重视,摆上议事日程,切实加强领导。要及时了解掌握法律援助经费拨付、管理和使用情况,研究解决法律援助经费方面的困难和问题,加强对经费管理使用工作的检查指导,确保资金使用安全。要把经费监督管理工作与执法检查、投诉处理等工作结合起来,确保取得实效。

(十二)严格责任追究。司法行政监察机构要把法律援助经费管理使用监督工作,作为廉政建设和法律援助行风建设的一项重要内容来抓,加强对法律援助管理部门、法律援助机构及其工作人员执行政策法律法规、履行监管职责、实施法律援助等方面的监督。对不履行职责,滥用职权,造成严重后果的;对违反规定使用、截留、挤占、挪用或私分法律援助经费的机构和个人,依照有关规定追究其责任,情节严重、构成犯罪的,移送司法机关依法追究刑事责任。

法律援助投诉处理办法

(司发通〔2013〕161 号)

第一条 为规范法律援助投诉处理工作,加强对法律援助活动的监督,维护投诉人和被投诉人合法权益,根据《中华人民共和国律师法》、《法律援助条例》等法律、行政法规,制定本办法。

第二条 本办法所称投诉,是指法律援助申请人、受援人或者利害关系人(以下简称投诉人)认为法律援助机构、律师事务所、基层法律服务所、其他社会组织和法律援助人员(以下简称被投诉人)在法律援助活动中有违法违规行为,向司法行政机关投诉,请求予以处理的行为。

第三条 法律援助投诉处理工作,应当遵循属地管理、分级负责,依法查处,处罚与教育相结合的原则。

第四条 司法行政机关应当向社会公示法律援助投诉地址、电话、传真、电子邮箱及投诉事项范围、投诉处理程序等信息。

第五条 有下列情形之一的,投诉人可以向主管该法律援助机构的司法行政机关投诉:

(一)违反规定办理法律援助受理、审查事项,或者违反规定指派、安排法律援助人员的;

(二)法律援助人员接受指派或安排后,懈怠履行或者擅自停止履行法律援助职责的;

(三)办理法律援助案件收取财物的;

(四)其他违反法律援助管理规定的行为。

第六条 投诉人提出投诉,应当采取书信、传真或者电子邮件等书面形式;书面形式投诉确有困难的,可以口头提出,司法行政机关应当当场记录投诉人的基本情况、投诉请求、主要事实、理由和时间,并由投诉人签字或者捺印。

投诉人应当如实投诉,对其所提供材料真实性负责。

第七条 投诉人委托他人进行投诉的,应当向司法行政机关提交授权委托书，并载明委托权限。

第八条 符合下列条件的投诉，司法行政机关应当予以受理：

（一）具有投诉人主体资格；

（二）有明确的被投诉人和投诉请求；

（三）有具体的投诉事实和理由；

（四）属于本机关管辖范围；

（五）属于本办法规定的投诉事项范围。

第九条 有下列情形之一的，不予受理：

（一）投诉事项已经依法处理，且没有新的事实和证据的；

（二）投诉事项正在通过诉讼、行政复议等法定程序解决的，或者已被信访、纪检监察等部门受理的；

（三）投诉人仅对法律援助案件办理结果有异议的；

（四）投诉事项不属于违反法律援助管理规定的。

第十条 司法行政机关收到投诉后，应当填写《法律援助投诉登记表》，并在5个工作日内作出以下处理：

（一）对于符合本办法规定的，应当受理并向投诉人发送《法律援助投诉受理通知书》；

（二）对于不符合本办法规定的，不予受理并向投诉人发送《法律援助投诉不予受理通知书》。

第十一条 司法行政机关受理投诉后，应当及时调查核实。调查应当全面、客观、公正。调查工作不得妨碍被投诉人正常的法律援助活动。

第十二条 司法行政机关进行调查，可以要求被投诉人说明情况、提交有关材料，调阅被投诉人有关业务案卷和档案材料，向有关单位、个人核实情况、收集证据，听取有关部门的意见和建议。

调查应当由两名以上工作人员进行，并制作笔录。调查笔录应当由被调查人签字或者捺印。

第十三条 司法行政机关在调查过程中，发现被投诉人的违法违规行为仍处在连续或者继续状态的，应当责令被投诉人立即停止违法违规行为。

第十四条 司法行政机关应当根据调查结果，作出如下处理：

（一）对有应当给予行政处罚或者纪律处分的违法违规行为的，依职权或者移送有权处理机关、单位给予行政处罚、行业惩戒或者纪律处分；

（二）对违法违规行为情节轻微并及时纠正，没有造成危害后果，依法不予行政处罚或者纪律处分的，应当给予批评教育、通报批评、责令限期整改等处理；

（三）投诉事项查证不实或者无法查实的，对被投诉人不作处理。

对涉嫌犯罪的，移送司法机关依法追究刑事责任。

第十五条 司法行政机关受理投诉后，一般应当在45日内办结；投诉事项复杂的，经本机关负责人批准，可以适当延长办理期限。

延长办理期限的，应当书面告知投诉人并说明理由。

第十六条 司法行政机关应当自作出处理决定之日起5个工作日内，向投诉人发送《法律援助投诉处理答复书》。

第十七条 投诉人对司法行政机关投诉处理答复不服的，可以依法申请行政复议或提起行政诉讼。

第十八条 作出处理决定的司法行政机关应当对被投诉人执行处理决定的情况进行监督。发现问题的，应当及时纠正。

第十九条 司法行政机关应当建立投诉处理档案，一事一卷。归档材料包括投诉登记、受理决定、调查材料、处理决定或处理意见、投诉处理答复等。

第二十条 上级司法行政机关应当加强对下级司法行政机关开展法律援助投诉处理工作的监督和指导。发现投诉处理违法的，应当及时纠正。

第二十一条 本办法自2014年1月1日起施行。

司法部　民政部　财政部　劳动与社会保障部　国土资源部　建设部　卫生部　国家工商行政管理总局　国家档案局关于贯彻落实《法律援助条例》切实解决困难群众打官司难问题的意见

（2004年9月6日　司发通〔2004〕127号）

各省、自治区、直辖市司法厅（局）、民政厅（局）、财政厅（局）、劳动和社会保障厅（局）、国土资源厅（局）、建设厅（局）、卫生厅（局）、工商行政管理局、档案局，新疆生产建设兵团司法局、民政局、财务局、劳动和社会保障局、国土资源局、建设局、卫生局、档案局：

《法律援助条例》（以下简称《条例》）自2003年9月1日颁布实施以来，我国法律援助工作取得了明显的成效,在一定程度上缓解了困难群众请律师难、打官司难的问题。但是,目前法律援助工作还存在经费短缺、相关制度不配套、经济欠发达地区困难群众申请法律援助难等问题,制约了法律援助工作的发展。为进一步贯彻落实《条例》,切实保障困难群众的合法权益,现提出如下意见:

一、认真贯彻落实《条例》,全面开展法律援助工作

《条例》的颁布实施,是我国民主法治建设中的一件大事,是党和政府落实“三个代表”重要思想的重要举措,是坚持立党为公、执政为民的具体体现,有助于落实“国家尊重和保障人权”、“公民在法律面前一律平等”的宪法原则,对于进一步规范和加强法律援助工作,促进司法公正,完善社会保障体系,推动社会文明进步,具有十分重要的意义。

保证《条例》的顺利实施,是各级人民政府的责任,各级司法行政部门、法律援助机构要充分发挥主观能动性,有效组织法律援助工作,各级人民政府有关部门应当积极支持和配合法律援助工作。

通过政府各职能部门的共同努力,保障经济困难的公民获得必要的无偿的法律服务,促进“社会主义司法制度必须保障在全社会实现公平和正义”目标的实现。

二、增加财政投入,保障法律援助事业与经济、社会协调发展

为保证条例的顺利实施,各级人民政府要按照条例的规定,根据本行政区域的经济发展水平及财力状况,将每年法律援助所需要的经费数额,逐步纳入年度财政预算。要随着当地经济发展及财政收入的增加,并根据法律援助的实际需要安排经费,保障法律援助事业与经济、社会协调发展。

为保证法律援助工作在不同地区、不同区域的协调发展,省级财政部门应设立法律援助专项经费,对本行政区域内的贫困地区予以补助;中央财政根据财力可能积极支持贫困地区开展法律援助工作。

各级司法行政部门要积极探索建立资金筹措的社会化、经常化机制,广泛开辟政府财政拨款以外的法律援助经费筹措渠道,充分利用社会财力支持法律援助事业。

要对法律援助经费的使用加强管理和监督,建立完善的财务制度,做到专款专用。

三、完善法律援助机构与民政部门的工作配合机制

各地法律援助机构应当定期向当地民政部门了解有关困难群众的法律援助需求状况，各地民政部门应当将所掌握的本地区经济困难群众的情况，及时与当地法律援助机构进行沟通，并采取相应的便民措施，使困难群众得到及时的法律援助。

法律援助机构依条例规定审查法律援助申请人的经济状况时，应根据县级以上（含县级）民政部门颁发的有关救济凭证或者出具的经济困难书面证明，及时为申请人办理有关法律援助手续，尽量简化程序，提高工作效率，对证明材料需要查证的，可向出具证明的部门查证。

四、建立法律援助与劳动仲裁的衔接机制

对法律援助机构决定提供法律援助的案件，劳动仲裁部门要先行缓收仲裁费。受援方胜诉的案件，由非受援的败诉一方承担；受援方败诉的案件，依法裁定受援方当事人确有困难的，由法律援助机构承担。

五、加强法律援助机构与相关部门之间的协调与配合，为法律援助办案人员利用档案资料提供方便

国土资源、建设、卫生、工商、档案管理等部门对法律援助案件办理中利用档案进行的调查取证工作应予支持，对于法院尚未立案的法律援助案件，法律援助人员可凭法律援助机构的证明查询，以免因缺乏有关证明资料，案件难以进入诉讼程序，但涉及国家机密等不公开资料的除外。

相关部门对法律援助案件办理中查阅档案资料所涉及的相关费用应当予以减免，共同降低法律援助成本，减轻经费短缺给法律援助工作造成的压力。对档案资料查询费、咨询服务费、调阅档案（资料）保护费、证明费（包括学历、工龄证明、机构设置证明、房产地产证明、财产证明）予以免收；对相关材料复制费，包括原件复印、缩微胶片复印、翻拍、扫描费给予减、免，减收的标准按复制档案资料所需的原材料成本费计算。

六、加强法律援助机构与有关鉴定机构的沟通与协调，减免收取或缓收法律援助案件的相关鉴定费用

为了解决法律援助案件的受援人因交不起鉴定费用而无法进入诉讼程序，从而无力维护自己合法权益的问题，各鉴定机构应当对法律援助案件所涉及事项的鉴定给予减免的优惠。

司法行政部门管理的面向社会服务的司法鉴定机构，对法律援助案件受援人申请司法鉴定的，应缓收或免收鉴定费。受援人胜诉后，应向鉴定部门补交实际需交纳的费用，受援人败诉，交纳鉴定费用确有困难，鉴定部门给予减免。

其他非财政拨款的鉴定机构对法律援助案件受援人申请人身伤残鉴定、亲子鉴定、笔迹鉴定以及财产评估等，实行缓收相关费用。受援人胜诉后，应向鉴定部门补交实际需交纳的费用。受援人败诉，交纳鉴定费用确有困难，由法律援助机构承担相关费用。

七、各级司法行政部门要加强对法律援助工作的管理监督，确保法律援助工作规范运行

各级司法行政部门要加强对法律援助实施主体包括法律援助机构工作人员、律师和社会组织人员的管理监督。对侵占、私分、挪用法律援助经费的，对法律援助机构及其工作人员从事有偿服务的，对律师事务所、基层法律服务所拒绝指派的和律师、基层法律服务工作者不履行义务的，对律师和社会组织人员在法律援助活动中收取当事人财物的，要依据条例予以处罚，保证法律援助工作规范健康地发展。

严格法律援助案件办理中的程序规则。承办法律援助案件的人员在查阅、复制档案材料或者现行文件时，应出示法律援助机构出具的指派通知书（适用于社会律师、基层法律服务工作者和社会组织人员）或者介绍信（适用于法律援助机构人员）。在查阅、复制档案材料或者现行文件时，应遵守相关法律法规规定。

各地法律援助机构应对法律援助案件进行严格审查，严禁法律援助人员假借法律援助名义从事有偿法律服务而免费查阅和复制相关材料。如发现有上述情形，经司法行政部门查证属实，承办案件的人员应按规定全额支付相关的查阅和复制档案材料费用，并按有关法律法规规定接受相应处罚。

八、加强领导，密切配合，共同推进法律援助事业的发展

各级人民政府有关部门要高度重视法律援助工作，加强领导，采取有效措施，切实履行政府责任，将条例各项规定落到实处。各部门要加强协调和配合，建立协调沟通机制和反馈机制，经常沟通信息，及时帮助解决法律援助工作中存在的困难和问题，认真贯彻落实条例，切实保障贫困群众的合法权益，努力使符合法律援助条件的困难群众都能获得法律援助，维护社会公平和正义。

财政部　司法部关于印发《中央补助地方法律援助办案专款管理暂行办法》的通知

（2005年9月6日　财行〔2005〕191号）

各省、自治区、直辖市财政厅（局）、司法厅（局）：

为落实国务院《法律援助条例》，帮助经济不发达地区解决法律援助经费困难，促进不同地区法律援助工作的协调发展，中央财政专项安排了中央补助地方法律援助办案专款。为充分发挥专款的使用效益，我们制定了《中央补助地方法律援助办案专款管理暂行办法》，现印发给你们，请遵照执行。

中央补助地方法律援助办案专款管理暂行办法

第一条　为加强中央补助地方法律援助办案专款（以下简称法律援助办案专款）的管理，充分发挥法律援助办案专款的使用效益，推动法律援助工作的发展，根据财政部《中央对地方专项拨款管理办法》的规定，特制定本办法。

第二条　法律援助办案专款是为落实国务院《法律援助条例》，帮助经济不发达地区解决法律援助经费困难，促进不同地区法律援助工作的协调发展，由中央财政专项安排的补助地方办理法律援助案件的专项资金。

根据司法部、民政部、财政部等九部门《关于贯彻落实〈法律援助条例〉切实解决困难群众打官司难问题的意见》的规定，各级政府应将法律援助所需经费纳入预算，省级财政部门应设立法律援助专项资金，各级司法行政部门要广泛开辟政府财政拨款以外的法律援助经费筹措渠道，充分利用各方面力量解决法律援助办案所需经费。

第三条　法律援助办案专款的投向是国家级和省级扶贫开发工作重点县（市、区），以及经费保障能力较低的其他困难县（市、区）法律援助机构（含未单独设立法律援助机构，承担法律援助任务的县、市、区司法局，下同）。

第四条　法律援助办案专款的使用范围

（一）支付接受法律援助机构指派办理案件的律师、基层法律服务工作者和接受安排办理案件的社会组织人员、法律援助志愿者的办案补贴,包括差旅费、交通通讯费、文印费、调查取证费等。

各省级司法行政部门应会同同级财政部门根据本地区实际情况制定办案补贴标准。

(二)法律援助机构办理法律援助案件的直接费用。

(三)受援人败诉后确因经济困难无力交纳的鉴定费和仲裁费。

第五条 法律援助办案专款的分配

(一)法律援助办案专款分配原则是:公开、公正、透明;保贫困、保基层、保基本,体现政府的责任和财政支付能力的协调平衡。

(二)法律援助办案专款采用"因素计算法"进行分配,即根据国家有关部门的统计资料,选择贫困人口数量、财政状况、法律援助办案量及其他客观因素,在量化的基础上,根据各因素对经费需求的影响程度和财政管理的要求,确定各因素的权重和差异系数,通过公式计算确定补助各地的法律援助办案专款的数额。

(三)贫困人口数量以国家统计的上年全国各地贫困人口数为准;财政状况以人均可用财力指标为准,适当参考其他财政指标;法律援助办案量以上年实际完成法律援助案件数为准;其他因素主要考虑法律援助办案专款的管理情况和各级财政的法律援助专项资金安排情况。

计算专款的因素及其所占权重可根据情况的变化进行适当调整。

(四)省级财政部门在分配法律援助办案专款时,也要以"因素计算法"为基础,坚持鼓励办案数量多和本身安排办案经费多的地区的原则。

第六条 法律援助办案专款的使用管理

(一)法律援助办案专款实行集中安排、一次下达的办法,由财政部直接拨付到省级财政部门。

(二)省级财政部门要在司法行政部门的配合下,将中央财政补助的法律援助办案专款,结合省级财政安排的专项资金,在收到中央补助资金的两个月内,按财政预算管理程序核定并下拨到县级法律援助机构。县级法律援助机构要将上级补助的法律援助办案专款、本级财政安排的办案经费和各种渠道筹集的社会资金结合起来,统筹安排使用。

(三)有条件实行财政国库直接支付的地区,省级财政可直接将法律援助办案专款拨付给县级法律援助机构。

(四)承办法律援助案件的办案人员在领取法律援助办案费补贴时,应当向法律援助机构提交有关的法律文书副本或复印件以及结案报告等材料，并在领取单上签字。

（五）法律援助机构应建立台账，标明承担的法律援助案件事项、时间、承办人、办案费补助数额或报销数额等。

第七条 法律援助办案专款的监督管理

（一）各级财政部门和司法行政部门要加强对法律援助办案专款的监督管理，制定切实有效的管理办法，保证法律援助办案专款及时、足额到位，专款专用，不得用于司法行政部门和法律援助机构的人员经费和公用经费。

（二）每年度终了后4个月内，省级财政部门和司法行政部门要将法律援助办案专款的安排和使用情况如实向财政部和司法部做出书面报告。中央财政将以此作为考核省级财政和司法行政部门对法律援助办案专款管理工作的一项重要内容和安排下一年度法律援助办案专款的参考依据。

（三）省级财政部门要会同司法行政部门建立效益考核制度，对使用法律援助办案专款的情况进行量化考核，定期向上级和下级财政、司法行政部门通报考核情况，及时提出问题和改进意见。

（四）财政部、司法部将定期或不定期地直接或委托有关部门对专款的使用情况进行现场检查、审计。对法律援助办案专款到位不及时、使用效益不高、存在挤占挪用现象等违反本办法规定的地区，将暂停以后年度法律援助办案专款并按照《财政违法行为处罚处分条例》的规定予以处罚处分。

第八条 本办法自发布之日起施行。省级财政部门和司法行政部门可结合本地实际制定具体实施办法。

第九条 本办法由财政部负责解释。

财政部　司法部关于印发《中央专项彩票公益金法律援助项目实施与管理暂行办法》的通知

（财行〔2009〕554号）

各省、自治区、直辖市财政厅（局）、司法厅（局），新疆生产建设兵团财政局、司法局：

经国务院批准，财政部从中央集中彩票公益金中安排法律援助项目，用于资助开展针对农民工、残疾人、老年人、妇女权益保障和未成年人的法律援助。法律援助项目由中国法律援助基金会负责项目的具体实施。为规范项目的管理和实施工作,保证资助的法律援助工作顺利开展,发挥资金的使用效益,根据国家有关法律法规,我们制定了《中央专项彩票公益金法律援助项目实施与管理暂行办法》。现印发给你们,请遵照执行。

中央专项彩票公益金法律援助项目实施与管理暂行办法

第一章 总 则

第一条 为规范中央专项彩票公益金法律援助项目(以下简称项目)的实施和管理,确保项目资金使用的公益性、有效性和安全性,使更多困难群众通过法律援助的途径维护和实现自身的合法权益,根据有关法律、法规制定本办法。

第二条 本办法所称的项目是指使用中央专项彩票公益金开展的针对农民工、残疾人、老年人、妇女家庭权益保障和未成年人法律援助的项目。

第三条 项目实施和管理要遵循公开透明、专款专用、严格监管、广泛覆盖、突出重点的基本原则。

第二章 项目资助案件的范围和类型

第四条 项目资助案件范围:

(一)当事人经济状况和申请事项符合《法律援助条例》和本省(区、市)补充规定的法律援助事项范围,但当地法律援助经费确实存在困难的;

(二)当事人的经济状况符合当地法律援助经济困难标准,其申请法律援助的事项虽不属于《法律援助条例》和本省(区、市)补充规定的法律援助事项范围的,但属于本办法第六条规定的案件类型的;

(三)当事人经济状况高于当地法律援助经济困难标准,低于当地城镇职工最低工资标准,其申请法律援助的事项符合《法律援助条例》和本省(区、市)补充规定的法律援助事项范围的;

(四)当事人经济状况高于当地法律援助经济困难标准,低于当地城镇职工最低工资标准,其申请法律援助的事项属于本办法第六条规定的案件类型的。

第五条 项目资助的地域包括31个省(区、市)和新疆生产建设兵团,重点是中西部地区。根据各地经济发展水平的不同,分别执行不同的案件资助范围。

(一)东部的北京、天津、上海、江苏、浙江、广东等6省(市)可以申请办理本办法第四条中的（二）（三）（四）项规定的案件。

（二）除上述东部6省（市）以外的其他省（区、市）和新疆生产建设兵团可以申请办理本办法第四条中第（一）（二）（三）（四）项规定的案件，但办理第（一）项规定的案件不超过本地区使用该项资金办理案件总数的1/3。

第六条 项目资助的案件类型主要是：

（一）民事案件

1. 生命权、健康权、身体权纠纷

道路交通事故人身损害赔偿纠纷、医疗损害赔偿纠纷、工伤事故损害赔偿纠纷、触电人身损害赔偿纠纷等。

2. 婚姻家庭纠纷

婚约财产纠纷、离婚纠纷、离婚后财产纠纷、离婚后损害赔偿纠纷、同居关系析产、子女抚养纠纷、婚姻无效纠纷、撤销婚姻纠纷、夫妻财产约定纠纷等。

3. 抚养、赡养纠纷

抚养费纠纷、变更抚养关系纠纷、扶养纠纷、监护权纠纷、探望权纠纷；赡养费纠纷、变更赡养关系纠纷等。

4. 收养关系纠纷

确认收养关系纠纷、解除收养关系纠纷、分家析产纠纷等。

5. 继承纠纷

法定继承纠纷、转继承纠纷、代位继承纠纷、遗嘱继承纠纷、被继承人债务清偿纠纷、遗赠纠纷、遗赠扶养协议纠纷等。

6. 产品质量损害赔偿纠纷

7. 高度危险作业损害赔偿纠纷

8. 环境污染侵权纠纷

大气污染侵权纠纷、水污染侵权纠纷、噪声污染侵权纠纷、放射性污染侵权纠纷等。

9. 地面、公共场所施工损害赔偿纠纷

10. 建筑物、搁置物、悬挂物塌落损害赔偿纠纷

11. 劳动争议、劳动合同纠纷

12. 社会保险纠纷

养老金纠纷、工伤保险待遇纠纷、医疗费、医疗保险待遇纠纷、生育保险待遇纠纷、失业保险待遇纠纷、福利待遇纠纷等。

13. 消费者权益纠纷

14. 涉农纠纷

因购买、使用种子、农药、化肥等农业生产资料而产生的纠纷、土地承包经营权纠纷等。

（二）刑事案件

1. 农民工、残疾人（盲、聋、哑除外）、老年人、妇女作为犯罪嫌疑人、被告人的刑事案件。

2. 农民工、残疾人、老年人、妇女、未成年人作为刑事被害人的刑事案件。

（三）执行案件

（四）其他可以由本项目资助办理的案件

第三章　组 织 管 理

第七条　本项目由财政部、司法部委托中国法律援助基金会负责项目实施的管理工作。财政部、司法部有关司局、单位对项目实施给予指导。具体职责分别是：

（一）财政部行政政法司、司法部计财装备司负责项目资金分配方案的审批和使用的指导监督工作；

（二）司法部法律援助工作司负责项目业务指导和监督工作，参与项目实施单位立项审批；

（三）司法部法律援助中心参与组织项目培训、调研、监督检查、评估工作；

（四）中华全国律师协会负责推荐优秀律师事务所参与项目实施。

第八条　中国法律援助基金会设立中央专项彩票公益金法律援助项目管理办公室（以下简称中央项目管理办公室），在基金会理事会的领导下具体负责项目实施和管理的日常工作。

第九条　各省（区、市）司法厅（局）所属的法律援助机构组织成立本省（区、市）项目管理办公室（以下简称省级项目管理办公室），具体负责本辖区内的项目实施和管理工作。

第四章　项目实施单位的申报

第十条　本办法所称的项目实施单位是指接受项目资助办理或指派案件承办单位办理法律援助案件的单位。项目实施单位包括：

（一）地（市）和县（市、区）法律援助机构；

（二）北京、天津、上海、江苏、浙江、广东等六省（市）的热心公益并擅长办理农民工、残疾人、老年人、妇女家庭权益保障和未成年人法律援助案件的优秀律师事务所；

（三）法律援助类民办非企业单位；

（四）高等法学院校学生社团组织和妇联等社会团体的法律帮助中心（维权机构）。

地（市）和县（市、区）法律援助机构是主要项目实施单位。

第十一条 各省（区、市）项目实施单位的数量及资金分配额度，由中央项目管理办公室根据各省（区、市）的法律援助需求量、资金缺口以及办案能力、质量等实际情况提出建议，经司法部审核并报财政部批准后确定，并抄送省级财政部门备案。

第十二条 中央项目管理办公室统一发布《立项申请公告》。各类项目实施单位的立项申请和审批执行下列规定：

（一）各省（区、市）司法厅（局）所属的法律援助机构接受本辖区内地（市）和县（区）法律援助机构的立项申请，并提出审核意见，报中央项目管理办公室审批。

（二）中华全国律师协会负责推荐北京、天津、上海、江苏、浙江、广东六省（市）热心公益并擅长办理农民工、残疾人、老年人、妇女家庭权益保障和未成年人法律援助案件的优秀律师事务所，报中央项目管理办公室审批。

（三）法律援助类民办非企业单位以及各社会团体的法律帮助中心（维权机构）直接向中央项目管理办公室提出立项申请并由其审批。

第十三条 中国法律援助基金会与各省（区、市）司法厅（局）所属的法律援助机构签订《项目执行协议书》，明确省（区、市）司法厅（局）所属的法律援助机构对项目实施单位的管理职责。

第十四条 各省（区、市）司法厅（局）所属的法律援助机构与各项目实施单位签订《项目执行协议书》，明确办案质量要求、办案数量等方面的权利义务，并于签订之日起10日内报中央项目管理办公室备案。

第五章 项目案件的办理

第十五条 当事人向项目实施单位提出法律援助申请的，应当如实填写《中央专项彩票公益金法律援助项目法律援助申请表》（附件1），并提供其申请事项和经济状况符合本办法第二章规定范围的证明材料。

第十六条 项目实施单位应当在规定时限内对当事人提出的法律援助申

请进行审核，并填写《中央专项彩票公益金法律援助项目法律援助受理意见表》（附件2），对符合本办法第二章规定的，应当受理申请并指派案件承办单位或承办人具体承办法律援助案件；对不符合本办法第二章规定的，不予受理并说明理由。

律师事务所和社会团体的法律帮助中心（维权机构）作为项目实施单位的，其受理的法律援助申请应当报所在地的县（市、区）法律援助机构审查。县（市、区）法律援助机构应当在规定时限内完成审查，对符合本办法第二章规定条件的，应当做出提供法律援助的决定并出具办理公函。

第十七条 地（市）和县（市、区）法律援助机构作为项目实施单位的，应当尽量指派律师事务所承办本项目资助的案件。东部地区的法律援助机构不得指派本单位专职法律援助人员办理本项目资助的案件；中西部地区的法律援助机构指派本单位专职法律援助人员办理本项目资助的案件原则上不超过本单位办理本项目资助案件总数的30%。

第十八条 案件承办单位或承办人应当在接受指派后的规定时限内与受援人签订委托代理协议。

第十九条 案件承办单位或承办人应当依据有关法律援助工作的要求，遵守执业纪律和职业道德，为受援人提供符合标准的法律服务，并不得以任何理由、任何形式收取受援人的财物。

第二十条 案件承办过程中，如发现受援人申报的案情或经济状况等失实的，或发现受援人有《法律援助条例》第二十三条规定列举的情形时，承办单位或承办人应当及时向项目实施单位反映，项目实施单位视情况可以终止对受援人的法律援助。律师事务所和社会团体的法律帮助中心（维权机构）认为应当终止对受援人法律援助的，还须报所在地的县（市、区）法律援助机构审查批准。

第二十一条 对重大、复杂、疑难的法律援助案件，项目实施单位、案件承办单位应当组织集体研究，确定承办方案，确保办案的质量和效果。

第二十二条 案件承办单位或承办人自案件办结后15日内，应当填写《中央专项彩票公益金法律援助项目结案审查表》（附件3），与下列材料一并提交项目实施单位进行结案审查。

（一）法律援助申请表、受理审核表以及证明案件符合本办法第二章规定的资助案件范围的有关资料；

（二）法律援助指派函或其他公函；

（三）委托代理协议、授权委托书等委托手续；

（四）起诉书、上诉书、申诉书或者行政复议（申诉）申请书、国家赔偿申请书等法律文书副本；

（五）会见委托人、当事人、证人谈话笔录和其他有关调查材料以及主要证据复印件；

（六）答辩状、辩护词或者代理词等法律文书；

（七）判决（裁定）书、仲裁裁决书、调解书（包括法院调解书、仲裁调解书和当事人在经律师见证达成的调解协议）或者行政处理（复议）决定等法律文书副本；

（八）结案报告；

（九）其他与承办案件有关的材料。

第二十三条 律师事务所和社会团体的法律帮助中心（维权机构）作为项目实施单位的，经本单位审查准予结案的案件，还应当将本办法第二十二条规定的结案材料报所在地县（市、区）法律援助机构审查。法律援助机构应当在3日内完成审查。

第二十四条 法律援助类民办非企业单位和高等法学院校学生社团组织应当接受所在省项目管理办公室的业务指导和监督。按照《法律援助条例》和有关法律、法规以及本办法的规定，严格进行案件受理、指派、办理和结案审核工作。办理群体性法律援助案件，须报中央项目管理办公室审查。

第二十五条 项目实施单位应当按照有关法律援助档案管理的规定将案件材料立卷存档。本办法第二十二条规定的结案材料应当作为卷宗材料的重要内容予以存档。

第六章 项目资金的拨付与管理

第二十六条 项目资金在财政部拨付司法部后，由司法部拨付中国法律援助基金会。中国法律援助基金会根据项目实施的进度将办案补贴直接拨付项目实施单位。

第二十七条 中国法律援助基金会、各项目实施单位应当为项目资金设立专户，实行独立核算，分账管理，不得与其他资金混合管理使用。

第二十八条 本项目资助的各地区的办案补贴标准分别是：

（一）西部的重庆、四川、贵州、云南、西藏、陕西、甘肃、青海、宁夏、新疆、广西、内蒙古等12省（区、市）和新疆生产建设兵团办理本区域内刑事案件、执行案件的办案补贴为1000元,办理本区域内民事、行政案件的补贴为1500元;疑难案件和跨地区办理的案件可以适当提高,最高不超过4000元。

(二)中部的河北省、山西、吉林、黑龙江、安徽、江西、河南、湖北、湖南、海南等10省和东部的山东省、辽宁省、福建省办理本区域内刑事案件、执行案件的办案补贴为1200元,办理本区域内民事、行政案件的补贴为2000元;疑难案件和跨地区办理的案件可以适当提高,最高不超过4500元。

(三)东部的北京、天津、上海、江苏、浙江、广东等6省(市)办理本区域内刑事案件、执行案件的办案补贴为1600元,办理本区域内民事、行政案件的补贴为2800元;疑难案件和跨地区办理的案件可以适当提高,最高不超过5000元。

第二十九条 各项目实施单位办理的法律援助案件中,疑难案件和跨地区办理的案件原则上不超过10%。

第三十条 刑事侦查阶段、审查起诉阶段的案件和刑事、民事、行政二审案件,以及以调解结案的案件,如案情简单,工作量小,应在本办法第二十八条规定的资助标准基础上降低支付金额。

第三十一条 项目实施单位每季度向省级项目管理办公室提交《中央专项彩票公益金法律援助季度结案统计表》(附件4)、《中央专项彩票公益金法律援助项目××单位项目执行情况报告》和《项目资金申请报告》(附件5)。

第三十二条 各省级项目管理办公室汇总、统计本省(区、市)各项目实施单位的项目执行情况,每季度向中央项目管理办公室提交《中央专项彩票公益金法律援助项目季度结案统计表》(附件6)、《中央专项彩票公益金法律援助项目××省(区、市)项目执行情况报告》以及《项目资金申请报告》(附件7)。中央项目管理办公室审核上述材料后向项目实施单位拨付项目资金。

第三十三条 地(市)和县(区)法律援助机构作为项目实施单位的,要及时向案件承办单位或承办人发放办案补贴,并将《中央专项彩票公益金法律援助项目办案补贴发放情况表》(附件8)报省级项目管理办公室。

第三十四条 各项目实施单位申请的项目资金,只能用于向案件承办单位或承办人发放办案补贴,不得用于除此之外的其他支出。

第三十五条 项目资金的使用应当严格执行国家有关法律、法规和财务规章制度,任何人、任何部门不得截留、挤占或拖延支付、抵扣项目资金,不得贪污挪用、虚报冒领、挥霍浪费项目资金。

第三十六条 由本项目资助的案件,不得再申请其他财政法律援助经费或其他办案补贴。

第三十七条 有下列情形之一的不予支付办案补贴：

（一）项目实施单位、案件承办单位或承办人员收取受援人财物的；

（二）擅自终止或者转委托他人办理法律援助案件的；

（三）办理案件不合格或者不负责任给受援人造成损失的；

（四）有事实证明法律援助人员不履行职责而被更换的；

（五）案件承办单位或承办人员所提交的案件材料不符合项目要求的；

（六）虚构案件冒领办案补贴的。

第三十八条 由于出现本办法第二十条规定的情况而终止法律援助的，如案件承办单位或承办人未开展实质性工作的，不予支付办案补贴；如已开展实质性工作的，可以按本办法第二十八条规定的标准减半支付办案补贴。

第三十九条 中央项目管理办公室接受相关部门审计并将审计结果报财政部和司法部。中央项目管理办公室建立信息数据管理系统，对项目资金的使用实行实时监控和数据统计，并委托有关审计机构对项目实施单位的资金使用情况进行审计。

第七章 监督检查

第四十条 各级项目管理办公室、各项目实施单位应当建立健全内部监督、检查制度，严格执行本办法和有关法律、法规，主动接受财政、审计、监察等相关部门的审计和检查。

第四十一条 各省级项目管理办公室负责对本省（区、市）项目执行情况进行经常性检查；中央项目管理办公室会同有关部门进行阶段性集中检查。

项目检查的方式有：卷宗抽查、当事人回访、接受举报、实地考察、组织审计等。

第四十二条 项目监督检查的重点是：

（一）项目资助办理案件的质量；

（二）各项目实施单位是否设立专项账户，是否与其他资金混淆使用；

（三）资金使用中是否有违反本办法有关规定的行为；

（四）项目实施单位是否将办案补贴如数发放给案件承办单位或承办人。

（五）其他认为应确定为重点检查的内容。

第四十三条 如发现项目实施单位未按要求执行项目或项目管理中存在较大问题以及未及时报告项目执行情况和资金使用情况的，中央项目管理办公室应当对有关单位和个人予以批评并责令其改正，同时可视情况扣减或暂停下一阶段项目资金；如发现项目实施单位有严重违反本办法的行为，可以暂停项目在该单位的实施，责其限期整改，整改期满仍未改善的，取消其作为项目实施单位的资格，并追究有关人员的责任，情节严重构成犯罪的，移送司法机关依法追究刑事责任。

第四十四条 中央项目管理办公室建立项目评估系统，对项目实施情况进行评估，评估结果将作为下期项目资金分配的重要依据。对于表现突出的项目实施单位、案件承办单位、承办人，中央项目管理办公室将会同有关部门给予表彰奖励。

第四十五条 中央项目管理办公室每半年向财政部、司法部报告项目实施和管理等有关情况，每一年向社会公开项目实施情况。

第四十六条 中央项目管理办公室设立举报监督电话，受理群众举报，接受社会监督。

第八章 附 则

第四十七条 各省级项目管理办公室可以根据本办法和当地实际情况，制定具体实施细则，报中央项目管理办公室备案。

第四十八条 本项目所使用的《法律援助申请表》等一切表格和宣传材料，均需注明"本项目由中央专项彩票公益金资助"的字样。

第四十九条 本办法由财政部、司法部负责解释。

第五十条 本办法自颁布之日起实行。

司法部 共青团中央
关于实施法律援助志愿者服务计划的通知

（2002 年 12 月 3 日 司法通〔2002〕124 号）

各省、自治区、直辖市司法厅（局）、团委，新疆生产建设兵团司法局、团委，军委总政治部司法局、青年局，全国铁道团委，全国民航团委，中直机关团工委，中央国家机关团工委，中央金融团工委，中央企业团工委：

为深入贯彻"三个代表"重要思想，贯彻落实依法治国与以德治国相结合的基本方略和中央关于青年志愿者工作的指示精神，动员社会各界、特别是青年人才通过志愿服务方式积极投身法律援助工作,推动法律援助和志愿服务事业的进一步发展,为改革、发展、稳定大局服务,司法部、共青团中央决定共同实施法律援助志愿者服务计划。现提出如下实施意见。

一、主要任务和方式

法律援助志愿者服务计划的主要任务是:动员和组织法律界以及热心法律援助的各界志愿者参与法律援助工作,开展普法宣传、法律咨询、法律培训等方面的志愿服务,为建设社会主义法治国家贡献力量。其实施方式包括:

1. 专业法律援助。按照国家法律规定和服务对象的实际需要,招募专业法律人才作为法律援助志愿者,在各级司法行政机关所属法律援助机构的指导下,为符合援助条件的当事人提供专业法律援助服务。

2. 社区法律援助。依托各级法律援助中心、青年志愿者服务站,组织法律援助志愿者开展面向普通居民的形式多样的普法宣传、法律咨询等方面的志愿服务工作。

3. 远程法律援助。依托中国志愿服务网等网站,建立法律援助服务网点以及需求信息库,实现供需信息的网上对接。

4. 西部普法宣传。配合西部大开发战略的实施,与东西部对口法律援助、大中学生志愿者三下乡、青年志愿者扶贫接力计划等工作有机结合起来,招募法律援助志愿者前往中西部贫困地区开展法律援助制度普法宣传活动。

5. 法律援助培训。定期开设法律援助志愿者培训班,邀请法律专家开办专题讲座、案例分析等培训活动,不断提高法律援助志愿者的服务水平。

6. 志愿捐助。组织和动员社会各界捐赠款物支持法律援助志愿服务工作。

二、实施范围和步骤

法律援助志愿者服务计划依照法律援助和志愿服务事业的总体发展规划,紧密围绕国家经济社会发展和人民群众生产生活实际需要,有重点、分阶段地逐步推广实施。2003 年开始,司法部、团中央将选择部分省(区、市)进行试点,在总结经验的基础上,逐步在全国推开。

三、招募对象与方式

志愿者主要在县级以上城市招募,同时也欢迎其他城镇的志愿者参与。报名者原则上应具有奉献精神,大专以上学历,身体健康,具备相应法律专业知识或资格,能够适应相应法律援助志愿服务工作的实际要求,年龄一般在 20 ~ 60 岁之间;确系工作需要的,年龄、学历可适当放宽。

招募工作应坚持公开招募、自愿报名的原则。招募方式：一是社会招募，即通过新闻媒体和其他形式发布招募启示，举办招募说明会，开展各种宣传活动，面向社会公开招募志愿者。二是组织招募，即各级司法行政管理部门、团组织、志愿者组织在当地党委、政府的领导和支持下，按照有关规定，通过组织系统开展动员工作。

法律援助志愿者报名时，应在所在地区或单位的青年志愿者组织就近就便注册登记，成为中国注册志愿者。

四、组织管理

法律援助志愿者服务计划由司法部、共青团中央共同组织实施，并成立中国青年志愿者协会法律援助志愿者分会，负责规划、协调、指导全国法律援助志愿服务的各项工作，筹划、组织全国性法律援助志愿服务活动，推动实施长期工作项目，配合每年全国青年志愿者行动“十杰百优”评选表彰工作，推荐参评人选，并组织法律援助志愿服务的专项宣传、表彰活动。分会秘书处设在司法部法律援助中心。各省（区、市）司法厅（局）、团委根据实际工作需要建立相应的组织机构，并推荐司法厅（局）分管厅（局）长、团委分管书记担任中国青年志愿者协会法律援助志愿者分会执委，推荐法律援助机构、青年志愿者协会秘书处负责人担任分会委员。

五、政策保障

1. 法律援助志愿者服务计划是促进法律援助社会人力资源开发的一种重要方式，各级司法行政管理部门、团组织应当结合实际制定具体政策，鼓励社会各界、特别是法律工作者或法律院校师生积极参与。

2. 企业向中国法律援助基金会、中国青年志愿者协会以及各级法律援助机构、志愿者组织或中西部贫困地区捐赠款物的，享受国家规定的税收优惠政策。

六、资金落实与管理

法律援助志愿者服务计划所需资金，主要依托中国法律援助基金会、中国青年志愿者协会开展社会募集，同时积极争取政府的支持。各地要结合实际采取多种方式支持法律援助志愿者服务计划的实施。社会募集的资金须汇入中国法律援助基金会、中国青年志愿者协会以及省级（含副省级）法律援助机构、青年志愿者协会指定的银行账号，根据捐助者的要求和项目实施情况统一划拨。资金使用应严格遵守有关财务制度，尊重捐助者的意愿，建立规章制度，加强监督管理。

七、工作要求

1. 高度重视,加强领导。各地司法行政机关和共青团组织要加强对这项工作的领导,有关负责同志要亲自组织实施,加强指导,及时帮助解决遇到的各种问题。

2. 精心组织,注重实效。各地要按照通知要求,根据本地区法律援助和志愿服务工作的实际情况,认真研究服务需求,制定切实可行的工作计划,创造性地开展工作。选拔志愿者要坚持自愿原则,严格审核。要积极争取党委和政府的政策支持,积极开发社会资源,确保服务项目的顺利实施。

3. 加强协作,优化配置。各地在实施法律援助志愿者服务计划过程中,要按照法律援助和志愿服务事业发展的总体要求,加强与四五普法、注册志愿者等工作的衔接和配合,合理配置各种资源。

4. 认真总结,加强宣传。各地要注意总结经验,对具有导向和示范作用的典型,要利用各种新闻媒体积极组织宣传,并结合实际开展法律援助志愿者服务计划的专项宣传活动,营造良好的舆论氛围,动员更多的社会公众支持和参与法律援助志愿服务工作。具体事项可与司法部法律援助中心、团中央青年志愿者行动指导中心联系。

司法部　共青团中央
关于实施西部基层法律援助志愿服务行动的通知

(2005 年 5 月 9 日　中青联发〔2005〕23 号)

各省、自治区、直辖市和新疆生产建设兵团司法厅(局)、团委:

从 2002 年开始,司法部和共青团中央共同实施了法律援助志愿者计划,动员社会各界特别是青年法律人才通过志愿服务方式积极投身法律援助工作,取得了良好效果,推动了法律援助和志愿服务事业的发展。为进一步推动法律援助志愿者计划的深入开展,根据司法部、共青团中央《关于实施法律援助志愿者计划的通知》(司发通〔2002〕124 号)精神,司法部、共青团中央决定共同组织实施西部基层法律援助志愿服务行动。现将有关事项通知如下。

一、主要任务

建立青年法律人才由东部和城市向西部基层流动的渠道,推动西部基层法律援助事业的发展,维护社会公平和正义;带动基层司法行政干部队伍素质的提高,促进西部基层司法行政机关的各项工作的开展;培养一批既具有扎实专业知识,又有基层工作经验和社会责任感的青年法律人才,不断充实法律援助志愿者骨干队伍。

二、工作方式

按照公开招募、自愿报名、组织选拔、集中培训、统一派遣的方式,从全国普通高等学校(以下简称“高校”)招募一批品学兼优、具有奉献精神的普通高校法律专业应届毕业生,到西部基层司法行政部门从事为期1年的法律援助志愿服务。每个县级司法行政部门派遣志愿者1~2名。志愿者服务期满后,鼓励其扎根基层,或者自主择业和流动就业。

2005年计划选派志愿者100名,到部分西部计划服务省开展法律援助志愿服务。今后将形成制度,逐步推广,长期坚持。

三、选拔条件

本科及本科以上学历为主,法律专业应届高校毕业生,要求政治过硬、品学兼优,具有奉献精神,身体健康。

四、政策支持

参加西部基层法律援助志愿服务行动的大学生志愿者除享受团中央、教育部、财政部、人事部《关于实施大学生志愿服务西部计划的通知》(中青联发〔2003〕26号)和《关于做好2004年大学生志愿服务西部计划工作的通知》(中青联发〔2003〕16号)规定的政策外,给予以下政策支持:

1. 服务期间,志愿者可在所服务的西部省(区、市)当地报名参加国家司法考试,享受司法部制定的有关优惠政策;服务单位应向参加国家司法考试的志愿者提供与在职工作人员相同的复习时间。

2. 服务期间,志愿者可享受所在服务单位自定的奖金和补贴。

3. 服务期满后,对于有志扎根西部地区的志愿者,司法行政机关应优先录用。志愿服务时间可确认为法律工作经历。

五、经费保障

所需经费由司法部负责解决,具体工作由中国法律援助基金会承担,由共青团中央负责使用,具体工作由青年志愿者工作部承担。经费使用应严格遵守有关财务制度。

六、组织管理

1. 司法部、共青团中央共同负责这项工作的总体规划、协调、指导，落实有关保障政策。司法部主要负责确定、落实服务需求和岗位，协调组织专业培训，具体工作由司法部法律援助中心承担；共青团中央主要负责志愿者的招募、培训、派遣等方面的组织实施工作，具体工作由团中央青年志愿者工作部承担。

2. 各省（区、市）司法厅（局）、团委具体负责工作的组织实施，同时负责协调、指导服务县开展宣传、组织工作；志愿者服务县司法局、团委具体负责志愿者的日常管理和服务工作。

七、工作要求

1. 高度重视，加强领导。要站在践行“三个代表”重要思想，落实科学发展观和构建社会主义和谐社会，开创基层司法行政工作新局面的高度，切实加强对这项工作的领导，求真务实、开拓创新，建立长效工作机制，及时解决工作中遇到的问题，确保这项工作稳步推进，健康发展。

2. 按需招募，认真选拔。要贯彻按需、择优的原则认真做好岗位申报和志愿者遴选工作，为志愿者提供合适的服务岗位，选拔政治素质高、业务能力强，具有奉献精神和责任意识，身体健康的优秀大学毕业生到西部基层行政司法机关从事法律援助志愿服务工作。

3. 完善制度，严格管理。要加强沟通，按照“谁用人、谁受益、谁负责”的原则，建立健全各项规章制度，齐抓共管、明晰责任，做好志愿者管理工作；要进一步健全志愿服务定期督导制度，定期巡回检查各地项目实施和日常管理等情况。

4. 以人为本，搞好服务。始终坚持以人为本，在工作、生活、就业等各个方面努力为志愿者提供切实有效的服务；要贯彻培养与使用并重的原则，加大培养力度，为志愿者发挥作用，成长成才创造条件；要加强宣传，大力弘扬“奉献、友爱、互助、进步”的志愿精神，为志愿者开展工作及就业等方面营造良好舆论氛围。

关于组织开展“1+1”中国法律援助志愿者行动的通知

（中法援基联发〔2009〕2号）

各省、自治区、直辖市司法厅（局）律师管理处、法律援助处（中心）、律师协会，团委，新疆建设兵团司法局律师管理处、法律援助处（中心）、律师协会，团委：

近年来，在党中央、国务院和各级党委、政府的高度重视和正确领导下，经过社会各界和广大法律服务、法律援助工作者的共同努力，我国法律援助事业得到了长足发展。但是，由于地域和经济发展不均衡等原因，我国法律援助事业发展不平衡问题仍然比较突出。西部地区和经济欠发达地区法律援助人员严重短缺，当地困难群众大量的法律援助需求得不到满足。目前，全国有15万多名律师，但是全国仍有一些县没有律师，无法满足当地法律援助需求，严重制约了当地的经济和社会发展。如何有效解决这一问题，不仅是深入落实科学发展观的迫切要求，也是这些年来司法行政系统和律师工作关注的一个重要课题。

为深入贯彻落实科学发展观，积极为解决民生、促进社会和谐发展服务，有效解决经济欠发达地区法律援助资源严重不足的问题，促进法律援助工作区域协调发展，满足基层人民群众法律援助的强烈需求，同时为律师、大学生志愿者提供一个锻炼自我、提高自我的良好途径，并为社会力量参与我国法律援助事业搭建一个奉献爱心的平台和桥梁，中国法律援助基金会会同司法部律师公证工作指导司、司法部法律援助工作司、团中央青年志愿者工作部、司法部法律援助中心、中华全国律师协会联合开展“1+1”中国法律援助志愿者行动。现将有关事项通知如下：

一、行动宗旨

整合社会资源，通过行业互助和招募志愿者的形式，动员律师和法学院校毕业的优秀学子到全国无律师县或中西部律师人才短缺的地、市、县开展志愿服务，增强当地法律援助能力，为促进当地经济和社会发展，为构建社会主义和谐社会做出贡献。

二、行动主题

携手志愿行动　共享法治阳光

三、行动时间和范围

“1+1”中国法律援助志愿者行动拟从2009年开始实施。2009年按照公开招募、自愿报名、定期轮换的机制，从全国律师行业招募具有奉献精神的律师志愿者30名，从全国法学院校招募品学兼优的法学专业应届毕业生志愿者70名，派遣到无律师县或中西部律师人才短缺的地、市、县专门从事法律援助工作。以后逐年扩大志愿律师、志愿者队伍规模和覆盖范围，为尽快实现无律师县或中西部律师人才短缺的地、市、县的法律援助的全覆盖而努力。

四、行动目标任务

（一）建立“法律援助志愿者工作站”

依托司法行政部门和共青团组织，在无律师县或中西部律师人才短缺的地、市、县设立“法律援助志愿者工作站”，每个工作站视情况派遣1名律师志愿者、1名大学毕业生法律志愿者或择一选派。

（二）为当地困难群众提供法律援助

每位志愿者服务期限为1～3年。在服务期内，每名律师志愿者每年至少无偿办理法律援助案件20件，大学生志愿者从事与其能力相适应的法律援助工作，促进无律师县或中西部律师人才短缺的地、市、县法律援助事业的发展。

（三）推动无律师县或中西部律师人才短缺的地、市、县的法律人才队伍建设

项目实施后要加强对服务县的指导力度，及时总结经验，逐步扩大服务地点和志愿者规模，推动无律师县或中西部律师人才短缺的地、市、县逐步建立自己的法律援助人才队伍。

（四）培养法律援助人才，充实法律援助队伍

通过逐步推广和坚持，培养一批既具有扎实专业知识、又有基层工作经验和社会责任感的法律援助人才，不断充实法律援助队伍，让法律援助志愿者遍布中华大地，成为推进法律援助事业发展和中国民主法制建设进程的重要力量。

五、组织管理

1. 中国法律援助基金会主要负责本项目的日常管理工作，负责制定本项目每年的实施总体规划，确定项目实施地点、落实服务需求人数，监督和落实项目经费到位；协助司法部法律援助工作司、法律援助中心对律师志愿者组织专业培训工作；协助司法部律师公证工作指导司、中华全国律师协会做好律师志愿

者的招募工作和经费筹措工作。

2. 团中央青年志愿者工作部主要负责每年将本项目计划实施人数的大学生志愿者列入"西部计划"，协助宣传、落实相关政策保障和参与培训派遣等方面的组织实施工作。

3. 司法部律师公证工作指导司、中华全国律师协会共同负责律师志愿者的招募和经费筹措工作。

4. 司法部法律援助工作司负责大学生志愿者的岗位申报、派遣和业务指导工作，法律援助工作司和法律援助中心负责对法律援助大学生志愿者的专业培训工作。

5. 各省（区、市）司法厅（局）、团委具体负责有关工作的组织实施，同时负责协调、指导服务县开展宣传、组织工作。县司法局指定专人负责志愿者日常管理、为志愿者提供食宿和办公条件保障，并和团委互相配合，按照"谁用人、谁受益、谁负责"的原则，切实做好志愿者的日常管理和服务工作。

六、经费来源与管理

1. 中国法律援助基金会通过筹集社会资金，用以支持大学生志愿者办理案件和开展业务所需的宣传、培训、交通、通讯、生活补贴等费用。同时，负责筹集部分律师志愿者开展业务所需经费（2009 年筹集支持律师志愿者业务经费 20 万元）。

2. 司法部律师公证工作指导司会同中华全国律师协会组织开展行业互助，整合业内公益活动资源，动员地方律师协会、律师和律师事务所积极提供资金资助，用以支持律师志愿者开展业务所需经费。

3. 在中国法律援助基金会设立本项目的专项基金账户，对筹集的所有资金，实行统一入账、统一管理、统一审计。严格执行单独核算，专款专用，并严格接受捐赠人、支持单位及社会各界的监督，接受审计部门的审计。

七、志愿者待遇

（一）政策支持

1. 大学生志愿者享受的待遇

除享受团中央、教育部、财政部、人事部《关于实施大学生志愿服务西部计划的通知》（中青联发〔2003〕26 号）和《关于做好 2004 年大学生志愿服务西部计划工作的通知》（中青联发〔2003〕16 号）规定的政策外，同时享受司法部、共青团中央《关于实施西部基层法律援助志愿服务行动的通知》（中青联发

〔2005〕23号)规定的政策。

2. 律师志愿者享受的待遇

(1)可享受中央文明办、共青团中央、人事部、国务院西部地区开发领导小组办公室《关于配合实施西部大开发战略全面推进青年志愿者扶贫接力计划的通知》(中青联发〔2001〕22号)规定的政策,同时享受司法部、共青团中央《关于实施法律援助志愿者计划的通知》(司发通〔2002〕124号)规定的政策;

(2)凡参加该行动的律师志愿者,在志愿服务期间,免除律师执业年度考核所需费用;

(3)凡参加该行动的律师志愿者,在服务期及服务期满后三年内不再承担法律援助案件义务;

(4)律师管理部门评选优秀律师时,将参与此次志愿行动的行为,作为重要考核条件;

(5)凡连续三年选派律师志愿者或一次性选派三名以上律师志愿者参与此次志愿行动的律师事务所,在评选优秀律师事务所时作为重要考核条件;

(6)由司法部律师公证工作指导司、司法部法律援助工作司、团中央青年志愿者工作部、司法部法律援助中心、中华全国律师协会、中国法律援助基金会联合颁发法律援助志愿者荣誉证书。

(二)费用补贴

1. 大学生志愿者享受"西部计划"的有关优惠政策,其经费补贴按照"西部计划"的有关规定标准,由中国法律援助基金会负责筹集划拨。

2. 律师志愿者每人每年交通、通讯等办案补贴及保险费30000元,即每人每月享有1000元生活、保险费用补贴,1500元的交通、通讯等办案补贴。

八、志愿者招募条件

(一)律师志愿者

1. 要求政治过硬、热心公益事业,具有奉献精神;

2. 具有律师执业证,并有1年以上工作经历;

3. 身体健康,年龄在25~55岁之间,具有特殊经历的人员可适当放宽条件。

(二)大学生志愿者

本科及本科以上学历,高等院校法学专业应届毕业生,要求政治过硬、品学兼优、具有奉献精神、身体健康。

九、发起单位

司法部

共青团中央

十、承办单位

司法部律师公证工作指导司

司法部法律援助工作司

团中央青年志愿者工作部

司法部法律援助中心

中华全国律师协会

中国法律援助基金会

十一、公益回报

向中国法律援助基金会奉献爱心的社会各界爱心人士、企事业单位,均可享受有关优惠政策和中国法律援助基金会的公益宣传回报。

十二、行动要求

各地要认真贯彻此《通知》的精神和要求,切实把组织开展"1+1"中国法律援助志愿者行动作为进一步推动法律援助事业均衡发展的一项重要任务抓紧抓好,积极配合承办单位做好此项行动的有关宣传、组织和实施工作,为行动的顺利开展提供必要保障。对热心法律援助事业,为此次行动做出突出贡献的单位和个人,给予鼓励和表彰。

图书在版编目(CIP)数据

法律援助志愿者培训读本 / 郑自文,朱昆编著. —
北京:法律出版社,2014.3
ISBN 978 - 7 - 5118 - 6104 - 7

Ⅰ.①法… Ⅱ.①郑… ②朱… Ⅲ.①法律援助—基
本知识—中国 Ⅳ.①D926.5

中国版本图书馆 CIP 数据核字(2014)第 038613 号

责任编辑/韩雅洁　　**装帧设计**/李　瞻

出版/法律出版社　　**编辑统筹**/综合出版分社
总发行/中国法律图书有限公司　　**经销**/新华书店
印刷/大恒数码印刷(北京)有限公司　　**责任印制**/张宇东

开本/720 毫米×960 毫米　1/16　　**印张**/20.5　　**字数**/328 千
版本/2014 年 3 月第 1 版　　**印次**/2014 年 3 月第 1 次印刷

法律出版社/北京市丰台区莲花池西里 7 号(100073)
电子邮件/info@lawpress.com.cn　　**销售热线**/010 - 63939792/9779
网址/www.lawpress.com.cn　　**咨询电话**/010 - 63939796

中国法律图书有限公司/北京市丰台区莲花池西里 7 号(100073)
全国各地中法图分、子公司电话:
第一法律书店/010 - 63939781/9782　**西安分公司**/029 - 85388843　**重庆公司**/023 - 65382816/2908
上海公司/021 - 62071010/1636　**北京分公司**/010 - 62534456　**深圳公司**/0755 - 83072995

书号:ISBN 978 - 7 - 5118 - 6104 - 7　　**定价**:45.00 元

(如有缺页或倒装,中国法律图书有限公司负责退换)

图书在版编目（CIP）数据

中国法制出版社出版